PROJECT 531

수학을 빠르게

수 준 별 단 기 특 강 서

수학 I S

531 PROJECT 수학 I SPEEDY

발행일	201805 초판 1쇄 202002 초판 4쇄
펴낸이	김형중
펴낸곳	이투스교육(주) 서울시 서초구 남부순환로 2547
고객센터	1599-3225
등록번호	제2007-000035호
ISBN	979-11-6123-586-8 [53410]

531 PROJECT와 함께라면 쉽고 빠르게 성적을 올릴 수 있습니다!

531 PROJECT는 쉽게 익히고, 빠르게 다지고, 확실히 성적을 올릴 수 있는 영역별 단기 특강 교재입니다.

쉽게 E

531 PROJECT 중 가장 쉽게 개념과 원리를 익힐 수 있는 교재입니다.

하나 단원별 꼭 알아야 하는 핵심 개념과 이론을 충실하게 기술한 교재입니다.

둘 핵심 개념별로 출제 빈도수가 높은 대표 유형 중 학교 내신 문제 또는 수능 2, 3점으로 출제 가능한 문제를 집중 학습할 수 있는 교재입니다.

셋 문제 풀이를 통하여 학습한 내용을 완벽하게 습득할 수 있도록 친절하고 상세한 해설과 첨삭을 덧붙인 교재입니다.

빠르게 S

531 PROJECT 중 가장 빠르게 빈출 유형을 다질 수 있는 교재입니다.

하나 단원별 꼭 알아야 하는 핵심 개념은 물론 빈출 유형을 집중적으로 학습할 수 있는 교재입니다.

둘 단원별로 주로 다루어지는 빈출 유형 중 학교 내신 문제 또는 수능 3, 4점으로 출제 가능한 문제를 집중 학습할 수 있는 교재입니다.

셋 문제 풀이를 통하여 유형별 해결 능력을 확실하게 다질 수 있도록 친절하고 상세한 해설과 첨삭을 덧붙인 교재입니다.

우월하게 H

531 PROJECT 중 가장 심도 있는 학습으로 최고 실력을 가늠할 수 있는 교재입니다.

하나 단원별 꼭 알아야 하는 핵심 개념은 물론 심화 유형을 집중적으로 학습할 수 있는 교재입니다.

둘 두 가지 이상의 개념을 사용해야 해결할 수 있는 심화 유형 중 내신 또는 수능 고난도 문항으로 출제 가능한 문제를 집중 학습할 수 있는 교재입니다.

셋 문제 풀이를 통하여 상위권 유형 및 킬러 문제에 대비할 수 있도록 친절하고 상세한 해설을 담은 교재입니다.

Structure

01

교과서 알짜개념 짚어보기

교과서 알짜개념을 중단원 별로 모아서 제공하였습니다.

02

내신 & 수능 빈출 유형

- 내신과 수능에 출제될 수 있는 빈출 문제를 유형별로 구분
하여 제공하였습니다.
- 빈출 유형에 대한 쌍둥이 문제 또는 유사 문제를 제공하여
해당 유형을 반복 학습할 수 있도록 하였습니다.
- 중요한 유형에 대해서는 '중요'라고 표시하여 해당 유형의
학습에 좀 더 집중할 수 있도록 하였습니다.

개념 Plus

개념에 대한 추가적인 설명을 담아 좀 더
쉽게 개념을 이해할 수 있도록 하였습니다.

해결 포인트

문제 풀이에 필요한 실마리, 힌트,
핵심 개념을 제공하였습니다.

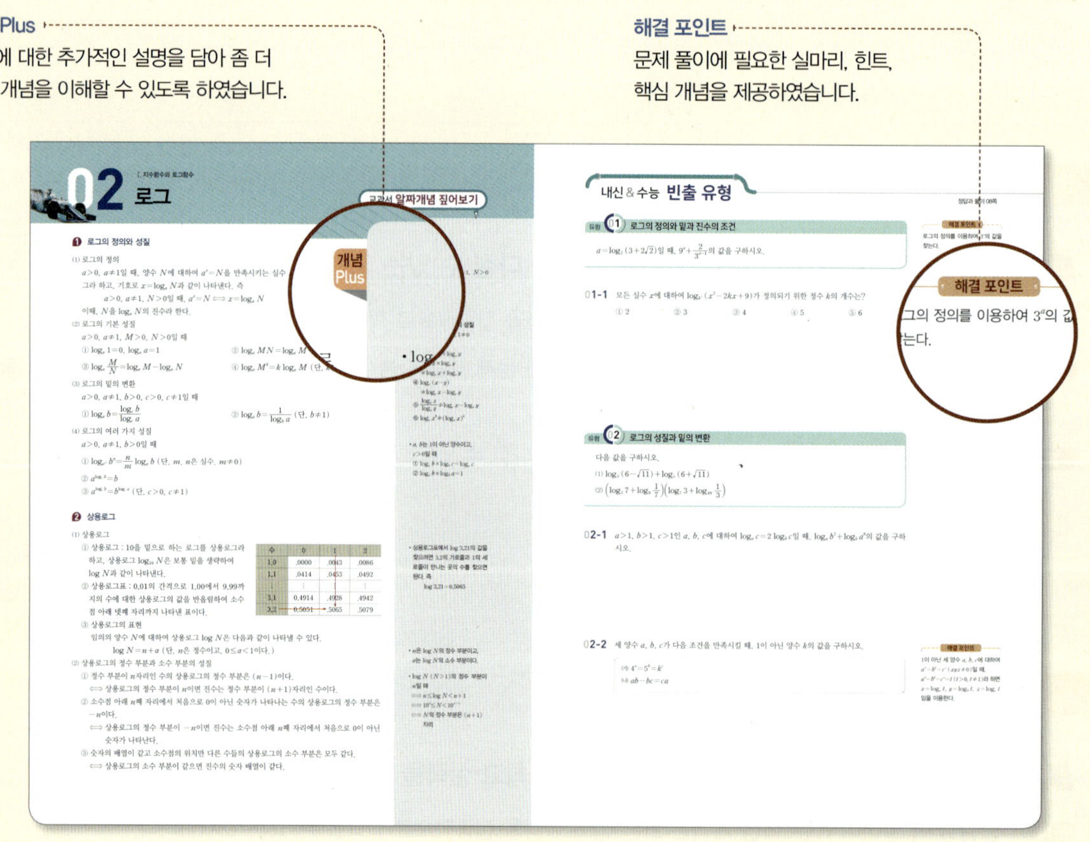

03

빈출 유형 마무리

- 앞에서 학습한 빈출 유형의 유사 문제들을 제공하여 해당 유형에 대한 반복 학습을 통하여 수학적인 사고력을 확장할 수 있도록 하였습니다.
- 교육청 기출 문제를 제공하여 최근의 출제 경향을 파악할 수 있습니다.
- 꼭 풀어봐야 하는 문제에 '중요'라고 표시하여 해당 문항의 풀이에 좀 더 집중할 수 있도록 하였습니다.

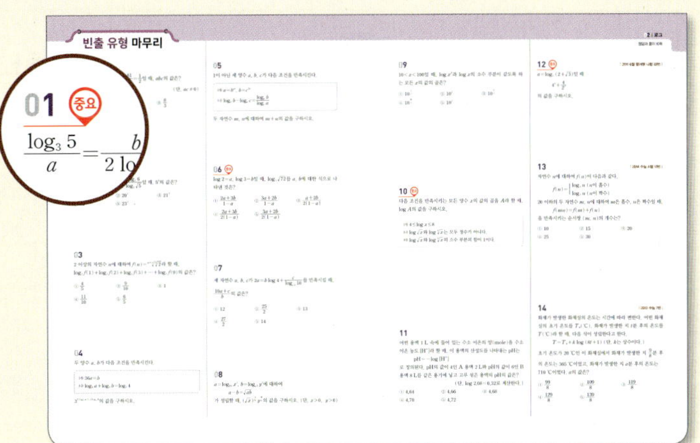

04

정답과 풀이

- 모든 문항을 상세하게 풀이하여 오답의 이유를 스스로 찾을 수 있도록 하였습니다.
- [다른 풀이] 및 [보충 설명]을 제시하여 다양한 사고를 할 수 있도록 하였습니다.

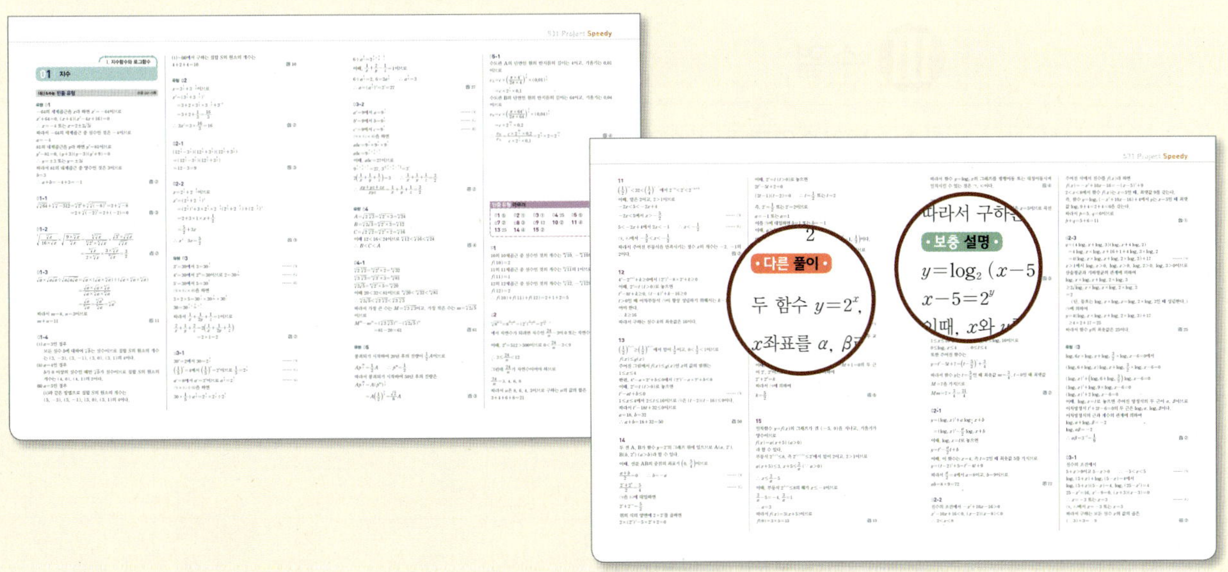

Contents

Ⅰ 지수함수와 로그함수

Ⅱ 삼각함수

Ⅲ 수열

I

지수함수와 로그함수

01 지수

❶ 거듭제곱과 거듭제곱근

(1) 거듭제곱

어떤 수 a를 n번 곱한 것을 a^n으로 나타내고, a, a^2, a^3, $\cdots$, a^n, $\cdots$을 통틀어 a의 거듭제곱이라 한다. 이때, a^n에서 a를 거듭제곱의 밑, n을 거듭제곱의 지수라 한다.

(2) 거듭제곱근

① n이 2 이상의 자연수일 때, 실수 a에 대하여 방정식 $x^n=a$의 근을 a의 n제곱근이라 한다.

② a의 제곱근, 세제곱근, 네제곱근, $\cdots$을 통틀어 a의 거듭제곱근이라 한다.

③ 실수 a의 n제곱근 중 실수인 것은 다음과 같다.

n ＼ a	$a>0$	$a=0$	$a<0$
n이 짝수	$\sqrt[n]{a}$, $-\sqrt[n]{a}$	0	없다.
n이 홀수	$\sqrt[n]{a}$	0	$\sqrt[n]{a}$

❷ 거듭제곱근의 성질

$a>0$, $b>0$이고, m, n이 2 이상의 자연수일 때 　— 거듭제곱근의 성질은 근호 안이 양수일 때 성립함을 주의한다.

① $(\sqrt[n]{a})^n=a$

② $\sqrt[n]{a}\,\sqrt[n]{b}=\sqrt[n]{ab}$

③ $\dfrac{\sqrt[n]{a}}{\sqrt[n]{b}}=\sqrt[n]{\dfrac{a}{b}}$

④ $(\sqrt[n]{a})^m=\sqrt[n]{a^m}$

⑤ $\sqrt[n]{\sqrt[m]{a}}=\sqrt[mn]{a}=\sqrt[m]{\sqrt[n]{a}}$

⑥ $\sqrt[n]{a^m}=\sqrt[np]{a^{mp}}$ (단, p는 자연수이다.)

참고 $a<0$이고 n이 2보다 큰 홀수일 때, $(\sqrt[n]{a})^n=a$이다.

❸ 지수의 확장

(1) 지수의 확장

① 지수가 0 또는 음의 정수인 경우

$a\neq0$이고 n이 양의 정수일 때

$$a^0=1,\ a^{-n}=\dfrac{1}{a^n}$$

② 지수가 유리수인 경우

$a>0$이고 m이 정수, n이 2 이상의 정수일 때

$$a^{\frac{1}{n}}=\sqrt[n]{a},\ a^{\frac{m}{n}}=\sqrt[n]{a^m}$$

(2) 지수법칙

$a>0$, $b>0$이고, x, y가 실수일 때

① $a^x a^y=a^{x+y}$

② $a^x\div a^y=\dfrac{a^x}{a^y}=a^{x-y}$

③ $(a^x)^y=a^{xy}=(a^y)^x$

④ $(ab)^x=a^x b^x$

⑤ $\left(\dfrac{a}{b}\right)^x=\dfrac{a^x}{b^x}$

(3) 거듭제곱 또는 거듭제곱근의 대소 관계

① $a>0$, $b>0$이고 n이 양의 실수일 때

$$a^n>b^n\Longleftrightarrow a>b$$

② $a>0$, $b>0$이고 n이 2 이상의 자연수일 때

$$\sqrt[n]{a}>\sqrt[n]{b}\Longleftrightarrow a>b$$

개념 Plus

- $\sqrt[n]{a}$를 'n제곱근 a'로 읽는다.
- 제곱근 a, 즉 $\sqrt[2]{a}$는 2를 생략하여 $\sqrt{a}$로 나타낸다.
- **함수 $y=x^n$의 그래프와 제곱근**
  실수 a의 n제곱근 중 실수인 것의 개수는 방정식 $x^n=a$의 실근의 개수이므로 함수 $y=x^n$의 그래프와 직선 $y=a$의 교점의 개수와 같다. 즉, 함수 $y=x^n$의 그래프를 이용하여 실수 a의 n제곱근 중 실수인 것을 구해 보면 다음과 같다.

n이 짝수인 경우

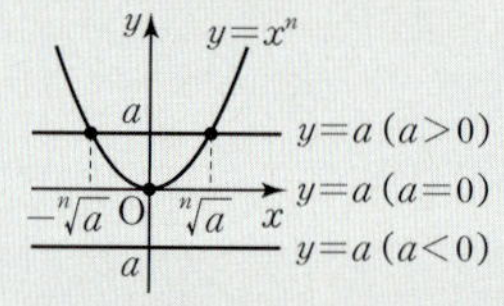

$a>0$인 경우	$\sqrt[n]{a}$, $-\sqrt[n]{a}$
$a=0$인 경우	0
$a<0$인 경우	없다.

n이 홀수인 경우

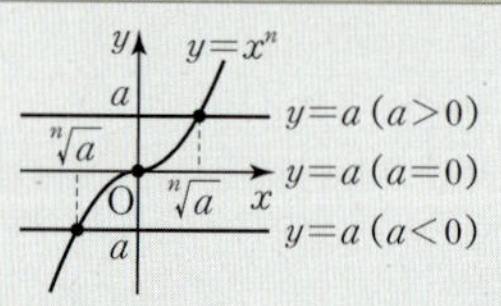

$a>0$인 경우	$\sqrt[n]{a}$
$a=0$인 경우	0
$a<0$인 경우	$\sqrt[n]{a}$

- 0^0은 정의하지 않는다.

- 지수법칙이 성립하기 위한 지수의 범위에 따른 밑 a의 조건은 다음과 같다.

지수	밑
자연수	실수
정수	$a\neq0$
유리수	$a>0$
실수	$a>0$

내신 & 수능 빈출 유형

유형 01 거듭제곱근의 뜻과 계산

-64의 세제곱근 중 실수인 것을 a, 81의 네제곱근 중 양수인 것을 b라 할 때, $a+b$의 값은?

① -7 ② -1 ③ 0 ④ 1 ⑤ 7

01-1 $\sqrt{\sqrt[3]{64}}+\sqrt[3]{\sqrt[3]{-512}}$ 의 값은?

① -2 ② -1 ③ 0 ④ 1 ⑤ 2

01-2 $x>0$일 때, $\sqrt[4]{\dfrac{\sqrt[3]{x}}{16\times\sqrt{x}}}\times\sqrt{\dfrac{9\times\sqrt[4]{x}}{\sqrt[6]{x}}}$ 를 간단히 한 것은?

① $\dfrac{3}{4}$ ② $\dfrac{3}{2}$ ③ $\dfrac{9}{4}$ ④ 3 ⑤ $\dfrac{15}{4}$

01-3 $a>0$, $a\neq1$에 대하여
$$\sqrt{a}\times\sqrt{a\sqrt{a}}\div\sqrt{a\sqrt{a\sqrt{a}}}=\sqrt[m]{a^n}$$
일 때, $m+n$의 값을 구하시오. (단, m과 n은 서로소인 자연수이다.)

01-4 두 집합 $A=\{3, 4, 5\}$, $B=\{-3, -1, 0, 1\}$에 대하여 집합 S를
$$S=\{(a, b)\,|\,\sqrt[a]{b}\text{ 는 실수}, a\in A, b\in B\}$$
라 할 때, 집합 S의 원소의 개수를 구하시오.

유형 02 지수의 확장 〔중요〕

$x=3^{\frac{1}{2}}+3^{-\frac{1}{2}}$일 때, $3x^2$의 값은?

① 15 ② 16 ③ 17 ④ 18 ⑤ 19

> **해결 포인트**
> 두 실수 a, b에 대하여
> $(a+b)^2=a^2+2ab+b^2$
> 임을 이용한다.

02-1 $(12^{\frac{1}{4}}-3^{\frac{1}{4}})(12^{\frac{1}{4}}+3^{\frac{1}{4}})(12^{\frac{1}{2}}+3^{\frac{1}{2}})$의 값은?

① 3 ② 6 ③ 9 ④ 12 ⑤ 15

> **해결 포인트**
> 두 실수 a, b에 대하여
> $(a-b)(a+b)=a^2-b^2$
> 임을 이용한다.

02-2 $x=2^{\frac{1}{3}}+2^{-\frac{1}{3}}$일 때, x^3-3x의 값은?

① $-\dfrac{3}{2}$ ② $\dfrac{1}{2}$ ③ $\dfrac{5}{2}$ ④ $\dfrac{9}{2}$ ⑤ $\dfrac{13}{2}$

> **해결 포인트**
> 두 실수 a, b에 대하여
> $(a+b)^3$
> $=a^3+3ab(a+b)+b^3$
> 임을 이용한다.

유형 03 지수법칙의 응용

$3^x=4^y=5^z=30$일 때, $\dfrac{2}{x}+\dfrac{1}{y}+\dfrac{2}{z}$의 값은? (단, $xyz\neq0$)

① 1 ② 2 ③ 3 ④ 4 ⑤ 5

> **해결 포인트**
> 두 양수 a, b에 대하여
> $a^x=b$이면 $a=b^{\frac{1}{x}}$ $(x\neq0)$
> 임을 이용한다.

03-1 $30^x=2$, $\left(\dfrac{1}{5}\right)^y=4$, $a^z=8$을 만족시키는 세 실수 x, y, z에 대하여 $\dfrac{1}{x}+\dfrac{2}{y}-\dfrac{1}{z}=1$일 때, 양수 a의 값을 구하시오. (단, $xyz\neq0$)

03-2 세 양수 a, b, c에 대하여 $abc=27$, $a^x=b^y=c^z=9$일 때, $\dfrac{xy+yz+zx}{xyz}$의 값은?

(단, $xyz\neq0$)

① 1 ② $\dfrac{3}{2}$ ③ 2 ④ $\dfrac{5}{2}$ ⑤ 3

> **해결 포인트**
> $xyz\neq0$인 세 실수 x, y, z에 대하여
> $\dfrac{xy+yz+zx}{xyz}=\dfrac{1}{x}+\dfrac{1}{y}+\dfrac{1}{z}$
> 임을 이용한다.

유형 04 거듭제곱근의 대소 관계

세 수 $A=\sqrt{2\sqrt[3]{3}}$, $B=\sqrt[3]{2\sqrt{3}}$, $C=\sqrt{2\sqrt[3]{2}}$의 대소 관계를 바르게 나타낸 것은?

① $A<B<C$ ② $A<C<B$ ③ $B<A<C$

④ $B<C<A$ ⑤ $C<A<B$

해결 포인트

두 양수 x, y와 2 이상의 자연수 n에 대하여
$$x<y \iff x^n<y^n$$
$$x<y \iff \sqrt[n]{x}<\sqrt[n]{y}$$
임을 이용한다.

04-1 세 수 $\sqrt[3]{2\sqrt[4]{2}}$, $\sqrt[4]{3\sqrt[3]{3}}$, $\sqrt[6]{2\sqrt{5}}$ 중 가장 큰 수를 M, 가장 작은 수를 m이라 할 때, $M^{12}-m^{12}$의 값을 구하시오.

유형 05 지수법칙의 실생활에의 활용 ^{중요}

어떤 방사성 물질은 시간이 지남이 따라 일정한 비율로 붕괴된다고 한다. 질량이 A인 이 물질이 붕괴되기 시작하여 t년 후의 질량을 K라 하면 다음과 같은 관계식이 성립한다.
$$K=Ap^{\frac{t}{2}} \ (단, \ p는 \ 상수이다.)$$
붕괴되기 시작하여 20년 후의 질량이 $\frac{1}{2}A$일 때, 붕괴되기 시작하여 50년 후의 질량은?

① $\dfrac{\sqrt{2}}{4}A$ ② $\dfrac{1}{4}A$ ③ $\dfrac{\sqrt{2}}{8}A$ ④ $\dfrac{1}{8}A$ ⑤ $\dfrac{\sqrt{2}}{16}A$

해결 포인트

주어진 식에 포함된 문자의 의미를 확인한 후, 주어진 조건으로 식을 세우고 지수법칙을 이용한다.

05-1 원기둥 모양의 수도관에서 단면인 원의 넓이를 S, 원의 둘레의 길이를 L이라 하고, 수도관의 기울기를 I라 하자. 이 수도관에 물이 가득 찬 상태로 흐를 때 물의 속력을 v라 하면
$$v=c\times\left(\frac{S}{L}\right)^{\frac{2}{3}}\times I^{\frac{1}{2}}$$
이 성립한다. 단면인 원의 반지름의 길이가 각각 4, 64인 원기둥 모양의 두 수도관 A, B에서 물이 가득 찬 상태로 흐르고 있다. 두 수도관 A, B의 기울기가 각각 0.01, 0.04이고, 흐르는 물의 속력을 각각 v_A, v_B라 할 때, $\dfrac{v_B}{v_A}$의 값은?

(단, c는 상수이고, 두 수도관 A, B에 대한 상수 c의 값은 서로 같다.)

① $2^{\frac{5}{2}}$ ② $2^{\frac{11}{4}}$ ③ $2^{\frac{10}{3}}$ ④ $2^{\frac{11}{3}}$ ⑤ $2^{\frac{13}{3}}$

빈출 유형 마무리

01

n이 2 이상의 자연수일 때, n의 n제곱근 중 실수인 것의 개수를 $f(n)$이라 하자. $f(10)+f(11)+f(12)$의 값은?

① 1 ② 2 ③ 3
④ 4 ⑤ 5

02

$\sqrt[n]{8^{8-n}}$이 500 이하의 자연수가 되도록 하는 모든 자연수 n의 값의 합은? (단, $n\geq2$)

① 21 ② 23 ③ 25
④ 27 ⑤ 29

03

$\dfrac{\sqrt[3]{4}-2\sqrt[3]{2}}{\sqrt{2}+\sqrt[6]{32}}+\sqrt{2}$의 값은?

① $\sqrt[6]{2}$ ② $\sqrt[5]{2}$ ③ $\sqrt[4]{2}$
④ $\sqrt[3]{2}$ ⑤ $\sqrt{2}$

04

$a=\sqrt{5}$일 때, $\dfrac{a+a^2+a^3}{a^{-1}+a^{-2}+a^{-3}}$의 값을 구하시오.

05

$x^2+x^{-2}=5$일 때, x^3-x^{-3}의 값은? (단, $x>1$)

① $2\sqrt{3}$ ② $3\sqrt{3}$ ③ $4\sqrt{3}$
④ $5\sqrt{3}$ ⑤ $6\sqrt{3}$

06

$2^x+2^{-x}=3$일 때, $\dfrac{8^x+8^{-x}+2}{4^x+4^{-x}-2}$의 값은?

① 1 ② 2 ③ 3
④ 4 ⑤ 5

07 중요

$a^{2x}=\sqrt{2}+1$일 때, $\dfrac{a^{3x}+a^{-3x}}{a^x+a^{-x}}$의 값은? (단, $a>0$)

① $2\sqrt{2}$ ② $2\sqrt{2}-1$ ③ $2\sqrt{2}-2$
④ $\sqrt{2}$ ⑤ $\sqrt{2}-1$

08

$x=\sqrt[6]{2}+\dfrac{1}{\sqrt[6]{2}}$일 때, $2x^6-12x^4+18x^2$의 값은?

① 7 ② 8 ③ 9
④ 10 ⑤ 11

09

세 양수 a, b, c에 대하여 $a^x = b^{2y} = c^{3z} = 11$, $abc = 121$일 때, $\dfrac{6}{x} + \dfrac{3}{y} + \dfrac{2}{z}$의 값을 구하시오. (단, $xyz \neq 0$)

10

두 양수 x, y에 대하여 $4^x = \sqrt{3^y}$, $\dfrac{1}{2x} + \dfrac{4}{y} = 2$일 때, $2^{4x+1} + 3^y$의 값은?

① 48   ② 54   ③ 60

④ 66   ⑤ 72

11 중요

세 수 $A = \sqrt{2} + \sqrt[3]{3}$, $B = \sqrt[3]{24}$, $C = \sqrt{2} + \sqrt[6]{6}$의 대소 관계를 바르게 나타낸 것은?

① $A < B < C$ ② $A < C < B$ ③ $B < A < C$

④ $C < A < B$ ⑤ $C < B < A$

12

사람의 표면적은 키, 몸무게와 관계가 있는데, 사람의 표면적을 $S(\text{m}^2)$, 키를 $H(\text{cm})$, 몸무게를 $W(\text{kg})$라 하면

$$S = aH^{\frac{2}{5}} \times W^{\frac{1}{2}} \quad (a\text{는 상수})$$

이 성립한다. 키와 몸무게가 각각 90 cm, 20 kg일 때의 표면적을 S_1이라 하고, 180 cm, 80 kg일 때의 표면적을 S_2라 할 때, $\dfrac{S_2}{S_1}$의 값은?

① $2^{\frac{10}{9}}$ ② $2^{\frac{8}{7}}$ ③ $2^{\frac{6}{5}}$

④ $2^{\frac{4}{3}}$ ⑤ $2^{\frac{7}{5}}$

13

| 2009 9월 평가원 나형 20번 |

두 실수 a, b가 $3^{a+b} = 4$, $2^{a-b} = 5$를 만족시킬 때, $3^{a^2-b^2}$의 값을 구하시오.

14

| 2011 9월 평가원 나형 26번 |

$1 \leq m \leq 3$, $1 \leq n \leq 8$인 두 자연수 m, n에 대하여 $\sqrt[3]{n^m}$이 자연수가 되도록 하는 순서쌍 (m, n)의 개수는?

① 6   ② 8   ③ 10

④ 12   ⑤ 14

15

| 2010 수능 10번 |

조개류는 현탁물을 여과한다. 수온이 $t(\text{℃})$이고 개체중량이 $W(\text{g})$일 때, A조개와 B조개가 1시간 동안 여과하는 양(L)을 각각 Q_{A}, Q_{B}라 하면 다음과 같은 관계식이 성립한다고 한다.

$$Q_{\text{A}} = 0.01 t^{1.25} \times W^{0.25}$$
$$Q_{\text{B}} = 0.05 t^{0.75} \times W^{0.30}$$

수온이 20℃이고 A조개와 B조개의 개체중량이 각각 8 g일 때, $\dfrac{Q_{\text{A}}}{Q_{\text{B}}}$의 값은 $2^a \times 5^b$이다. $a+b$의 값은?

(단, a, b는 유리수이다.)

① 0.15   ② 0.35   ③ 0.55

④ 0.75   ⑤ 0.95

02 로그

개념 Plus

❶ 로그의 정의와 성질

(1) 로그의 정의

$a>0$, $a\neq1$일 때, 양수 N에 대하여 $a^x=N$을 만족시키는 실수 x를 a를 밑으로 하는 N의 로그라 하고, 기호로 $x=\log_a N$과 같이 나타낸다. 즉

$$a>0,\ a\neq1,\ N>0일\ 때,\ a^x=N \iff x=\log_a N$$

이때, N을 $\log_a N$의 진수라 한다.

(2) 로그의 기본 성질

$a>0$, $a\neq1$, $M>0$, $N>0$일 때

① $\log_a 1=0$, $\log_a a=1$

② $\log_a MN=\log_a M+\log_a N$

③ $\log_a \dfrac{M}{N}=\log_a M-\log_a N$

④ $\log_a M^k=k\log_a M$ (단, k는 실수이다.)

(3) 로그의 밑의 변환

$a>0$, $a\neq1$, $b>0$, $c>0$, $c\neq1$일 때

① $\log_a b=\dfrac{\log_c b}{\log_c a}$

② $\log_a b=\dfrac{1}{\log_b a}$ (단, $b\neq1$)

(4) 로그의 여러 가지 성질

$a>0$, $a\neq1$, $b>0$일 때

① $\log_{a^m} b^n=\dfrac{n}{m}\log_a b$ (단, m, n은 실수, $m\neq0$)

② $a^{\log_a b}=b$

③ $a^{\log_c b}=b^{\log_c a}$ (단, $c>0$, $c\neq1$)

- $\log_a N$은 $a>0$, $a\neq1$, $N>0$일 때만 정의된다.

- **혼동하기 쉬운 로그의 성질**
  ① $\log_1 1\neq1$, $\log_1 1\neq0$
  ② $\log_a (x+y)$ $\neq\log_a x+\log_a y$
  ③ $\log_a x\times\log_a y$ $\neq\log_a x+\log_a y$
  ④ $\log_a (x-y)$ $\neq\log_a x-\log_a y$
  ⑤ $\dfrac{\log_a x}{\log_a y}\neq\log_a x-\log_a y$
  ⑥ $\log_a x^k\neq(\log_a x)^k$

- a, b는 1이 아닌 양수이고, $c>0$일 때
  ① $\log_a b\times\log_b c=\log_a c$
  ② $\log_a b\times\log_b a=1$

❷ 상용로그

(1) 상용로그

① 상용로그 : 10을 밑으로 하는 로그를 상용로그라 하고, 상용로그 $\log_{10} N$은 보통 밑을 생략하여 $\log N$과 같이 나타낸다.

② 상용로그표 : 0.01의 간격으로 1.00에서 9.99까지의 수에 대한 상용로그의 값을 반올림하여 소수점 아래 넷째 자리까지 나타낸 표이다.

수	0	1	2
1.0	.0000	.0043	.0086
1.1	.0414	.0453	.0492
⋮	⋮	⋮	⋮
3.1	0.4914	.4928	.4942
3.2	0.5051	.5065	.5079

③ 상용로그의 표현

임의의 양수 N에 대하여 상용로그 $\log N$은 다음과 같이 나타낼 수 있다.

$$\log N=n+\alpha \ (단,\ n은\ 정수이고,\ 0\leq\alpha<1이다.)$$

(2) 상용로그의 정수 부분과 소수 부분의 성질

① 정수 부분이 n자리인 수의 상용로그의 정수 부분은 $(n-1)$이다.

⟺ 상용로그의 정수 부분이 n이면 진수는 정수 부분이 $(n+1)$자리인 수이다.

② 소수점 아래 n째 자리에서 처음으로 0이 아닌 숫자가 나타나는 수의 상용로그의 정수 부분은 $-n$이다.

⟺ 상용로그의 정수 부분이 $-n$이면 진수는 소수점 아래 n째 자리에서 처음으로 0이 아닌 숫자가 나타난다.

③ 숫자의 배열이 같고 소수점의 위치만 다른 수들의 상용로그의 소수 부분은 모두 같다.

⟺ 상용로그의 소수 부분이 같으면 진수의 숫자 배열이 같다.

- 상용로그표에서 $\log 3.21$의 값을 찾으려면 3.2의 가로줄과 1의 세로줄이 만나는 곳의 수를 찾으면 된다. 즉
  $$\log 3.21=0.5065$$

- n은 $\log N$의 정수 부분이고, α는 $\log N$의 소수 부분이다.

- $\log N\ (N>1)$의 정수 부분이 n일 때
  $\iff n\leq\log N<n+1$
  $\iff 10^n\leq N<10^{n+1}$
  $\iff N$의 정수 부분은 $(n+1)$자리

내신 & 수능 빈출 유형

유형 01 로그의 정의와 밑과 진수의 조건

$a=\log_3(3+2\sqrt{2})$일 때, $9^a+\dfrac{2}{3^{a-1}}$의 값을 구하시오.

해결 포인트
로그의 정의를 이용하여 3^a의 값을 찾는다.

01-1 모든 실수 x에 대하여 $\log_{k^2}(x^2-2kx+9)$가 정의되기 위한 정수 k의 개수는?

① 2   ② 3   ③ 4   ④ 5   ⑤ 6

유형 02 로그의 성질과 밑의 변환

다음 값을 구하시오.

(1) $\log_5(6+\sqrt{11})+\log_5(6-\sqrt{11})$

(2) $\left(\log_3 7+\log_9\dfrac{1}{7}\right)\left(\log_7 3+\log_{49}\dfrac{1}{3}\right)$

02-1 $a>1$, $b>1$, $c>1$인 a, b, c에 대하여 $\log_a c=2\log_b c$일 때, $\log_a b^3+\log_b a^8$의 값을 구하시오.

02-2 세 양수 a, b, c가 다음 조건을 만족시킬 때, 1이 아닌 양수 k의 값을 구하시오.

(가) $4^a=5^b=k^c$

(나) $ab-bc=ca$

해결 포인트
1이 아닌 세 양수 a, b, c에 대하여 $a^x=b^y=c^z$ $(xyz\neq0)$일 때, $a^x=b^y=c^z=t$ $(t>0, t\neq1)$라 하면 $x=\log_a t$, $y=\log_b t$, $z=\log_c t$임을 이용한다.

유형 **03** 로그의 성질의 활용

$\log_7 2 = a$, $\log_2 3 = b$일 때, $\log_6 84$를 a, b에 대한 식으로 나타낸 것은?

① $\dfrac{1+2a+ab}{a+ab}$ ② $\dfrac{2+a+ab}{a+ab}$ ③ $\dfrac{1+a+2ab}{a+ab}$

④ $\dfrac{1+2a+ab}{ab+b}$ ⑤ $\dfrac{2+a+ab}{ab+b}$

03-1 $3^a = 2$, $3^b = 5$, $3^c = 7$일 때, $\log_{35} 500$을 a, b, c에 대한 식으로 나타낸 것은?

① $\dfrac{2a+b}{a+c}$ ② $\dfrac{2a+b}{b+c}$ ③ $\dfrac{2a+3b}{b+c}$

④ $\dfrac{2ab}{b+c}$ ⑤ $\dfrac{3ab}{b+c}$

유형 **04** 조건을 이용하여 식의 값 구하기

$a > 1$, $b > 1$, $c > 1$인 a, b, c에 대하여
$$\log_2 a = \log_8 b = \log_{16} c$$
가 성립할 때, $\log_{\sqrt{a}} bc$의 값은? (단, $a \neq 2$)

① 10 ② 12 ③ 14 ④ 16 ⑤ 18

04-1 1이 아닌 세 양수 a, b, c에 대하여 $a^2 = b^3 = c^5$이 성립할 때,
$$\log_a b + \log_{\frac{1}{b}} c + \log_{\sqrt{c}} a = \dfrac{q}{p}$$
이다. $p+q$의 값을 구하시오. (단, p와 q는 서로소인 자연수이다.)

04-2 1이 아닌 세 양수 a, b, c에 대하여
$$a^4 = b^3,\ a^2 b^4 = c^{11}$$
이 성립할 때, $\log_c a + \log_b c$의 값은?

① 1 ② 2 ③ 3 ④ 4 ⑤ 5

유형 05 상용로그의 정수 부분과 소수 부분

$\log 300$의 정수 부분을 α, 소수 부분을 β라 할 때, $10^{\alpha}+10^{\beta}$의 값을 구하시오.

> **해결 포인트**
> $\log A=n+\alpha$
> $\qquad$ (n은 정수, $0\le\alpha<1$)
> 일 때, n은 $\log A$의 정수 부분이고 α는 $\log A$의 소수 부분이다.

05-1 $2^{10}\times5^{20}$이 m자리의 정수일 때, 자연수 m의 값은? (단, $\log 2=0.3010$으로 계산한다.)

① 15　　　　② 16　　　　③ 17　　　　④ 18　　　　⑤ 19

> **해결 포인트**
> 양수 N에 대하여
> $\qquad\log N=n+\alpha$
> $\qquad$ (n은 정수, $0\le\alpha<1$)
> 일 때, $n\ge0$이면 N은 정수 부분이 $(n+1)$자리의 수이다.

05-2 $100<x<1000$일 때, $\log x$와 $\log\sqrt{x}$의 소수 부분의 합이 1일 때, $\log x$의 소수 부분은?

① $\dfrac{1}{4}$　　　② $\dfrac{1}{3}$　　　③ $\dfrac{1}{2}$　　　④ $\dfrac{2}{3}$　　　⑤ $\dfrac{3}{4}$

> **해결 포인트**
> $\log A$와 $\log B$의 소수 부분의 합이 1이면 $\log A+\log B$의 값이 정수가 됨을 이용한다.

유형 06 상용로그의 활용

사진기에 사용되는 필름은 빛에 민감한 은으로 구성되어 있어서 사진기 내부의 필름에 빛이 닿으면 은의 밀도가 변하는데, 풍경이 밝으면 은의 밀도가 높아지고 어두우면 은의 밀도가 낮아진다. 노출 시간이 T일 때, 은의 밀도를 D라 하면

$$D=\log C-\log T \ (C는 상수)$$

로 나타내어진다고 한다. 노출 시간이 $\dfrac{1}{100}$초일 때 은의 밀도를 D_1, 노출 시간이 $\dfrac{1}{500}$초일 때 은의 밀도를 D_2라 하자. D_1-D_2의 값은?

① 10^5　　　② 10^{-5}　　　③ 5　　　④ $\log 5$　　　⑤ $-\log 5$

> **해결 포인트**
> 주어진 관계식에서 각 문자가 의미하는 것을 이해하고 제시된 값을 식에 정확히 대입하여 문제 해결에 필요한 식을 유도한다.

06-1 최대 지름의 길이가 D (km)인 토네이도의 수명을 T (시간)라 할 때

$$3\log D=\log kT^2 \ (k는 양의 상수)$$

이 성립한다고 한다. A 토네이도의 최대 지름의 길이는 B 토네이도의 최대 지름의 길이의 10배일 때, A 토네이도의 수명은 B 토네이도의 수명의 몇 배인가?

① $10^{\frac{1}{2}}$배　　② 10배　　③ $10^{\frac{3}{2}}$배　　④ 10^2배　　⑤ $10^{\frac{5}{2}}$배

01 중요

$\dfrac{\log_3 5}{a} = \dfrac{b}{2\log_5 2} = \dfrac{\log_2 81}{6c} = \dfrac{1}{2}$일 때, abc의 값은?

(단, $ac \neq 0$)

① 2 ② $\dfrac{7}{3}$ ③ $\dfrac{8}{3}$

④ 3 ⑤ $\dfrac{10}{3}$

02

$k = \log_{\sqrt{5}} 18 + \dfrac{1}{\log_7 \sqrt{5}} - \dfrac{\log_2 6}{\log_2 \sqrt{5}}$일 때, 5^k의 값은?

① 19^2 ② 20^2 ③ 21^2

④ 22^2 ⑤ 23^2

03

2 이상의 자연수 n에 대하여 $f(n) = \sqrt[n+1]{\sqrt[n]{2}}$라 할 때, $\log_2 f(2) + \log_2 f(3) + \cdots + \log_2 f(9)$의 값은?

① $\dfrac{3}{10}$ ② $\dfrac{2}{5}$ ③ $\dfrac{1}{2}$

④ $\dfrac{3}{5}$ ⑤ $\dfrac{7}{10}$

04

두 양수 a, b가 다음 조건을 만족시킨다.

> (가) $36a = b$
> (나) $\log_3 a + \log_3 b = \log_3 4$

$3^{2\log_3 a + 3\log_3 b}$의 값을 구하시오.

05

1이 아닌 세 양수 a, b, c가 다음 조건을 만족시킨다.

> (가) $a = b^m$, $b = c^{2n}$
> (나) $\log_a b - \log_a c = \dfrac{\log_a b}{\log_c a}$

두 자연수 m, n에 대하여 $m+n$의 값을 구하시오.

06 중요

$\log 2 = a$, $\log 3 = b$일 때, $\log_5 \sqrt{72}$를 a, b에 대한 식으로 나타낸 것은?

① $\dfrac{2a+3b}{1-a}$ ② $\dfrac{3a+2b}{1-a}$ ③ $\dfrac{a+2b}{2(1-a)}$

④ $\dfrac{2a+3b}{2(1-a)}$ ⑤ $\dfrac{3a+2b}{2(1-a)}$

07

세 자연수 a, b, c가 $2a = b \log 4 + \dfrac{c}{\log_{\sqrt{5}} 10}$를 만족시킬 때, $\dfrac{10a+c}{b}$의 값은?

① 12 ② $\dfrac{25}{2}$ ③ 13

④ $\dfrac{27}{2}$ ⑤ 14

08

$a = \log_{16} x^3$, $b = \log_{\sqrt{2}} y^2$에 대하여
$$a - b = \sqrt{ab}$$
가 성립할 때, $\left(\sqrt{x}\right)^{\frac{3}{b}} y^{\frac{8}{a}}$의 값을 구하시오. (단, $x > 0$, $y > 0$)

09

$10 < x < 100$일 때, $\log x^4$과 $\log x$의 소수 부분이 같도록 하는 모든 x의 값의 곱은?

① $10^{\frac{5}{3}}$ ② 10^2 ③ $10^{\frac{7}{3}}$
④ $10^{\frac{8}{3}}$ ⑤ 10^3

10 중요

다음 조건을 만족시키는 모든 양수 x의 값의 곱을 A라 할 때, $\log A$의 값을 구하시오.

> (가) $4 \le \log x \le 8$
> (나) $\log \sqrt{x}$와 $\log \sqrt[3]{x}$는 모두 정수가 아니다.
> (다) $\log \sqrt{x}$와 $\log \sqrt[3]{x}$의 소수 부분의 합이 1이다.

11

어떤 용액 1 L 속에 들어 있는 수소 이온의 양(mole)을 수소 이온 농도 $[H^+]$라 할 때, 이 용액의 산성도를 나타내는 pH는
$$\mathrm{pH} = -\log [H^+]$$
로 정의된다. pH의 값이 4인 A 용액 2 L와 pH의 값이 6인 B 용액 8 L를 같은 용기에 넣고 고루 섞은 용액의 pH의 값은?

(단, $\log 2.08 = 0.32$로 계산한다.)

① 4.64 ② 4.66 ③ 4.68
④ 4.70 ⑤ 4.72

12 중요

| 2011 6월 평가원 나형 22번 |

$a = \log_2 (2 + \sqrt{3})$일 때
$$4^a + \frac{4}{2^a}$$
의 값을 구하시오.

13

| 2014 수능 A형 13번 |

자연수 n에 대하여 $f(n)$이 다음과 같다.
$$f(n) = \begin{cases} \log_3 n & (n\text{이 홀수}) \\ \log_2 n & (n\text{이 짝수}) \end{cases}$$

20 이하의 두 자연수 m, n에 대하여 m은 홀수, n은 짝수일 때,
$$f(mn) = f(m) + f(n)$$
을 만족시키는 순서쌍 (m, n)의 개수는?

① 10 ② 15 ③ 20
④ 25 ⑤ 30

14

| 2013 수능 7번 |

화재가 발생한 화재실의 온도는 시간에 따라 변한다. 어떤 화재실의 초기 온도를 $T_0(℃)$, 화재가 발생한 지 t분 후의 온도를 $T(℃)$라 할 때, 다음 식이 성립한다고 한다.
$$T = T_0 + k \log (8t + 1) \quad (\text{단, } k\text{는 상수이다.})$$

초기 온도가 20 ℃인 이 화재실에서 화재가 발생한 지 $\frac{9}{8}$분 후의 온도는 365 ℃이었고, 화재가 발생한 지 a분 후의 온도는 710 ℃이었다. a의 값은?

① $\frac{99}{8}$ ② $\frac{109}{8}$ ③ $\frac{119}{8}$
④ $\frac{129}{8}$ ⑤ $\frac{139}{8}$

03 지수함수

❶ 지수함수 $y=a^x$ $(a>0,\ a\neq1)$의 그래프

(1) 정의역은 실수 전체의 집합이고, 치역은 양의 실수 전체의 집합이다.

(2) $a>1$일 때, x의 값이 증가하면 y의 값도 증가한다.

　　$0<a<1$일 때, x의 값이 증가하면 y의 값은 감소한다.

(3) 그래프는 두 점 $(0,\ 1)$, $(1,\ a)$를 지난다.

(4) 그래프의 점근선은 x축 $(y=0)$이다.

(5) 실수 전체의 집합에서 양의 실수 전체의 집합으로의 일대일대응이다.

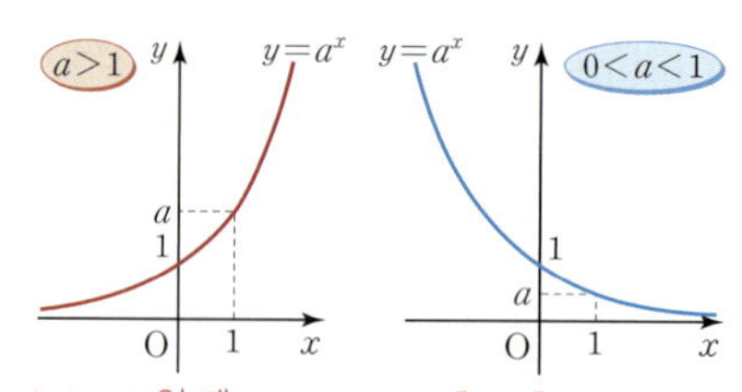

❷ 지수함수의 평행이동과 대칭이동

지수함수 $y=a^x$ $(a>0,\ a\neq1)$의 그래프를

(1) x축의 방향으로 m만큼, y축의 방향으로 n만큼 평행이동시킨 그래프의 식 : $y=a^{x-m}+n$

(2) x축에 대하여 대칭이동시킨 그래프의 식 : $y=-a^x$

(3) y축에 대하여 대칭이동시킨 그래프의 식 : $y=a^{-x}=\left(\dfrac{1}{a}\right)^x$

(4) 원점에 대하여 대칭이동시킨 그래프의 식 : $y=-a^{-x}=-\left(\dfrac{1}{a}\right)^x$

❸ 지수함수의 최대, 최소

$m\leq x\leq n$에서 지수함수 $y=a^x$ $(a>0,\ a\neq1)$은

(1) $a>1$이면 $x=m$일 때 최솟값 a^m, $x=n$일 때 최댓값 a^n을 갖는다.

(2) $0<a<1$이면 $x=m$일 때 최댓값 a^m, $x=n$일 때 최솟값 a^n을 갖는다.

참고 지수함수에서 a^x 꼴이 반복될 때에는 $a^x=t$ $(t>0)$로 치환한 후 t의 값의 범위에서 최대, 최소를 구한다.

❹ 지수방정식 — 지수에 미지수가 있는 방정식

(1) 밑을 같게 할 수 있는 경우 : 밑을 같게 한 다음 지수를 비교한다.
$$a^{f(x)}=a^{g(x)}\ (a>0,\ a\neq1) \Longleftrightarrow f(x)=g(x)$$

참고 $a^{f(x)}=a^{g(x)}\ (a>0) \Longleftrightarrow f(x)=g(x)$ 또는 $a=1$

(2) 지수를 같게 할 수 있는 경우 : 지수를 같게 한 다음 밑을 비교하거나 지수가 0임을 이용한다.
$$a^{f(x)}=b^{f(x)}\ (a>0,\ a\neq1,\ b>0,\ b\neq1) \Longleftrightarrow a=b\ \text{또는}\ f(x)=0$$

(3) a^x $(a>0,\ a\neq1)$ 꼴이 반복되는 경우 : $a^x=t$ $(t>0)$로 치환하여 t에 대한 방정식을 푼다.

❺ 지수부등식 — 지수에 미지수가 있는 부등식

(1) 밑을 같게 할 수 있는 경우 : 밑을 같게 한 다음 지수를 비교한다.

　(ⅰ) $a>1$일 때, $a^{f(x)}<a^{g(x)} \Longleftrightarrow f(x)<g(x)$　　— 부등호 방향 그대로

　(ⅱ) $0<a<1$일 때, $a^{f(x)}<a^{g(x)} \Longleftrightarrow f(x)>g(x)$　　— 부등호 방향 반대로

　참고 $a^{f(x)}<a^{g(x)}\ (a>0)$ 꼴의 부등식을 풀 때에는 $a>1$, $a=1$, $0<a<1$의 세 가지 경우로 나누어 푼다.

(2) a^x $(a>0,\ a\neq1)$ 꼴이 반복되는 경우 : $a^x=t$ $(t>0)$로 치환하여 t에 대한 부등식을 푼다.

개념 Plus

• **지수함수란?**
a가 1이 아닌 양수일 때, $y=a^x$을 a를 밑으로 하는 지수함수라 한다.

• $y=a^x$에서 $a=1$이면 $y=1$이므로 이 함수는 상수함수이다.

• **점근선이란?**
곡선이 어떤 직선에 한없이 가까워질 때, 이 직선을 그 곡선의 점근선이라 한다.

• 지수함수 $y=a^{f(x)}$은
(ⅰ) $a>1$이면 $f(x)$가 최대일 때 y도 최대이고, $f(x)$가 최소일 때 y도 최소이다.
(ⅱ) $0<a<1$이면 $f(x)$가 최대일 때 y는 최소이고, $f(x)$가 최소일 때 y는 최대이다.

• 공통부분이 a^x+a^{-x} 꼴인 함수의 최대, 최소를 구할 때에는 $a^x+a^{-x}=t$로 치환한 후 산술평균과 기하평균의 관계를 이용하여 t의 값의 범위를 구한다.

• $a^x=t$로 치환할 경우 $a^x>0$이므로 $t>0$임에 유의하여 방정식의 해를 구한다.

• 지수부등식을 풀 때에는 밑의 값에 따라 부등호의 방향이 달라짐에 유의한다.

유형 01 지수함수의 그래프 중요

두 곡선 $y=4^x$, $y=2^{x+2}-k$가 y축과 만나는 점을 각각 A, B라 하자. $\overline{\mathrm{AB}}=4$일 때, 양수 k의 값은?

① 4　　　② 5　　　③ 6　　　④ 7　　　⑤ 8

01-1 함수 $y=3^x$의 그래프를 x축에 대하여 대칭이동시킨 후 x축의 방향으로 2만큼 평행이동시킨 그래프가 점 $(3,\ k)$를 지날 때, k의 값은?

① -5　　　② -4　　　③ -3　　　④ -2　　　⑤ -1

> **해결 포인트**
>
> 함수 $y=a^x$의 그래프를 x축의 방향으로 m만큼, y축의 방향으로 n만큼 평행이동시킨 그래프의 식은
> $$y=a^{x-m}+n$$

유형 02 지수함수의 최대, 최소

정의역이 $\{x\,|\,0\le x\le 3\}$인 함수 $y=4^x-2^{x+2}+5$는 $x=a$일 때 최솟값 b, $x=c$일 때 최댓값 d를 갖는다. $a+b+c+d$의 값을 구하시오.

> **해결 포인트**
>
> $2^x=t\ (t>0)$로 치환하여 t에 대한 이차함수의 최댓값과 최솟값을 구한다. 이때, t의 값의 범위를 확인해야 한다.

02-1 정의역이 $\{x\,|\,-2\le x\le 2\}$인 함수 $y=4^x-2^{x+1}+9$는 $x=a$일 때, 최솟값 b를 갖는다. $a+b$의 값은?

① 6　　　② 7　　　③ 8　　　④ 9　　　⑤ 10

02-2 정의역이 $\{x\,|\,-3\le x\le 3\}$인 함수 $y=\left(\dfrac{1}{2}\right)^{-2x^2+4x}$의 최댓값을 M, 최솟값을 m이라 할 때, $\dfrac{M}{m}$의 값은?

① 2^{26}　　　② 2^{28}　　　③ 2^{30}　　　④ 2^{32}　　　⑤ 2^{34}

> **해결 포인트**
>
> 지수함수 $y=a^{f(x)}$에서 $0<a<1$이면 $f(x)$가 최대일 때 y는 최소이고, $f(x)$가 최소일 때 y는 최대이다.

02-3 함수 $f(x)=4^x+4^{-x}-2(2^x+2^{-x})+9$의 최솟값은?

① 6　　　② 7　　　③ 8　　　④ 9　　　⑤ 10

> **해결 포인트**
>
> $2^x+2^{-x}=t$로 놓으면 $2^x>0$, $2^{-x}>0$이므로 산술평균과 기하평균의 관계를 이용할 수 있다.

유형 **03** 지수방정식

방정식 $\left(\dfrac{1}{2}\right)^{x^2}=2^{2-3x}$의 두 근을 α, β라 할 때, $\alpha^2+\beta^2$의 값은?

① 1   ② 3   ③ 5   ④ 7   ⑤ 9

해결 포인트

밑이 같아지도록 식을 변형한 다음 지수를 비교하여 방정식을 푼다.

03-1 방정식 $2\times 4^x-9\times 2^x+4=0$의 두 근을 α, β라 할 때, $\alpha\beta$의 값은?

① -3 ② -2 ③ 1   ④ 2   ⑤ 3

해결 포인트

$2^x=t$ $(t>0)$로 치환하여 t에 대한 방정식을 푼다.

03-2 방정식 $2^{x-1}+2^{-x+4}=9$의 두 근을 α, β라 할 때, $\alpha+\beta$의 값은?

① 1   ② 2   ③ 3   ④ 4   ⑤ 5

유형 **04** 지수부등식

부등식 $8^{x^2+2x-4}\leq 4^{x^2+x}$의 해가 $\alpha\leq x\leq\beta$일 때, $\alpha+5\beta$의 값은?

① 5   ② 4   ③ 3   ④ 2   ⑤ 1

해결 포인트

밑이 같아지도록 식을 변형한 다음 지수를 비교한다. 이때, (밑)>1이면 부등호의 방향이 그대로이고, $0<$(밑)<1이면 부등호의 방향이 바뀐다.

04-1 부등식 $\left(\dfrac{1}{5}\right)^x\leq\left(\dfrac{1}{25}\right)^{x-5}$의 해가 $\alpha\leq x\leq\beta$일 때, $3\alpha+10\beta$의 값을 구하시오.

04-2 부등식 $9^x-10\times 3^x+9<0$을 만족시키는 정수 x의 개수는?

① 1   ② 3   ③ 5   ④ 7   ⑤ 9

빈출 유형 마무리

01

함수 $y=4\times\left(\dfrac{1}{2}\right)^{3-x}-2$의 그래프를 x축의 방향으로 m만큼, y축의 방향으로 n만큼 평행이동시켰더니 함수 $y=2^x$의 그래프와 일치하였다. m^2+n^2의 값을 구하시오.

02

두 지수함수 $f(x)=a^{bx-1}$, $g(x)=\left(\dfrac{1}{a}\right)^{bx-1}$이

$$f(2)=g(2),\ f(4)+g(4)=\frac{5}{2}$$

를 만족시킬 때, 두 상수 a, b에 대하여 $a+b$의 값은?

(단, $a>1$)

① 1   ② $\dfrac{3}{2}$ ③ 2

④ $\dfrac{5}{2}$ ⑤ 3

03

곡선 $y=-2^x+k$가 곡선 $y=2^x$ 및 x축과 만나는 점을 각각 A, B라 하고, 점 A에서 y축에 내린 수선의 발을 C라 하자. $\overline{OB}=3\overline{AC}$일 때, 상수 k의 값은?

(단, $k>2$이고, O는 원점이다.)

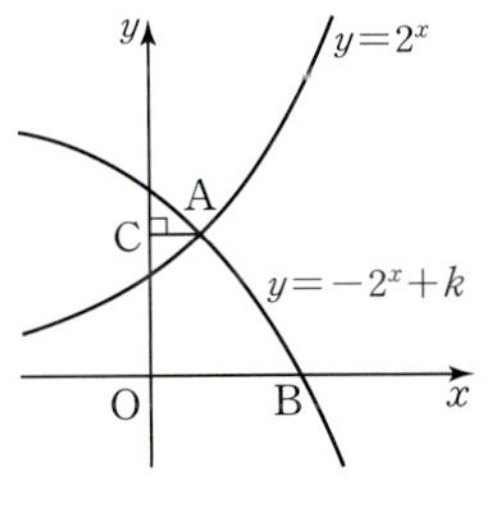

① $2\sqrt{2}$ ② 4   ③ $4\sqrt{2}$

④ 8   ⑤ $8\sqrt{2}$

04

$-3\leq x\leq 2$에서 정의된 두 함수 $f(x)=4^{x-1}$, $g(x)=\left(\dfrac{1}{2}\right)^x$에 대하여 $f(x)$의 최댓값을 M, $g(x)$의 최솟값을 m이라 할 때, Mm의 값은?

① $\dfrac{1}{4}$ ② $\dfrac{1}{2}$ ③ 1

④ 2   ⑤ 4

05 중요

정의역이 $\{x\,|\,0\leq x\leq 6\}$인 함수 $y=\left(\dfrac{1}{2}\right)^x-\left(\dfrac{1}{4}\right)^{x-2}$은 $x=a$일 때, 최댓값 M을 갖는다. $\left(\dfrac{1}{2}\right)^a+M$의 값은?

① $\dfrac{1}{64}$ ② $\dfrac{1}{32}$ ③ $\dfrac{3}{64}$

④ $\dfrac{1}{16}$ ⑤ $\dfrac{5}{64}$

06

정의역이 $\{x\,|\,-2\leq x\leq 2\}$인 함수 $y=10^{-x^2+2x+1}$의 최댓값을 M, 최솟값을 m이라 할 때, $\log\dfrac{M}{m}$의 값은?

① 6   ② 7   ③ 8

④ 9   ⑤ 10

07

함수 $y=(2^{x+2}+3^{-x})(3^x+2^{-x+2})$의 최솟값을 구하시오.

08

방정식 $8^{5-x}=\left(\dfrac{1}{2}\right)^{3-x^2}$의 두 근을 α, β라 할 때, $|\alpha|+|\beta|$의 값은?

① 1   ② 3   ③ 5

④ 7   ⑤ 9

09

방정식 $4^x - 9 \times 2^{x+1} + 32 = 0$의 두 근을 α, β라 할 때, $\alpha^2 + \beta^2$의 값을 구하시오.

10

방정식 $a^{2x} - 7a^x + 8 = 0$의 두 근의 합이 3일 때, 양수 a의 값은?

① $\sqrt{2}$ ② $\sqrt{3}$ ③ 2
④ 3   ⑤ 4

11

부등식 $\left(\dfrac{1}{2}\right)^{2x} < 32 < \left(\dfrac{1}{4}\right)^{x-2}$을 만족시키는 정수 x의 개수는?

① 1   ② 2   ③ 3
④ 4   ⑤ 5

12

모든 실수 x에 대하여 부등식 $4^x - 2^{x+3} + k \geq 0$이 성립할 때, 실수 k의 최솟값은?

① 2   ② 4   ③ 8
④ 16   ⑤ 32

13 중요

이차함수 $y = f(x)$의 그래프와 직선 $y = g(x)$가 그림과 같다. 부등식 $\left(\dfrac{1}{2}\right)^{f(x)} \geq \left(\dfrac{1}{2}\right)^{g(x)}$의 해와 부등식 $4^x - a \times 2^x + b \leq 0$의 해가 같을 때, 두 상수 a, b에 대하여 $a+b$의 값을 구하시오.

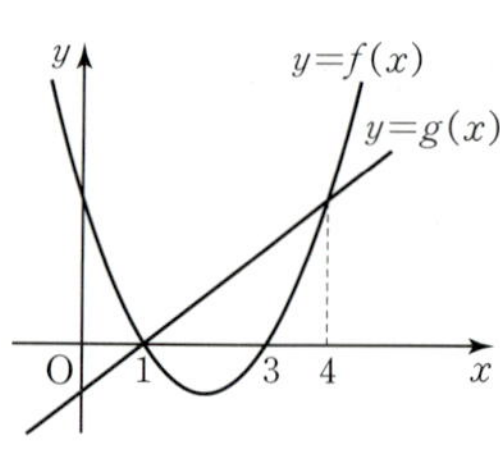

14

| 2008 6월 평가원 나형 9번 |

두 함수 $y = 2^x$, $y = -\left(\dfrac{1}{2}\right)^x + k$의 그래프가 서로 다른 두 점 A, B에서 만난다. 선분 AB의 중점의 좌표가 $\left(0, \dfrac{5}{4}\right)$일 때, 상수 k의 값은?

① $\dfrac{1}{2}$ ② 1   ③ $\dfrac{3}{2}$
④ 2   ⑤ $\dfrac{5}{2}$

15

| 2016 6월 평가원 A형 28번 |

일차함수 $y = f(x)$의 그래프가 그림과 같고, $f(-5) = 0$이다. 부등식 $2^{f(x)} \leq 8$의 해가 $x \leq -4$일 때, $f(0)$의 값을 구하시오.

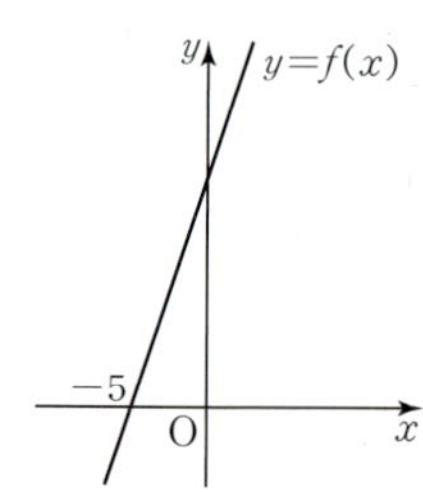

16

| 2016 6월 평가원 B형 18번 |

좌표평면 위의 두 곡선 $y = |9^x - 3|$, $y = 2^{x+k}$이 만나는 서로 다른 두 점의 x좌표를 x_1, x_2 $(x_1 < x_2)$라 할 때, $x_1 < 0$, $0 < x_2 < 2$를 만족시키는 모든 자연수 k의 값의 합은?

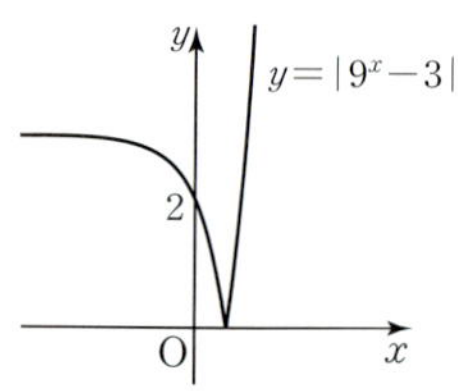

① 8   ② 9   ③ 10
④ 11   ⑤ 12

04 로그함수

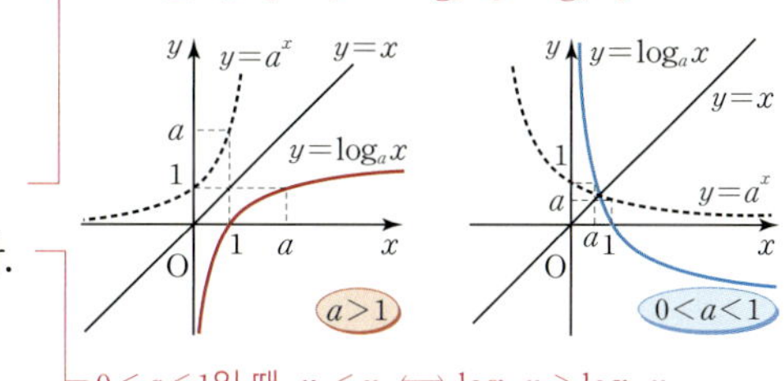

❶ 로그함수 $y=\log_a x\,(a>0,\ a\neq1)$의 그래프

(1) 정의역은 양의 실수 전체의 집합이고, 치역은 실수 전체의 집합이다.

(2) $a>1$일 때, x의 값이 증가하면 y의 값도 증가한다.
   $0<a<1$일 때, x의 값이 증가하면 y의 값은 감소한다.

(3) 그래프는 두 점 $(1,\,0)$, $(a,\,1)$을 지난다.

(4) 그래프의 점근선은 y축 $(x=0)$이다.

(5) 양의 실수 전체의 집합에서 실수 전체의 집합으로의 일대일대응이다.

참고 지수함수 $y=a^x$과 로그함수 $y=\log_a x$는 서로 역함수 관계이므로 함수 $y=a^x$의 그래프와 함수 $y=\log_a x$의 그래프는 직선 $y=x$에 대하여 서로 대칭이다.

개념 Plus

• 로그함수란?
지수함수 $y=a^x\,(a>0,\ a\neq1)$의 역함수
$$y=\log_a x$$
를 a를 밑으로 하는 로그함수라 한다.

❷ 로그함수의 평행이동과 대칭이동

로그함수 $y=\log_a x\,(a>0,\ a\neq1)$의 그래프를

(1) x축의 방향으로 m만큼, y축의 방향으로 n만큼 평행이동시킨 그래프의 식 : $y=\log_a(x-m)+n$

(2) x축에 대하여 대칭이동시킨 그래프의 식 : $y=-\log_a x=\log_a \dfrac{1}{x}=\log_{\frac{1}{a}} x$

(3) y축에 대하여 대칭이동시킨 그래프의 식 : $y=\log_a(-x)$

(4) 직선 $y=x$에 대하여 대칭이동시킨 그래프의 식 : $y=a^x$

❸ 로그함수의 최대, 최소

$m\leq x\leq n$에서 로그함수 $y=\log_a x\,(a>0,\ a\neq1)$는

(1) $a>1$이면 $x=m$일 때 최솟값 $\log_a m$, $x=n$일 때 최댓값 $\log_a n$을 갖는다.

(2) $0<a<1$이면 $x=m$일 때 최댓값 $\log_a m$, $x=n$일 때 최솟값 $\log_a n$을 갖는다.

참고 로그함수에서 $\log_a x$ 꼴이 반복될 때에는 $\log_a x=t$로 치환한 후 t의 값의 범위에서 최대, 최소를 구한다.

• 로그함수 $y=\log_a f(x)$는
(ⅰ) $a>1$이면 $f(x)$가 최대일 때 y도 최대이고, $f(x)$가 최소일 때 y도 최소이다.
(ⅱ) $0<a<1$이면 $f(x)$가 최대일 때 y는 최소이고, $f(x)$가 최소일 때 y는 최대이다.

❹ 로그방정식 — 로그의 진수 또는 밑에 미지수가 있는 방정식

(1) $\log_a f(x)=b$ 꼴인 경우 : 로그의 정의를 이용하여 방정식을 푼다.
$$\log_a f(x)=b\,(a>0,\ a\neq1,\ f(x)>0)\Longleftrightarrow f(x)=a^b$$

(2) 밑을 같게 할 수 있는 경우 : 밑을 같게 한 다음 진수를 비교한다.
$$\log_a f(x)=\log_a g(x)\,(a>0,\ a\neq1,\ f(x)>0,\ g(x)>0)\Longleftrightarrow f(x)=g(x)$$

(3) 진수를 같게 할 수 있는 경우 : 진수를 같게 한 다음 밑이 같거나 진수가 1임을 이용한다.
$$\log_a f(x)=\log_b f(x)\,(a>0,\ a\neq1,\ b>0,\ b\neq1,\ f(x)>0)\Longleftrightarrow a=b \text{ 또는 } f(x)=1$$

(4) $\log_a x$ 꼴이 반복되는 경우 : $\log_a x=t$로 치환하여 t에 대한 방정식을 푼다.

(5) 지수에 로그가 있는 경우 : 양변에 로그를 취하여 푼다.

• 로그방정식과 로그부등식을 푼 다음 구한 해가 밑과 진수의 조건을 만족시키는지 확인한다.

❺ 로그부등식 — 로그의 진수 또는 밑에 미지수가 있는 부등식

(1) 밑을 같게 할 수 있는 경우 : 밑을 같게 한 다음 진수를 비교한다.
   (ⅰ) $a>1$일 때, $\log_a f(x)<\log_a g(x)\Longleftrightarrow 0<f(x)<g(x)$ — 부등호 방향 그대로
   (ⅱ) $0<a<1$일 때, $\log_a f(x)<\log_a g(x)\Longleftrightarrow f(x)>g(x)>0$ — 부등호 방향 반대로

(2) $\log_a x$ 꼴이 반복되는 경우 : $\log_a x=t$로 치환하여 t에 대한 부등식을 푼다.

(3) 지수에 로그가 있는 경우 : 양변에 로그를 취하여 푼다.

• 로그부등식을 풀 때에는 밑의 값에 따라 부등호의 방향이 달라짐에 유의한다.

유형 **01** 로그함수의 그래프 ⟨중요⟩

두 함수 $y=\log_3 x$, $y=\log_5 x$의 그래프가 직선 $y=2$와 만나는 점을 각각 A, B라 할 때, 선분 AB의 길이는?

① 2   ② 4   ③ 8   ④ 16   ⑤ 32

해결 포인트

두 점 A, B는 직선 $y=2$ 위의 점임을 이용하여 x좌표를 구한다.

01-1 그림과 같이 함수 $y=\log_2 x$의 그래프 위의 세 점 $P(3,\ \log_2 3)$, $Q(a,\ \log_2 a)$, $R(12,\ \log_2 12)$가 있다. 세 점 P, Q, R에서 y축에 내린 수선의 발을 각각 P′, Q′, R′이라 하면 점 Q′이 선분 P′R′의 중점일 때, a의 값은?

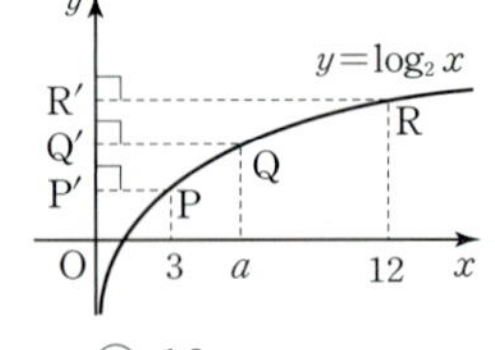

① 5   ② 6   ③ 8   ④ 9   ⑤ 10

01-2 함수 $y=\log_5 \dfrac{25}{x}$의 그래프는 함수 $y=\log_{\frac{1}{5}} x$의 그래프를 y축의 방향으로 m만큼 평행이동시킨 것이다. m의 값은?

① -2 ② $-\dfrac{1}{2}$ ③ $\dfrac{1}{5}$ ④ $\dfrac{1}{2}$ ⑤ 2

해결 포인트

$a>0,\ a\neq 1$에 대하여
$$y=\log_a \frac{b}{x}$$
$$=\log_a b-\log_a x$$
$$=\log_{\frac{1}{a}} x+\log_a b$$
임을 이용한다.

01-3 함수 $y=\log_2 x$의 그래프를 평행이동 또는 대칭이동시켜 일치시킬 수 있는 것만을 〈보기〉에서 있는 대로 고른 것은?

> **보기**
>
> ㄱ. $y=\log_{\frac{1}{2}} 3x$ ㄴ. $y=\log_2 x^4$ ㄷ. $y=2^x$

① ㄱ   ② ㄴ   ③ ㄱ, ㄴ   ④ ㄱ, ㄷ   ⑤ ㄱ, ㄴ, ㄷ

01-4 함수 $f(x)=\log_2 (x-5)$에 대하여 곡선 $y=f^{-1}(x)$의 점근선과 곡선 $y=\log_3 x+3$의 교점의 x좌표는?

① 3   ② 6   ③ 9   ④ 12   ⑤ 15

해결 포인트

곡선 $f(x)=\log_a (x-m)+k$ $(a>0,\ a\neq 1)$의 점근선의 방정식은 $x=m$이고 $f^{-1}(x)=a^{x-k}+m$의 점근선의 방정식은 $y=m$이다.

유형 02 로그함수의 최대, 최소 (중요)

정의역이 $\{x \mid 1 \le x \le 16\}$인 함수 $y = \left(\log_2 \dfrac{x}{2}\right)^2 - \log_2 x^3 + 6$의 최댓값을 M, 최솟값을 m이라 할 때, Mm의 값은?

① 5 　② $\dfrac{21}{4}$ 　③ $\dfrac{11}{2}$ 　④ $\dfrac{23}{4}$ 　⑤ 6

02-1 함수 $y = (\log_2 x)^2 + a \log_{\frac{1}{4}} x + b$가 $x = 4$일 때, 최솟값 5를 갖는다. 두 상수 a, b에 대하여 ab의 값을 구하시오.

02-2 함수 $y = \log_3 (-x^2 + 10x - 16) + 4$는 $x = p$일 때, 최댓값 q를 갖는다. $p + q$의 값은?

① 11 　② 12 　③ 13 　④ 14 　⑤ 15

02-3 $x > 1$에서 정의된 함수
$$y = (4 \log_2 x + \log_x 3)(\log_3 x + 4 \log_x 2)$$
의 최솟값을 구하시오

유형 03 로그방정식

방정식 $\log_3 6x \times \log_3 x + \log_3 \dfrac{3}{2} \times \log_3 x - 6 = 0$의 두 근을 α, β라 할 때, $\alpha\beta$의 값은?

① $\dfrac{1}{27}$ 　② $\dfrac{1}{9}$ 　③ $\dfrac{1}{3}$ 　④ $\dfrac{2}{3}$ 　⑤ 1

03-1 방정식 $\log_2 (5 + x) + \log_2 (5 - x) = 4$를 만족시키는 모든 실수 x의 값의 곱은?

① -10 　② -9 　③ -8 　④ -7 　⑤ -6

유형 04 로그부등식

부등식 $\log_{\frac{1}{3}}(x-1)+\log_{\frac{1}{3}}(x-3)<-1$의 해가 $x>a$일 때, 실수 a의 값은?

① 2   ② 3   ③ 4   ④ 5   ⑤ 6

해결 포인트

(밑)>1이면 부등호의 방향이 그대로이고, 0<(밑)<1이면 부등호의 방향이 바뀐다. 이때, 구한 해가 밑과 진수의 조건을 만족시키는지 확인해야 한다.

04-1 부등식 $\log_2(x-1)\leq\log_2\left(\dfrac{1}{2}x+k\right)$를 만족시키는 정수 x의 개수가 15일 때, 자연수 k의 값은?

① 5   ② 6   ③ 7   ④ 8   ⑤ 9

04-2 부등식 $\log_9 x^2\times\log_3 27x\leq10$을 만족시키는 정수 x의 개수는?

① 6   ② 7   ③ 8   ④ 9   ⑤ 10

유형 05 지수함수와 로그함수의 실생활에의 활용 중요

유입되는 불순물의 80 %를 걸러내는 여과기가 있다. 이 여과기를 여러 개 겹쳐서 설치하여 유입되는 전체 불순물의 0.01 % 미만이 여과기를 통과하게 하려고 할 때, 설치해야 하는 여과기의 최소 개수는? (단, $\log 2=0.3$으로 계산한다.)

① 6   ② 7   ③ 8   ④ 9   ⑤ 10

해결 포인트

지수방정식 또는 지수부등식의 양변에 상용로그를 취하여 로그방정식 또는 로그부등식을 만들 수 있다.

05-1 어느 아파트의 전셋값이 매년 전년도보다 5 %씩 상승한다고 할 때, 전셋값이 올해의 2배 이상이 되는 것은 최소 몇 년 후인가? (단, $\log 2=0.301$, $\log 1.05=0.021$로 계산한다.)

① 15년   ② 16년   ③ 17년   ④ 18년   ⑤ 19년

05-2 유입되는 자외선의 19 %를 차단시키는 유리창이 있다. 이 유리창을 여러 장 겹쳐서 설치하여 처음 유입되는 자외선의 양의 $\dfrac{1}{3}$ 이하가 유리창을 통과하게 하려고 할 때, 설치해야 하는 유리창의 최소 장수를 구하시오. (단, $\log 3=0.48$로 계산한다.)

빈출 유형 마무리

01

함수 $f(x)=\log x$에 대하여 곡선 $y=f(x)$가 그림과 같을 때, $f\left(\dfrac{5}{3}\right)$의 값을 p, q로 나타낸 것은?

(단, 점선은 x축 또는 y축에 평행하다.)

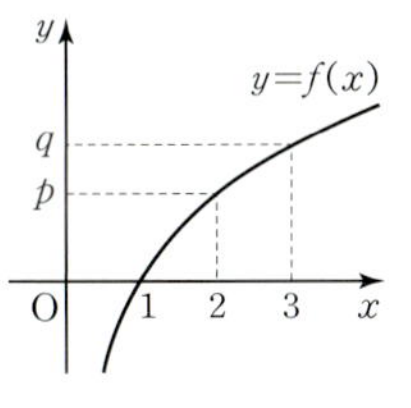

① $1-p+q$
② $1-p-q$
③ $1+p-q$
④ $1-pq$
⑤ $1+pq$

02

1이 아닌 양수 a에 대하여 두 곡선 $y=a^{-x-2}$, $y=\log_a(x-2)$가 직선 $y=1$과 만나는 점을 각각 A, B라 하자. $\overline{AB}=8$일 때, a의 값은?

① 2
② 4
③ 6
④ 8
⑤ 10

03 중요

그림은 함수 $y=\log_2 x$의 그래프와 직선 $y=x$이다. 다음 중 $\left(\dfrac{1}{2}\right)^{b-d}$의 값과 같은 것은?

(단, 점선은 x축 또는 y축에 평행하다.)

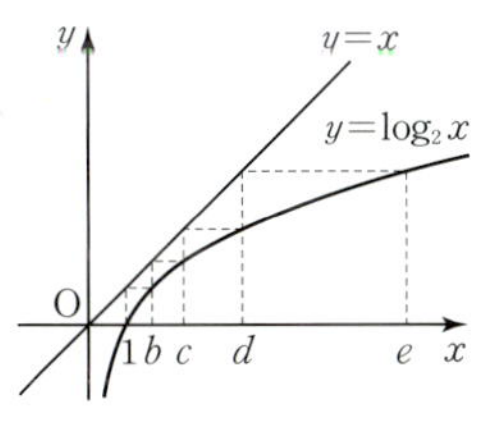

① $\dfrac{c}{b}$
② $\dfrac{d}{b}$
③ $\dfrac{e}{c}$
④ $\dfrac{b}{d}$
⑤ $\dfrac{c}{e}$

04

함수 $y=\log_2 x$의 그래프를 x축의 방향으로 1만큼, y축의 방향으로 -1만큼 평행이동시킨 후 직선 $y=x$에 대하여 대칭이동시켰을 때, 함수 $y=g(x)$의 그래프와 일치하였다. $g(5)$의 값은?

① 60
② 65
③ 70
④ 75
⑤ 80

05

두 함수 $y=\log_2|5x|$, $y=\log_2(x+m)$의 그래프가 만나는 서로 다른 두 점을 각각 A, B라 하자. 직선 AB의 기울기가 $\log_2 3-1$일 때, 양수 m의 값은?

① $\dfrac{8}{5}$
② 2
③ $\dfrac{12}{5}$
④ $\dfrac{14}{5}$
⑤ $\dfrac{16}{5}$

06 중요

정의역이 $\{x\,|\,0\leq x\leq 3\}$인 함수 $f(x)=\log_a(x^2-2x+3)$의 최댓값이 -1일 때, 함수 $f(x)$의 최솟값은? (단, $0<a<1$)

① $-\log_2 5$
② $-\log_2 6$
③ $-\log_2 7$
④ -3
⑤ $-2\log_2 3$

07

정의역이 $\{x\,|\,0\leq x\leq 1\}$인 함수 $f(x)=\log_a(x^2-2x+10)$의 최댓값이 -1일 때, 상수 a의 값은?

① $\dfrac{1}{10}$
② $\dfrac{1}{9}$
③ $\dfrac{1}{3}$
④ 9
⑤ 10

08

방정식 $\log 9x+\log 3x\times\log\dfrac{3}{x}=(\log 3)^2$의 두 근을 α, β라 할 때, $\alpha\beta$의 값은?

① -1
② $-2\log 3$
③ $2\log 3$
④ 1
⑤ 10

09

방정식 $x^{\log_3 x}=27x^2$의 두 실근을 α, β라 할 때, $\alpha\beta$의 값을 구하시오.

10

x에 대한 방정식 $3\log 100x=ax+8$이 $\dfrac{1}{10}\leq x\leq 1$에서 실근을 갖도록 하는 정수 a의 개수를 구하시오.

11

연립부등식
$$\begin{cases} 2\log_2(x-5)<\log_2(x+7) \\ \log_{\frac{1}{2}}(7-x)+\log_{\frac{1}{2}}(x+2)<-3 \end{cases}$$
의 해가 $\alpha<x<\beta$일 때, $\alpha\beta$의 값을 구하시오.

12

이차부등식 $x^2-(2\log_3 9a)x+6+3\log_3 a>0$이 모든 실수 x에 대하여 성립하기 위한 정수 a의 개수를 구하시오.

13 중요

지구 온난화 현상으로 인하여 북극의 얼음 양이 매년 전년보다 $1\,\%$씩 줄어든다고 한다. 북극의 얼음 양이 현재의 $80\,\%$ 이하가 되는 것은 n년 후일 때, n의 최솟값을 구하시오.

(단, $\log 2=0.301$, $\log 9.9=0.996$으로 계산한다.)

14

| 2016 6월 평가원 A형 15번 |

함수 $y=\log_3 x$의 그래프를 x축의 방향으로 a만큼, y축의 방향으로 2만큼 평행이동시킨 그래프를 나타내는 함수를 $y=f(x)$라 하자. 함수 $f(x)$의 역함수가 $f^{-1}(x)=3^{x-2}+4$일 때, 상수 a의 값은?

① 1 　　② 2 　　③ 3
④ 4 　　⑤ 5

15

| 2018 6월 평가원 가형 8번 |

부등식 $2\log_2|x-1|\leq 1-\log_2\dfrac{1}{2}$을 만족시키는 모든 정수 x의 개수는?

① 2 　　② 4 　　③ 6
④ 8 　　⑤ 10

16

| 2012 6월 평가원 12번 |

두 원소 A, B가 들어있는 기체 K가 기체확산장치를 통과하면 A, B의 농도가 변한다. 기체확산장치를 통과하기 전 기체 K에 들어있는 A, B의 농도를 각각 a_0, b_0이라 하고, 기체확산장치를 n번 통과한 기체에 들어있는 A, B의 농도를 각각 a_n, b_n이라 하자.

$c_0=\dfrac{a_0}{b_0}$, $c_n=\dfrac{a_n}{b_n}$이라 하면 다음 관계식이 성립한다고 한다.

$$c_n=1.004\times c_{n-1}$$

$c_0=\dfrac{1}{99}$일 때, 기체 K가 기체확산장치를 n번 통과하면 $c_n\geq\dfrac{1}{9}$이 된다. 자연수 n의 최솟값은?

(단, $\log 1.1=0.0414$, $\log 1.004=0.0017$로 계산한다.)

① 593 　　② 613 　　③ 633
④ 653 　　⑤ 673

II

삼각함수

01 삼각함수

❶ 일반각과 호도법

(1) 일반각

시초선 OX와 동경 OP가 나타내는 한 각의 크기를 $a°$라 하면 ∠XOP의 크기는

$$360°×n+a° \ (n \text{은 정수})$$ — $a°$는 보통 $0°≤a°<360°$인 범위

와 같이 나타낼 수 있고, 이것을 동경 OP가 나타내는 일반각이라 한다.

(2) 호도법

① 1라디안 : 반지름의 길이가 r인 원에서 길이가 r인 호에 대한 중심각의 크기

② 호도법 : 라디안을 단위로 하여 각의 크기를 나타내는 방법

③ 1라디안$=\dfrac{180°}{\pi}$, $1°=\dfrac{\pi}{180}$라디안, π라디안$=180°$

육십분법	$0°$	$30°$	$45°$	$60°$	$90°$	$180°$	$270°$	$360°$
호도법	0	$\dfrac{\pi}{6}$	$\dfrac{\pi}{4}$	$\dfrac{\pi}{3}$	$\dfrac{\pi}{2}$	π	$\dfrac{3}{2}\pi$	2π

❷ 부채꼴의 호의 길이와 넓이

반지름의 길이가 r, 중심각의 크기가 θ (라디안)인 부채꼴의 호의 길이를 l, 넓이를 S라 하면

$$l=r\theta, \ S=\frac{1}{2}r^2\theta=\frac{1}{2}rl$$

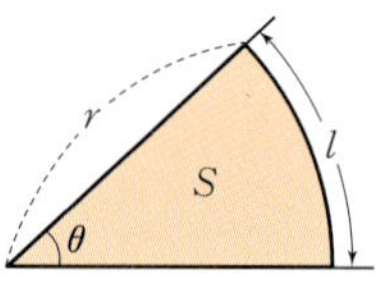

❸ 삼각함수

(1) 삼각함수의 정의

동경 OP가 나타내는 일반각의 크기 θ에 대하여

$$\sin\theta=\frac{y}{r}, \ \cos\theta=\frac{x}{r}, \ \tan\theta=\frac{y}{x} \ (x≠0)$$

이 함수들을 차례대로 θ에 대한 사인함수, 코사인함수, 탄젠트함수라 하고, 이 함수들을 모두 θ에 대한 삼각함수라 한다.

(2) 삼각함수의 값의 부호

삼각함수의 값의 부호는 다음과 같이 동경 OP가 위치하는 사분면에 따라 정해진다.

사분면 삼각함수	제1사분면 $(x>0, y>0)$	제2사분면 $(x<0, y>0)$	제3사분면 $(x<0, y<0)$	제4사분면 $(x>0, y<0)$
$\sin\theta$	+	+	−	−
$\cos\theta$	+	−	−	+
$\tan\theta$	+	−	+	−

(3) 삼각함수 사이의 관계

① $\tan\theta=\dfrac{\sin\theta}{\cos\theta}$

② $\sin^2\theta+\cos^2\theta=1$

• **시초선이란?**

처음 시작하는 선으로 좌표평면에서 일반적으로 x축의 양의 방향으로 정한다.

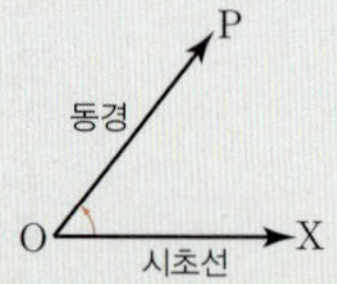

동경 OP가 점 O를 중심으로 회전할 때, 시곗바늘이 도는 방향과 반대인 방향으로 회전하면 양의 방향으로 회전한다고 하고, 시곗바늘이 도는 방향으로 회전하면 음의 방향으로 회전한다고 한다.

• **육십분법이란?**

도($°$)를 단위로 하여 각의 크기를 나타내는 방법

• **부채꼴의 호의 길이와 넓이 공식**을 사용할 때, 부채꼴의 중심각의 크기 θ는 호도법으로 나타낸 각이다. 따라서 중심각의 크기가 육십분법으로 주어지면 호도법으로 고쳐서 계산한다.

• **삼각비**

∠B$=90°$인 직각삼각형 ABC에서

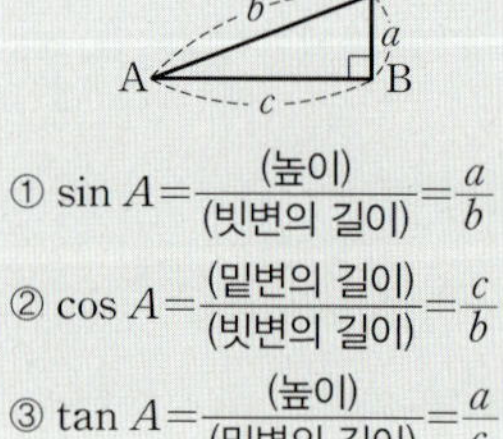

① $\sin A=\dfrac{(\text{높이})}{(\text{빗변의 길이})}=\dfrac{a}{b}$

② $\cos A=\dfrac{(\text{밑변의 길이})}{(\text{빗변의 길이})}=\dfrac{c}{b}$

③ $\tan A=\dfrac{(\text{높이})}{(\text{밑변의 길이})}=\dfrac{a}{c}$

• 각 사분면에서 삼각함수의 값의 부호가 $+$인 것을 나타내면 다음과 같다.

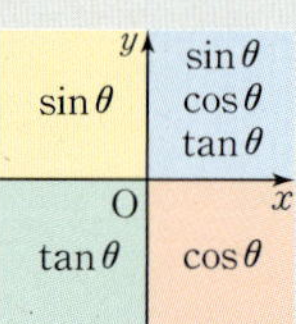

내신 & 수능 빈출 유형

유형 01 부채꼴의 호의 길이와 넓이

호의 길이가 π이고 넓이가 3π인 부채꼴의 반지름의 길이를 r, 중심각의 크기를 θ라 할 때, $r + \dfrac{\theta}{\pi}$의 값은?

① $\dfrac{19}{6}$ ② $\dfrac{13}{3}$ ③ $\dfrac{37}{6}$ ④ $\dfrac{25}{4}$ ⑤ $\dfrac{19}{3}$

> **해결 포인트**
>
> 반지름의 길이가 r, 중심각의 크기가 θ(라디안)인 부채꼴의 호의 길이를 l, 넓이를 S라 하면
> $$l = r\theta$$
> $$S = \dfrac{1}{2}r^2\theta = \dfrac{1}{2}rl$$

01-1 그림과 같이 중심이 O이고, 선분 AB를 지름으로 하는 원이 있다. $\overline{AB} = 4$이고, 원 위의 한 점 P에 대하여 $\angle PAB = 30°$일 때, 부채꼴 POB의 둘레의 길이는 $a + b\pi$이다. 두 유리수 a, b에 대하여 $\dfrac{a}{b}$의 값을 구하시오.

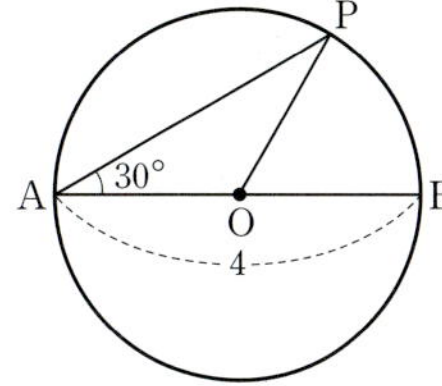

> **해결 포인트**
>
> 반지름의 길이가 r, 중심각의 크기가 θ(라디안)인 부채꼴의 둘레의 길이는
> $$2r + r\theta$$

유형 02 삼각함수의 정의 및 값의 부호 

그림과 같이 원점 O와 점 $P(-3, -4)$에 대하여 동경 OP가 나타내는 각의 크기를 θ라 할 때, $\sin\theta - \cos\theta + \tan\theta$의 값은?

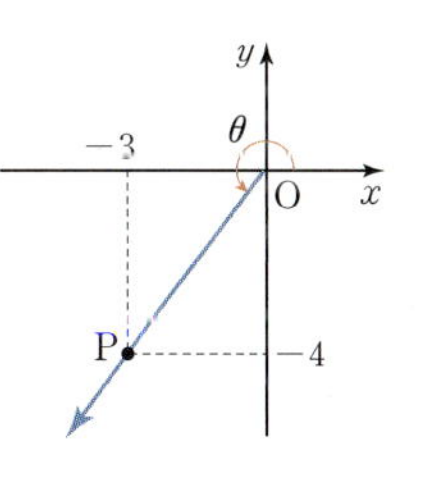

① 1 ② $\dfrac{17}{15}$ ③ $\dfrac{19}{15}$

④ $\dfrac{7}{5}$ ⑤ $\dfrac{23}{15}$

> **해결 포인트**
>
> 좌표평면에서 원점 O와 점 $P(x, y)$에 대하여 동경 OP가 나타내는 각의 크기를 θ라 할 때,
> $$\sin\theta = \dfrac{y}{\overline{OP}},\ \cos\theta = \dfrac{x}{\overline{OP}},$$
> $$\tan\theta = \dfrac{y}{x}\ (x \neq 0)$$

02-1 θ가 제4사분면의 각이고, $\tan\theta = -\dfrac{4}{3}$일 때, $\dfrac{1}{\sin\theta} + \dfrac{1}{\cos\theta}$의 값은?

① $-\dfrac{7}{12}$ ② $-\dfrac{5}{12}$ ③ $-\dfrac{1}{4}$ ④ $\dfrac{5}{12}$ ⑤ $\dfrac{7}{12}$

02-2 $\dfrac{\pi}{2} < \theta < \pi$일 때, $\sqrt{\sin^2\theta} + \sqrt{\cos^2\theta} + 3|\sin\theta| + \cos\theta$를 간단히 한 것은?

① $4\sin\theta + 2\cos\theta$ ② $2\sin\theta + 2\cos\theta$ ③ $-2\sin\theta + 2\cos\theta$

④ $-2\sin\theta$ ⑤ $4\sin\theta$

> **해결 포인트**
>
> $$\sqrt{A^2} = |A| = \begin{cases} A & (A \geq 0) \\ -A & (A < 0) \end{cases}$$

유형 **03** 삼각함수 사이의 관계

$\sin\theta-\cos\theta=\dfrac{1}{5}$일 때, $\tan\theta+\dfrac{1}{\tan\theta}$의 값은?

① 2　　② $\dfrac{25}{12}$　　③ $\dfrac{13}{6}$　　④ $\dfrac{9}{4}$　　⑤ $\dfrac{7}{3}$

해결 포인트

$\sin^2\theta+\cos^2\theta=1$,
$\tan\theta=\dfrac{\sin\theta}{\cos\theta}$임을 이용한다.

03-1 $0<\theta<\dfrac{\pi}{2}$이고 $\sin\theta\cos\theta=\dfrac{1}{2}$일 때, $\sin^3\theta+\cos^3\theta$의 값은?

① $\dfrac{1}{3}$　　② $\dfrac{1}{2}$　　③ $\dfrac{\sqrt{3}}{3}$　　④ $\dfrac{\sqrt{2}}{2}$　　⑤ $\dfrac{\sqrt{3}}{2}$

해결 포인트

$a^3+b^3=(a+b)(a^2-ab+b^2)$
$a^3-b^3=(a-b)(a^2+ab+b^2)$

03-2 $\sin\theta+\cos\theta=\dfrac{1}{3}$일 때, $\sin^4\theta+\cos^4\theta$의 값은?

① $\dfrac{1}{3}$　　② $\dfrac{38}{81}$　　③ $\dfrac{49}{81}$　　④ $\dfrac{20}{27}$　　⑤ $\dfrac{71}{81}$

03-3 $\cos\theta=-\dfrac{2\sqrt{2}}{3}\left(\dfrac{\pi}{2}<\theta<\pi\right)$일 때, $\dfrac{1}{\tan\theta}+\dfrac{\sin\theta}{1+\cos\theta}$의 값은?

① -3　　② -2　　③ 1　　④ 2　　⑤ 3

03-4 $\tan\theta=\dfrac{12}{5}\left(\pi<\theta<\dfrac{3}{2}\pi\right)$일 때, $\dfrac{\cos\theta}{1-\sin\theta}+\dfrac{\cos\theta}{1+\sin\theta}$의 값은?

① $-\dfrac{22}{5}$　　② $-\dfrac{23}{5}$　　③ $-\dfrac{24}{5}$　　④ -5　　⑤ $-\dfrac{26}{5}$

빈출 유형 마무리

01

각 θ를 나타내는 동경과 각 9θ를 나타내는 동경이 일치할 때, 모든 θ의 값의 합은? (단, $0<\theta<\pi$)

① π ② $\dfrac{5}{4}\pi$ ③ $\dfrac{3}{2}\pi$

④ $\dfrac{7}{4}\pi$ ⑤ 2π

02

둘레의 길이가 120인 부채꼴의 넓이의 최댓값을 구하시오.

03

그림과 같이 반지름의 길이가 12이고 중심각의 크기가 $\dfrac{\pi}{3}$인 부채꼴 OAB에 원이 내접해 있을 때, 색칠한 부분의 넓이는?

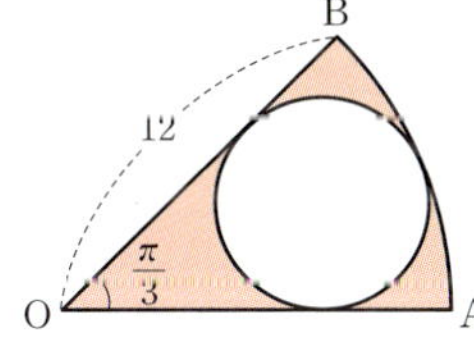

① 4π ② 5π ③ 6π

④ 7π ⑤ 8π

04

각 θ를 나타내는 동경과 각 2θ를 나타내는 동경이 x축에 대하여 대칭일 때, $\sqrt{\cos^2\theta}+\sqrt{\tan^2\theta}\sqrt{\dfrac{1}{\sin^2\theta}}$을 간단히 한 것은?

(단, $0<\theta<2\pi$)

① $-\cos\theta-\sin\theta$ ② $-\cos\theta-\dfrac{1}{\cos\theta}$

③ $\cos\theta - \dfrac{1}{\cos\theta}$ ④ $\cos\theta-\dfrac{1}{\tan\theta}$

⑤ $\cos\theta+\dfrac{1}{\tan\theta}$

05

$\dfrac{1}{1+\cos\theta}=\dfrac{3}{5}$일 때, $\dfrac{\tan\theta}{1-\sin\theta}$의 값은? $\left(\text{단, } 0<\theta<\dfrac{\pi}{2}\right)$

① $\dfrac{15-9\sqrt{5}}{8}$ ② $\dfrac{15-7\sqrt{5}}{8}$ ③ $\dfrac{15+7\sqrt{5}}{8}$

④ $\dfrac{15+9\sqrt{5}}{8}$ ⑤ $\dfrac{17+9\sqrt{5}}{8}$

06

$\tan\theta=\dfrac{2}{3}$일 때, $\dfrac{1+2\sin\theta\cos\theta}{\cos^2\theta-\sin^2\theta}$의 값을 구하시오.

07

이차방정식 $x^2-2ax+3=0$의 두 근이 $\dfrac{1}{\sin\theta}$, $\dfrac{1}{\cos\theta}$일 때, 상수 a에 대하여 $4a^2$의 값을 구하시오.

08

| 2002 수능 예체능계 26번 |

$\sin\theta+\cos\theta=\dfrac{\sqrt{2}}{2}$일 때, $\dfrac{\sin^2\theta}{\cos^2\theta}+\dfrac{\cos^2\theta}{\sin^2\theta}$의 값을 구하시오.

02 삼각함수의 그래프

교과서 **알짜개념 짚어보기**

❶ 주기함수

함수 $f(x)$의 정의역에 속하는 모든 실수 x에 대하여 $f(x+p)=f(x)$를 만족시키는 0이 아닌 상수 p가 존재할 때, 함수 $f(x)$를 주기함수라 하고, 이러한 상수 p 중 가장 작은 양수를 그 함수의 주기라 한다.

❷ 함수 $y=\sin x$, $y=\cos x$, $y=\tan x$의 그래프

(1) 함수 $y=\sin x$의 그래프
　① 정의역 : 실수 전체의 집합, 치역 : $\{y\,|\,-1\leq y\leq 1\}$
　② 주기가 2π인 주기함수이다.
　③ 원점에 대하여 대칭이다. — $\sin(-x)=-\sin x$

(2) 함수 $y=\cos x$의 그래프 — 함수 $y=\sin x$의 그래프를 x축의 방향으로 $-\dfrac{\pi}{2}$만큼 평행이동시킨 것과 같다.
　① 정의역 : 실수 전체의 집합, 치역 : $\{y\,|\,-1\leq y\leq 1\}$
　② 주기가 2π인 주기함수이다.
　③ y축에 대하여 대칭이다. — $\cos(-x)=\cos x$

(3) 함수 $y=\tan x$의 그래프
　① 정의역 : $n\pi+\dfrac{\pi}{2}$ (n은 정수)가 아닌 실수 전체의 집합,
　　치역 : 실수 전체의 집합
　② 주기가 π인 주기함수이다.
　③ 원점에 대하여 대칭이다. — $\tan(-x)=-\tan x$

❸ 일반각에 대한 삼각함수의 성질

(1) $2n\pi+\theta$의 삼각함수 (단, n은 정수이다.)
$$\sin(2n\pi+\theta)=\sin\theta,\ \cos(2n\pi+\theta)=\cos\theta,\ \tan(2n\pi+\theta)=\tan\theta$$

(2) $-\theta$의 삼각함수
$$\sin(-\theta)=-\sin\theta,\ \cos(-\theta)=\cos\theta,\ \tan(-\theta)=-\tan\theta$$

(3) $\pi\pm\theta$의 삼각함수
$$\sin(\pi\pm\theta)=\mp\sin\theta,\ \cos(\pi\pm\theta)=-\cos\theta,\ \tan(\pi\pm\theta)=\pm\tan\theta\ (\text{복부호동순})$$

(4) $\dfrac{\pi}{2}\pm\theta$의 삼각함수
$$\sin\left(\dfrac{\pi}{2}\pm\theta\right)=\cos\theta,\ \cos\left(\dfrac{\pi}{2}\pm\theta\right)=\mp\sin\theta,\ \tan\left(\dfrac{\pi}{2}\pm\theta\right)=\mp\dfrac{1}{\tan\theta}\ (\text{복부호동순})$$

❹ 삼각함수를 포함한 방정식과 부등식

(1) 삼각함수를 포함한 방정식의 풀이
　① 주어진 방정식을 $\sin x=k$ (또는 $\cos x=k$, $\tan x=k$) 꼴로 변형한다.
　② 함수 $y=\sin x$ (또는 $y=\cos x$, $y=\tan x$)의 그래프와 직선 $y=k$의 교점의 x좌표를 찾아 방정식의 해를 구한다.

(2) 삼각함수를 포함한 부등식의 풀이
　① $\sin x>k$ (또는 $\cos x>k$, $\tan x>k$) 꼴 : 함수 $y=\sin x$ (또는 $y=\cos x$, $y=\tan x$)의 그래프가 직선 $y=k$보다 위쪽에 있는 x의 값의 범위를 구한다.
　② $\sin x<k$ (또는 $\cos x<k$, $\tan x<k$) 꼴 : 함수 $y=\sin x$ (또는 $y=\cos x$, $y=\tan x$)의 그래프가 직선 $y=k$보다 아래쪽에 있는 x의 값의 범위를 구한다.

개념 Plus

- 상수 a에 대하여
$$f(x-a)=f(x+a)$$
$$\Longleftrightarrow f(x)=f(x+2a)$$

- $y=a\sin(bx+c)+d$
　최댓값 : $|a|+d$
　최솟값 : $-|a|+d$
　주기 : $\dfrac{2\pi}{|b|}$

- $y=a\cos(bx+c)+d$
　최댓값 : $|a|+d$
　최솟값 : $-|a|+d$
　주기 : $\dfrac{2\pi}{|b|}$

- $y=a\tan(bx+c)+d$
　최댓값 : 없다.
　최솟값 : 없다.
　주기 : $\dfrac{\pi}{|b|}$

- 함수 $y=\tan x$의 그래프의 점근선의 방정식은
$$x=n\pi+\dfrac{\pi}{2}\ (n\text{은 정수})\text{이다.}$$

- 삼각함수의 각의 변형 방법
　(ⅰ) 각을 $\dfrac{\pi}{2}\times n\pm\theta$ (n은 정수) 꼴로 변형한다.
　(ⅱ) 삼각함수를 결정한다. 이때 n이 짝수이면 그대로
$$(\sin\to\sin,\ \cos\to\cos,\ \tan\to\tan)$$
　　n이 홀수이면 바꾼다.
$$\left(\sin\to\cos,\ \cos\to\sin,\ \tan\to\dfrac{1}{\tan}\right)$$
　(ⅲ) θ를 예각으로 생각하고 $\dfrac{\pi}{2}\times n\pm\theta$가 나타내는 동경이 위치한 사분면에서 처음 주어진 삼각함수가 양수이면 '$+$'를, 음수이면 '$-$'를 붙인다.

- 방정식 $f(x)=g(x)$의 실근은 두 함수 $y=f(x)$, $y=g(x)$의 그래프의 교점의 x좌표이다.

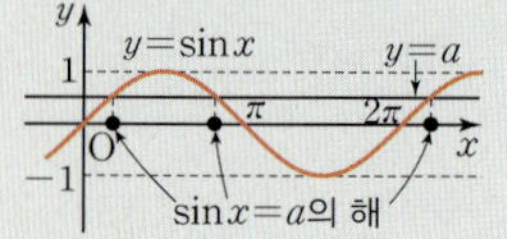

유형 01 삼각함수의 그래프의 평행이동과 대칭이동

함수 $y=\sin 2x$의 그래프를 x축의 방향으로 1만큼, y축의 방향으로 3만큼 평행이동시킨 후 x축에 대하여 대칭이동시킨 그래프의 식은?

① $y=-\sin(2x-2)-3$ ② $y=\sin(2x-2)-3$ ③ $y=-\sin(2x-2)+3$
④ $y=\sin(2x-1)-3$ ⑤ $y=-\sin(2x-1)+3$

01-1 함수 $y=2\cos\left(3x-\dfrac{\pi}{2}\right)-4$의 그래프는 함수 $y=2\cos 3x$의 그래프를 x축의 방향으로 a만큼, y축의 방향으로 b만큼 평행이동시킨 것이다. ab의 값은? (단, $0<a<1$)

① $-\dfrac{4}{3}\pi$ ② $-\dfrac{2}{3}\pi$ ③ $-\dfrac{1}{3}\pi$ ④ $\dfrac{2}{3}\pi$ ⑤ $\dfrac{4}{3}\pi$

> **해결 포인트**
>
> $y=a\cos(bx+c)+d$
> $=a\cos b\left(x+\dfrac{c}{b}\right)+d$
>
> 의 그래프는 $y=a\cos bx$의 그래프를 x축의 방향으로 $-\dfrac{c}{b}$만큼, y축의 방향으로 d만큼 평행이동시킨 것이다.

유형 02 삼각함수의 최대, 최소와 주기 

함수 $y=-2\sin(3\pi x+\pi)+3$의 최댓값을 M, 최솟값을 m, 주기를 p라 할 때, $M+m+p$의 값은?

① 6 ② $\dfrac{20}{3}$ ③ $\dfrac{22}{3}$ ④ 8 ⑤ $\dfrac{26}{3}$

02-1 함수 $f(x)=a\sin\left(bx+\dfrac{\pi}{6}\right)+c$의 최댓값은 4, 주기는 2π이고, $f(\pi)=3$일 때, 세 상수 a, b, c에 대하여 $a+b+c$의 값을 구하시오. (단, $a<0$, $b>0$)

02-2 〈보기〉에서 함수 $y=\tan\pi x+1$과 주기가 같은 함수만을 있는 대로 고르시오.

> **보기**
>
> ㄱ. $y=3\sin\pi x+2$ ㄴ. $y=\cos\left(-2\pi x+\dfrac{\pi}{2}\right)$
>
> ㄷ. $y=\pi\tan x+3$ ㄹ. $y=|\sin\pi x|-1$

유형 03 일반각에 대한 삼각함수의 성질 _{중요}

θ가 제4사분면의 각이고 $\cos\theta=\dfrac{4}{5}$일 때, $\cos\left(\dfrac{\pi}{2}-\theta\right)+\sin(\pi-\theta)+\tan\left(\theta+\dfrac{3}{2}\pi\right)$를 간단히 하면?

① $-\dfrac{1}{3}$ 　　② $-\dfrac{2}{15}$ 　　③ $\dfrac{2}{15}$ 　　④ $\dfrac{1}{3}$ 　　⑤ $\dfrac{8}{15}$

03-1 $\dfrac{\sin\left(\dfrac{\pi}{2}-\theta\right)\cos(2\pi+\theta)}{\cos(\pi-\theta)}+\dfrac{\sin\left(\dfrac{5}{2}\pi-\theta\right)\cos(2\pi-\theta)}{\sin\left(\dfrac{3}{2}\pi+\theta\right)}$를 간단히 하면?

① $-2\cos\theta$ 　　② -1 　　③ 0 　　④ 1 　　⑤ $2\cos\theta$

03-2 $\sin^2\dfrac{\pi}{36}+\sin^2\dfrac{2}{36}\pi+\sin^2\dfrac{3}{36}\pi+\cdots+\sin^2\dfrac{17}{36}\pi+\sin^2\dfrac{18}{36}\pi$의 값은?

① $\dfrac{15}{2}$ 　　② 8 　　③ $\dfrac{17}{2}$ 　　④ 9 　　⑤ $\dfrac{19}{2}$

유형 04 삼각함수를 포함한 식의 최대, 최소

함수 $y=\cos^2 x+2\sin x-3$의 최댓값을 M, 최솟값을 m이라 할 때, $M+m$의 값은?

① -10 　　② -9 　　③ -8 　　④ -7 　　⑤ -6

04-1 함수 $y=2\sin^2 x+\sin\left(x+\dfrac{\pi}{2}\right)-3\cos x$의 최댓값을 M, 최솟값을 m이라 할 때, Mm의 값은?

① -5 　　② -4 　　③ -3 　　④ -2 　　⑤ -1

 삼각함수를 포함한 방정식

방정식 $2\cos^2 x + 3\sin x - 3 = 0$의 모든 근의 합은? (단, $0 \le x < 2\pi$)

① $\dfrac{\pi}{2}$ ② π ③ $\dfrac{3}{2}\pi$ ④ 2π ⑤ $\dfrac{5}{2}\pi$

05-1 $0 \le x \le \pi$일 때, 방정식 $\cos\left(2x + \dfrac{\pi}{6}\right) = \dfrac{1}{3}$의 모든 근의 합은?

① $\dfrac{\pi}{2}$ ② $\dfrac{2}{3}\pi$ ③ $\dfrac{5}{6}\pi$ ④ π ⑤ $\dfrac{7}{6}\pi$

> **해결 포인트**
>
> 삼각함수의 그래프의 대칭성을 이용한다.

05-2 방정식 $\left|\sin 2\pi x\right| = \dfrac{1}{2}x$의 서로 다른 실근의 개수를 구하시오.

> **해결 포인트**
>
> 함수 $y = \left|\sin 2\pi x\right|$의 그래프와 직선 $y = \dfrac{1}{2}x$의 교점의 개수를 구한다.

 삼각함수를 포함한 부등식 ^{중요}

$0 \le x < 2\pi$일 때, 다음 중 부등식 $2\cos^2 x + 5\sin x + 1 < 0$의 해가 <u>아닌</u> 것은?

① $\dfrac{4}{3}\pi$ ② $\dfrac{17}{12}\pi$ ③ $\dfrac{3}{2}\pi$ ④ $\dfrac{5}{3}\pi$ ⑤ $\dfrac{11}{6}\pi$

06-1 모든 실수 x에 대하여 부등식 $5x^2 + 2(4\cos\theta + 3)x + 5 \ge 0$이 성립하도록 하는 θ의 값의 범위는 $\alpha \le \theta \le \beta$이다. $\beta - \alpha$의 값은? (단, $0 \le \theta < 2\pi$)

① $\dfrac{4}{3}\pi$ ② π ③ $\dfrac{2}{3}\pi$ ④ $\dfrac{\pi}{2}$ ⑤ $\dfrac{\pi}{3}$

> **해결 포인트**
>
> 모든 실수 x에 대하여 부등식 $ax^2 + bx + c \ge 0$이 성립하려면 $a > 0$이고, 이차방정식 $ax^2 + bx + c = 0$의 판별식을 D라 하면 $D \le 0$이어야 한다.

01

함수 $y=\tan\dfrac{\pi}{2}x$의 그래프를 x축의 방향으로 $\dfrac{1}{2}$만큼 평행이 동시키면 점 $\left(\dfrac{5}{6},\ a\right)$를 지난다고 할 때, a의 값은?

① $-\sqrt{3}$ 　　② $-\dfrac{\sqrt{3}}{3}$ 　　③ $\dfrac{\sqrt{3}}{3}$

④ 1 　　⑤ $\sqrt{3}$

02

다음 중 모든 실수 x에 대하여 $f(x)=f(x+p)$를 만족시키는 양수 p의 최솟값이 2인 함수는?

① $f(x)=\sin 4\pi x$ 　　② $f(x)=\sin\dfrac{\pi}{2}x$

③ $f(x)=\cos \pi x$ 　　④ $f(x)=\cos(2\pi x+1)$

⑤ $f(x)=\tan\sqrt{2}\pi x$

03

함수 $y=3\left|\cos\dfrac{\pi}{4}x\right|+2$의 최댓값을 M, 최솟값을 m, 주기를 p라 할 때, $M+m+p$의 값은?

① 8 　　② 9 　　③ 10

④ 11 　　⑤ 14

04 중요

함수 $f(x)=a\cos\left(\dfrac{3}{2}\pi+\dfrac{x}{2}\right)+b$의 최댓값이 5이고 $f\left(\dfrac{\pi}{3}\right)=\dfrac{7}{2}$일 때, 두 상수 a, b에 대하여 a^2+b^2의 값을 구하시오. (단, $a>0$)

05

함수 $y=a\cos(bx-c)$의 그래프가 그림과 같을 때, 세 상수 a, b, c에 대하여 abc의 값은?

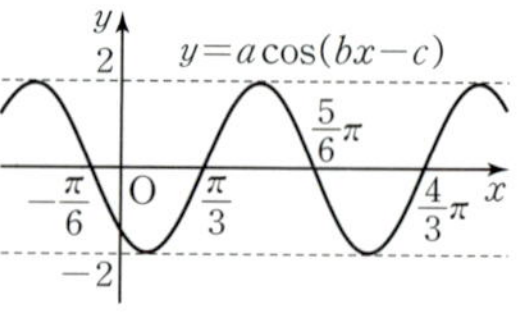

(단, $a>0$, $b>0$, $0<c<2\pi$)

① 2π 　　② $\dfrac{8}{3}\pi$ 　　③ $\dfrac{10}{3}\pi$

④ 4π 　　⑤ $\dfrac{14}{3}\pi$

06 중요

원점 O와 점 P$(3,\ -4)$에 대하여 동경 OP가 나타내는 각의 크기를 θ라 할 때,

$$\dfrac{\cos(\pi-\theta)\tan\left(\dfrac{3}{2}\pi-\theta\right)\cos(-\theta)}{\sin\left(\dfrac{\pi}{2}+\theta\right)}$$

의 값은?

① $-\dfrac{4}{3}$ 　　② $-\dfrac{4}{5}$ 　　③ $-\dfrac{9}{20}$

④ $\dfrac{4}{5}$ 　　⑤ $\dfrac{9}{20}$

07

함수 $y=2\cos^2 x+4\sin x+k$의 최솟값이 -2일 때, 상수 k의 값을 구하시오.

08

$0\le x<2\pi$일 때, 방정식 $\dfrac{1+\tan x}{1-\tan x}=2+\sqrt{3}$의 모든 근의 합은?

① 2π 　　② $\dfrac{5}{3}\pi$ 　　③ $\dfrac{4}{3}\pi$

④ π 　　⑤ $\dfrac{2}{3}\pi$

09

$0 \leq x \leq \pi$일 때, 방정식 $\cos(\pi \cos x) = 1$의 근은?

① 0 ② $\dfrac{\pi}{3}$ ③ $\dfrac{\pi}{2}$

④ $\dfrac{2}{3}\pi$ ⑤ $\dfrac{5}{6}\pi$

10

$-3 \leq x < 0$, $0 < x \leq 3$일 때, 방정식 $2x \cos \pi x = 1$의 서로 다른 실근의 개수를 구하시오.

11

$0 \leq x < 2\pi$일 때, 방정식 $\cos^2 x - \sin^2 x = 0$의 모든 근의 합은?

① π ② 2π ③ 3π
④ 4π ⑤ 5π

12 중요

이차방정식 $x^2 - (1 - 2\sin\theta)x + 1 = 0$이 중근을 갖도록 하는 모든 θ의 값의 합은? (단, $0 \leq \theta < 2\pi$)

① $\dfrac{5}{3}\pi$ ② 2π ③ $\dfrac{7}{3}\pi$

④ $\dfrac{8}{3}\pi$ ⑤ 3π

13

$0 \leq x < \pi$에서 부등식 $\cos\left(2x - \dfrac{\pi}{4}\right) \leq \dfrac{1}{2}$의 해가 $\alpha \leq x \leq \beta$일 때, $\beta - \alpha$의 값은?

① $\dfrac{3}{2}\pi$ ② $\dfrac{4}{3}\pi$ ③ π

④ $\dfrac{2}{3}\pi$ ⑤ $\dfrac{\pi}{2}$

14

부등식 $\sin^2\left(\dfrac{\pi}{2} - x\right) + 3\sin x + a - 10 \leq 0$이 모든 실수 x에 대하여 항상 성립하도록 하는 상수 a의 최댓값을 구하시오.

15

| 2001 수능 예체능계 21번 |

함수 $f(x) = \sin\left(x + \dfrac{\pi}{2}\right) - \cos^2(x + \pi)$의 최댓값은?

① $\dfrac{1}{4}$ ② $\dfrac{1}{2}$ ③ $\dfrac{3}{4}$

④ 1 ⑤ $\dfrac{5}{4}$

16

| 2018 수능 가형 17번 |

$0 \leq x < 2\pi$일 때, 방정식
$$\cos^2 x = \sin^2 x - \sin x$$
의 모든 해의 합은?

① 2π ② $\dfrac{5}{2}\pi$ ③ 3π

④ $\dfrac{7}{2}\pi$ ⑤ 4π

03 삼각함수의 활용

① 사인법칙

삼각형 ABC에서 외접원의 반지름의 길이를 R라 할 때

(1) 사인법칙

$$\frac{a}{\sin A}=\frac{b}{\sin B}=\frac{c}{\sin C}=2R$$

(2) 사인법칙의 변형

① $\sin A=\dfrac{a}{2R}$, $\sin B=\dfrac{b}{2R}$, $\sin C=\dfrac{c}{2R}$

② $a=2R\sin A$, $b=2R\sin B$, $c=2R\sin C$

② 코사인법칙

삼각형 ABC에서

(1) 코사인법칙

$$a^2=b^2+c^2-2bc\cos A,\ b^2=c^2+a^2-2ca\cos B,\ c^2=a^2+b^2-2ab\cos C$$

(2) 코사인법칙의 변형

$$\cos A=\frac{b^2+c^2-a^2}{2bc},\ \cos B=\frac{c^2+a^2-b^2}{2ca},\ \cos C=\frac{a^2+b^2-c^2}{2ab}$$

③ 삼각형의 넓이

삼각형 ABC의 넓이를 S라 하면

(1) 두 변의 길이와 그 끼인각의 크기가 주어진 경우

$$S=\frac{1}{2}ab\sin C=\frac{1}{2}bc\sin A=\frac{1}{2}ca\sin B$$

(2) 세 변의 길이와 외접원의 반지름의 길이 R가 주어진 경우

$$S=\frac{abc}{4R}$$

(3) 세 각의 크기와 외접원의 반지름의 길이 R가 주어진 경우

$$S=2R^2\sin A\sin B\sin C$$

(4) 세 변의 길이와 내접원의 반지름의 길이 r가 주어진 경우

$$S=\frac{1}{2}r(a+b+c)$$

(5) 세 변의 길이가 주어진 경우 — 헤론의 공식

$$S=\sqrt{s(s-a)(s-b)(s-c)}\ \left(\text{단},\ s=\frac{a+b+c}{2}\right)$$

④ 사각형의 넓이

(1) 평행사변형의 넓이

평행사변형의 이웃하는 두 변의 길이가 a, b이고, 그 끼인각의 크기가 θ일 때, 평행사변형의 넓이 S는

$$S=ab\sin\theta$$

(2) 사각형의 넓이

사각형의 두 대각선의 길이가 x, y이고, 두 대각선이 이루는 각의 크기가 θ일 때, 사각형의 넓이 S는

$$S=\frac{1}{2}xy\sin\theta$$

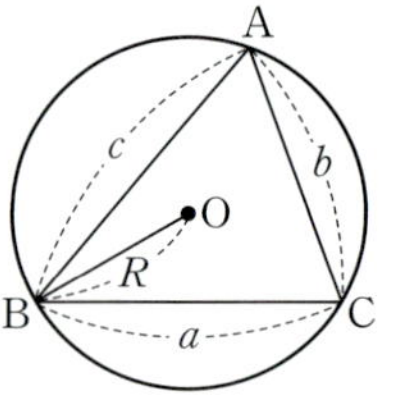

개념 Plus

• 삼각형 ABC의 세 각 ∠A, ∠B, ∠C의 크기를 각각 A, B, C로 나타내고, 이들의 대변의 길이를 각각 a, b, c로 나타내기로 한다.

• 삼각형 ABC의 외접원의 반지름의 길이를 R라 하면
$a:b:c$
$=2R\sin A:2R\sin B:$
$\qquad\qquad 2R\sin C$
$=\sin A:\sin B:\sin C$

• 사인법칙을 이용하는 경우
① 한 변의 길이와 두 각의 크기가 주어질 때
② 두 변의 길이와 그 끼인각이 아닌 한 각의 크기가 주어질 때
③ 외접원의 반지름의 길이가 주어질 때

• 코사인법칙을 이용하는 경우
① 두 변의 길이와 그 끼인각의 크기가 주어질 때
② 세 변의 길이가 주어질 때

• $\sin C=\dfrac{c}{2R}$이므로
$S=\dfrac{1}{2}ab\sin C$
$\ =\dfrac{1}{2}ab\times\dfrac{c}{2R}$
$\ =\dfrac{abc}{4R}$

• $a=2R\sin A$, $b=2R\sin B$, $c=2R\sin C$이므로
$S=\dfrac{abc}{4R}$
$\ =\dfrac{1}{4R}\times 2R\sin A$
$\qquad\times 2R\sin B\times 2R\sin C$
$\ =2R^2\sin A\sin B\sin C$

유형 01 사인법칙

그림과 같이 삼각형 ABC에서 $c=4$, $A=75°$, $B=60°$일 때, b는?

① $2\sqrt{3}$ ② 4 ③ $2\sqrt{5}$

④ $2\sqrt{6}$ ⑤ $2\sqrt{7}$

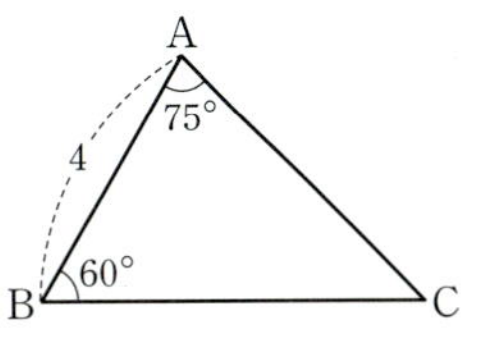

01-1 둔각삼각형 ABC에서 $b=\sqrt{2}$, $c=\sqrt{3}$, $B=45°$일 때, A는?

① $15°$ ② $20°$ ③ $25°$ ④ $30°$ ⑤ $35°$

01-2 삼각형 ABC에서 $4\sin A = 3\sqrt{3}\sin B = 3\sin C$일 때, $\dfrac{4ac}{b^2}$의 값을 구하시오.

유형 02 사인법칙의 활용

그림과 같이 원 모양의 호수 둘레에 세 지점 A, B, C가 있다. 두 지점 A, B 사이의 거리가 90 m이고 $\angle CAB=50°$, $\angle CBA=70°$이다. C지점에서 A지점까지 호수의 둘레를 따라 걸을 때, 이동거리는?

(단, B지점을 지나지 않는다.)

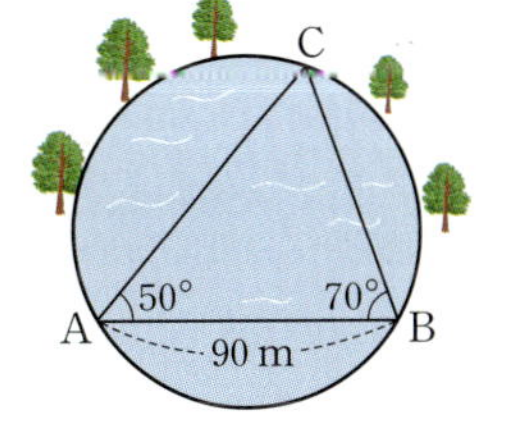

① $\dfrac{50\sqrt{3}}{3}\pi$ m   ② $\dfrac{55\sqrt{3}}{3}\pi$ m   ③ $20\sqrt{3}\pi$ m

④ $\dfrac{65\sqrt{3}}{3}\pi$ m   ⑤ $\dfrac{70\sqrt{3}}{3}\pi$ m

02-1 그림과 같이 지환이가 A지점에서 건물의 C지점을 올려다 본 각의 크기가 $45°$이고, 건물을 향해 수평으로 10 m 걸어간 B지점에서 C지점을 올려다 본 각의 크기는 $75°$이다. 건물의 높이는?

$\left(\text{단, } \sin 75° = \dfrac{\sqrt{2}+\sqrt{6}}{4}\text{이고, 지환이의 눈의 높이는 }\sqrt{3}\text{ m로 한다.}\right)$

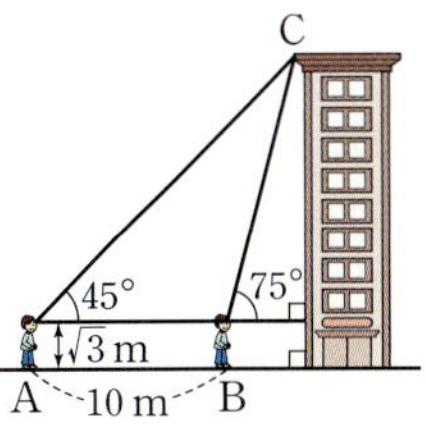

① $(4+4\sqrt{3})$m   ② $(4+5\sqrt{3})$m   ③ $(4+6\sqrt{3})$m

④ $(5+5\sqrt{3})$m   ⑤ $(5+6\sqrt{3})$m

유형 03 코사인법칙

그림과 같이 삼각형 ABC에서 $\overline{AB} = \sqrt{5}$, $\overline{BC} = 3\sqrt{2}$, $\overline{AC} = 3$이고 선분 BC를 $1 : 2$로 내분하는 점을 D라 할 때, $\overline{AD}^2$의 값은?

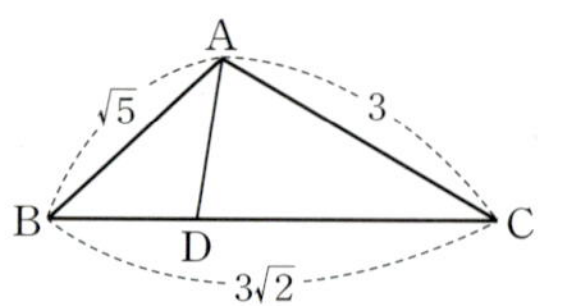

① 2 ② $\dfrac{13}{6}$ ③ $\dfrac{7}{3}$

④ $\dfrac{5}{2}$ ⑤ $\dfrac{8}{3}$

03-1 그림과 같이 삼각형 ABC에서 $\overline{AB} = 3$, $\angle ABC = 60°$이고 선분 BC를 $2 : 1$로 내분하는 점 D에 대하여 $\overline{AD} = \sqrt{13}$일 때, 선분 AC의 길이는?

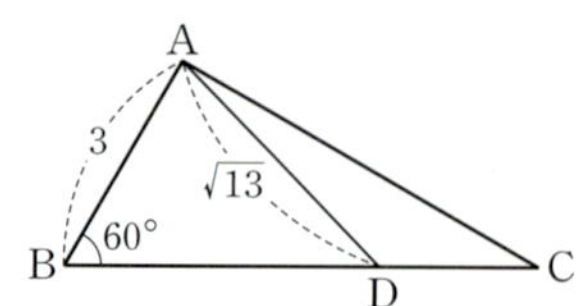

① $3\sqrt{2}$ ② $\sqrt{21}$ ③ $2\sqrt{6}$

④ $3\sqrt{3}$ ⑤ $\sqrt{30}$

03-2 삼각형 ABC에서 $\dfrac{\sin A}{7} = \dfrac{\sin B}{5} = \dfrac{\sin C}{3}$일 때, 세 내각 중 가장 큰 각의 크기는?

① $\dfrac{7}{12}\pi$ ② $\dfrac{2}{3}\pi$ ③ $\dfrac{3}{4}\pi$ ④ $\dfrac{5}{6}\pi$ ⑤ $\dfrac{11}{12}\pi$

유형 04 코사인법칙의 활용

그림과 같이 원 모양의 경기장의 네 지점에 심판 A, B, C, D가 있다. 심판 A는 두 심판 B, C와 각각 6m, 4m 떨어져 있고 두 심판 B, C는 서로 $2\sqrt{17}$m 떨어져 있다. 심판 D가 두 심판 B, C를 바라보았을 때, $\angle BDC$의 크기를 θ라 하자. $18 \sin^2 \theta$의 값을 구하시오.

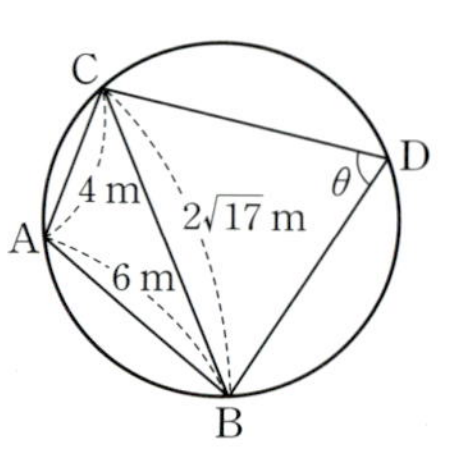

04-1 그림과 같이 산업단지에 위치한 세 공장 A, B, C에 대하여 두 공장 A, B 사이의 거리는 20 km이고 두 공장 A, C 사이의 거리는 30 km이다. $\angle BAC = 60°$일 때 세 공장 A, B, C까지의 거리가 같은 지점 D에 연료공급소를 설치하려고 한다. 연료공급소가 설치되는 지점 D에서 세 공장 A, B, C까지의 거리의 합은?

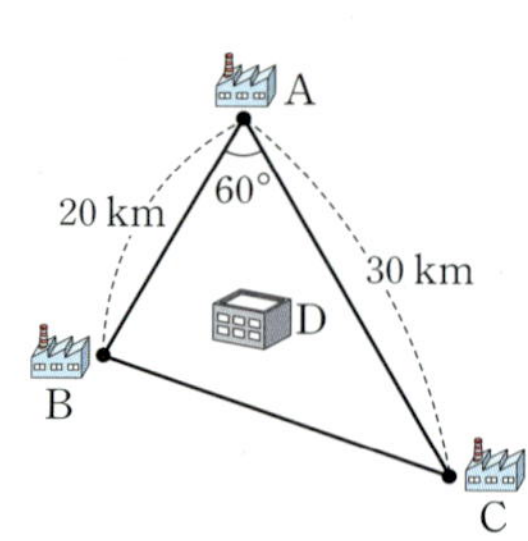

① $10\sqrt{15}$ km   ② $30\sqrt{2}$ km   ③ $10\sqrt{21}$ km

④ $20\sqrt{6}$ km   ⑤ $30\sqrt{3}$ km

삼각형 ABC에서 $b=6$, $c=2\sqrt{13}$이고 $C=60°$일 때, 삼각형 ABC의 넓이는?

① 12　　　② $12\sqrt{3}$　　　③ 14　　　④ $14\sqrt{3}$　　　⑤ 16

삼각형 ABC에서 두 변의 길이와 그 끼인각의 크기를 알 때, 삼각형 ABC의 넓이는

$\dfrac{1}{2}ab\sin C$

05-1 삼각형 ABC에서 $a:c=2:1$이고 $B=120°$이다. 삼각형 ABC의 넓이가 $3\sqrt{3}$일 때, b는?

① $\sqrt{26}$　　　② $\sqrt{30}$　　　③ $\sqrt{34}$　　　④ $\sqrt{38}$　　　⑤ $\sqrt{42}$

05-2 그림과 같이 $\overline{AB}=2$, $\overline{BC}=5$, $\angle ABC=120°$인 삼각형 ABC에서 $\angle ABC$의 이등분선이 선분 AC와 만나는 점을 D라 할 때, 선분 BD의 길이는 $\dfrac{q}{p}$이다. $p+q$의 값을 구하시오.

(단, p와 q는 서로소인 자연수이다.)

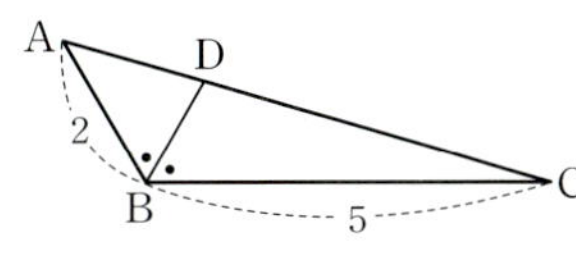

05-3 그림과 같이 네 변의 길이가 각각 2, $\sqrt{2}$, $\sqrt{3}$, 3이고 $\angle ABC=135°$인 사각형 ABCD의 넓이는?

① $1+\sqrt{6}$　　　② $\dfrac{1+\sqrt{26}}{2}$　　　③ $1+2\sqrt{6}$

④ $\dfrac{2+\sqrt{26}}{2}$　　　⑤ $3+\sqrt{6}$

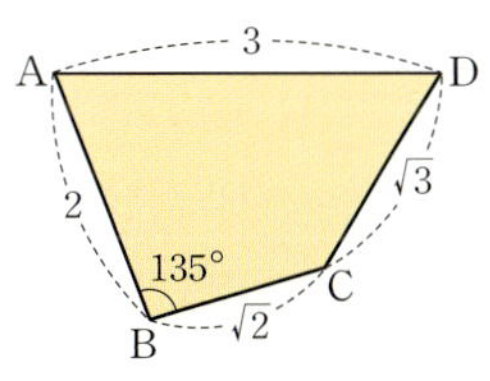

05-4 삼각형 ABC에서 $a=7$, $b=4$, $c=5$일 때, 삼각형 ABC의 넓이는?

① $4\sqrt{3}$　　　② $4\sqrt{6}$　　　③ $6\sqrt{3}$　　　④ 12　　　⑤ $6\sqrt{6}$

삼각형의 세 변의 길이를 알 때, 코사인법칙의 변형을 이용하면 세 내각에 대한 코사인값을 각각 구할 수 있다.

유형 **06** 삼각형의 내접원, 외접원과 삼각형의 넓이

삼각형 ABC의 세 변의 길이의 합이 20이고 넓이가 50일 때, 삼각형 ABC에 내접하는 원의 넓이를 S라 하자. $\dfrac{S}{\pi}$의 값을 구하시오.

해결 포인트

삼각형의 세 변의 길이가 a, b, c이고 내접원의 반지름의 길이가 r일 때, 삼각형의 넓이 S는
$$S = \frac{1}{2}r(a+b+c)$$

06-1 반지름의 길이가 8인 원에 내접하는 이등변삼각형 ABC의 넓이가 $27\sqrt{7}$이고 $\overline{AB} = \overline{AC} = 12$일 때, 선분 BC의 길이는?

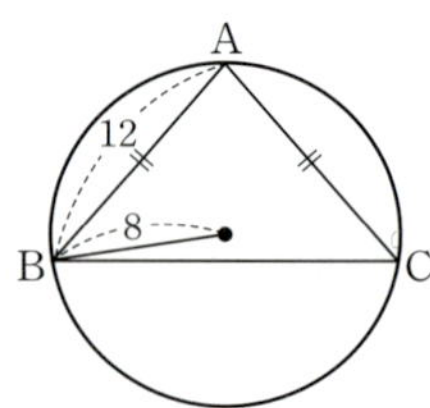

① $2\sqrt{7}$ ② $4\sqrt{7}$ ③ $6\sqrt{7}$
④ $8\sqrt{7}$ ⑤ $10\sqrt{7}$

유형 **07** 사각형의 넓이

$\overline{AB} = \overline{CD}$인 등변사다리꼴 ABCD의 넓이가 $6\sqrt{3}$이고 $\angle ACB = 30°$일 때, 사다리꼴 ABCD의 두 대각선의 길이의 합은?

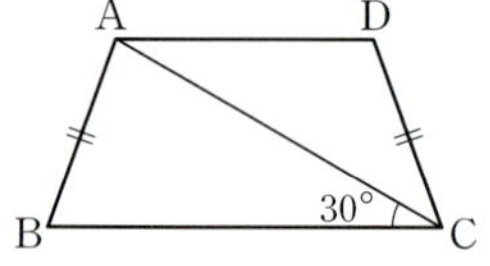

① 8 ② $6\sqrt{2}$ ③ $2\sqrt{10}$
④ $2\sqrt{22}$ ⑤ $4\sqrt{6}$

해결 포인트

사각형의 두 대각선의 길이가 각각 x, y이고 두 대각선이 이루는 각의 크기가 θ이면 사각형의 넓이 S는
$$S = \frac{1}{2}xy\sin\theta$$

07-1 그림과 같이 삼각형 ABC는 $\overline{AB} = \overline{AC} = 2\sqrt{2}$인 직각이등변삼각형이고 $\overline{AD} = 6$, $\angle BAD = 75°$일 때, 사각형 ABDC의 넓이는?

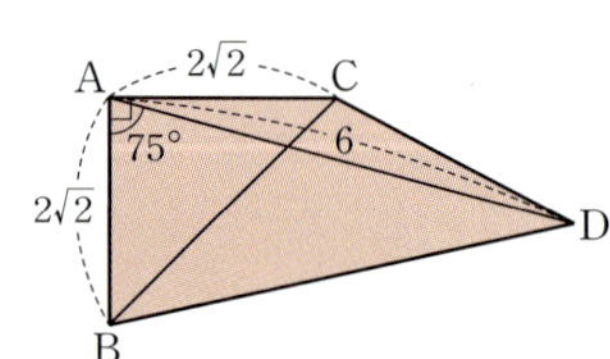

① $4\sqrt{2}$ ② $4\sqrt{3}$ ③ $6\sqrt{2}$
④ $5\sqrt{3}$ ⑤ $6\sqrt{3}$

07-2 그림과 같이 사각형 ABCD의 두 대각선의 교점을 E라 할 때, 점 E는 선분 AC의 중점이고 $\overline{BD} = 12$, $\angle DEC = 60°$이다. $\overline{CD} = 6$, $\angle BDC = 45°$일 때, 사각형 ABCD의 넓이를 구하시오.

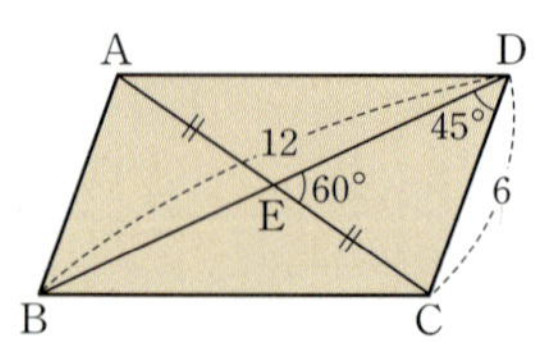

빈출 유형 마무리

01

삼각형 ABC에서 $c=\sqrt{6}$, $A=105°$, $B=30°$일 때, 삼각형 ABC의 외접원의 반지름의 길이는?

① $\sqrt{2}$ ② $\sqrt{3}$ ③ 2

④ $\sqrt{5}$ ⑤ $\sqrt{6}$

02

그림과 같이 두 원 O_1, O_2가 두 점 A, B에서 만나고 원 O_1 위의 점 C와 원 O_2 위의 점 D에 대하여 $\angle ACB=45°$, $\angle ADB=60°$ 이다. 두 원 O_1, O_2의 넓이를 각각 S_1, S_2라 할 때, $\dfrac{S_2}{S_1}$의 값은?

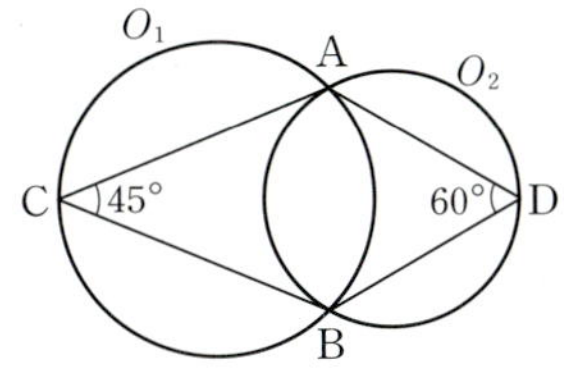

① $\dfrac{7}{12}$ ② $\dfrac{2}{3}$ ③ $\dfrac{3}{4}$

④ $\dfrac{5}{6}$ ⑤ $\dfrac{11}{12}$

03 (중요)

삼각형 ABC에서 $a=3$, $c=4\sqrt{3}$, $B=30°$일 때, $\sin C$의 값은?

① $\dfrac{\sqrt{6}}{7}$ ② $\dfrac{\sqrt{7}}{7}$ ③ $\dfrac{2\sqrt{5}}{7}$

④ $\dfrac{2\sqrt{6}}{7}$ ⑤ $\dfrac{2\sqrt{7}}{7}$

04

그림과 같이 평행사변형 ABCD에서 $\overline{AC}=\overline{BC}=6$, $\angle BCD=120°$일 때, 선분 BD의 길이는?

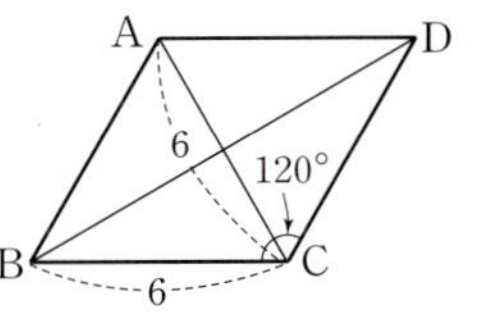

① $4\sqrt{3}$ ② $5\sqrt{3}$

③ $6\sqrt{3}$ ④ $7\sqrt{3}$

⑤ $8\sqrt{3}$

05

그림과 같이 반지름의 길이가 1이고 중심이 O인 원 위의 한 점 A와 이 원 위를 시계방향으로 움직이는 점 P에 대하여 호 AP의 길이를 x라 하자. $f(x)=2-\overline{AP}^2$ 이라 할 때, $f(0)+f\left(\dfrac{\pi}{3}\right)$의 값을 구하시오.

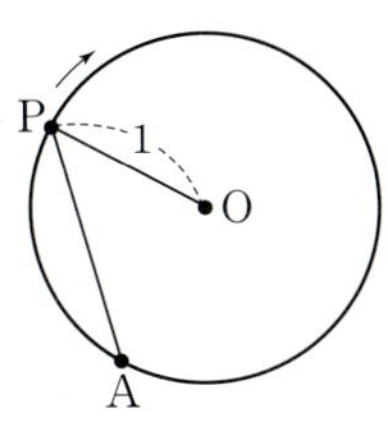

06

반지름의 길이가 4이고 중심각의 크기가 60°인 부채꼴 AOB의 호 AB 위에 점 P가 있다. 선분 OA 위의 점 Q와 선분 OB 위의 점 R에 대하여 삼각형 PQR의 둘레의 길이의 최솟값은?

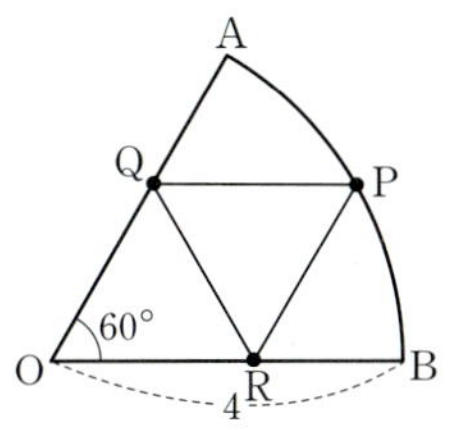

① $4\sqrt{2}$ ② 6 ③ $2\sqrt{10}$

④ $2\sqrt{11}$ ⑤ $4\sqrt{3}$

07

〈보기〉에서 삼각형 ABC가 항상 직각삼각형이 되도록 하는 조건인 것만을 있는 대로 고른 것은?

| 보기 |

ㄱ. $a\cos A=b\cos B$
ㄴ. $\sin A=\cos B\sin C$
ㄷ. $a\sin A+b\sin B=c\sin C$

① ㄱ ② ㄷ ③ ㄱ, ㄴ

④ ㄴ, ㄷ ⑤ ㄱ, ㄴ, ㄷ

08 (중요)

그림과 같이 삼각형 ABC에서 $\overline{AB}=4$, $\overline{BC}=2\sqrt{2}$, $\angle ABC=135°$이다. 점 B에서 선분 AC에 내린 수선의 발을 H, 선분 BH의 길이를 k라 할 때, $100k^2$의 값을 구하시오.

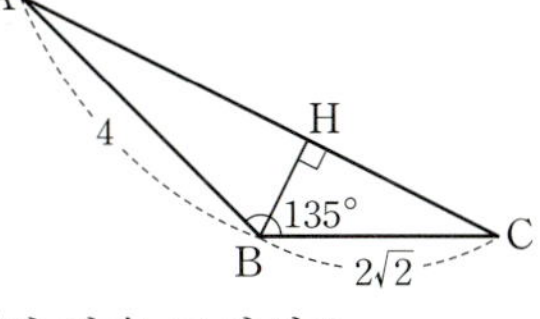

빈출 유형 마무리

09 중요

그림과 같이 세 변의 길이가 각각 8, 7, 5인 삼각형에 내접하는 원의 반지름의 길이를 r라 하고 외접하는 원의 반지름의 길이를 R라 할 때, $\dfrac{R}{r}$의 값은?

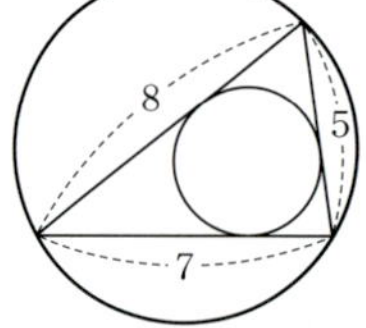

① 2   ② $\dfrac{7}{3}$ ③ $\dfrac{8}{3}$

④ 3   ⑤ $\dfrac{10}{3}$

10

원에 내접하는 사각형 ABCD에 대하여 $\overline{AB}=4$, $\overline{BC}=5$, $\overline{CD}=1$이고 $\angle ABC=60°$일 때, 사각형 ABCD의 넓이는?

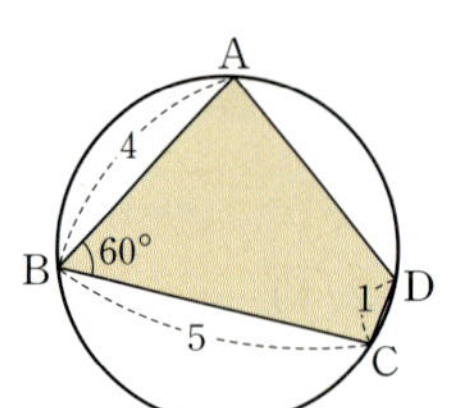

① $4\sqrt{3}$ ② $5\sqrt{2}$

③ $6\sqrt{2}$ ④ $5\sqrt{3}$

⑤ $6\sqrt{3}$

11

삼각형 ABC에서 $a:b:c=7:8:13$이고 넓이가 $42\sqrt{3}$일 때, 삼각형 ABC의 둘레의 길이를 l이라 하자. $\dfrac{1}{7}l^2$의 값을 구하시오.

12

그림과 같이 사각형 ABCD에서 $\angle ABC=\angle ADC=90°$, $\angle DCB=30°$이고 $\overline{AB}=\overline{AD}$, $\overline{AC}=6$일 때, 사각형 ABCD의 넓이를 구하시오.

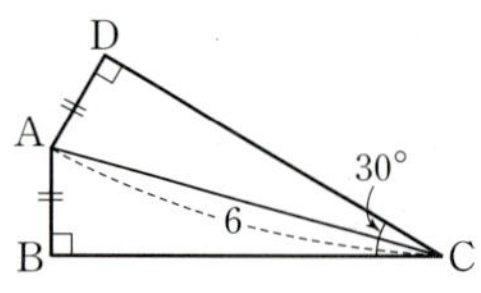

13

그림과 같이 $\overline{AB}=2$, $\overline{BC}=3$, $\overline{CA}=4$인 삼각형 ABC에서 $\dfrac{\sin B}{\sin A}$의 값은?

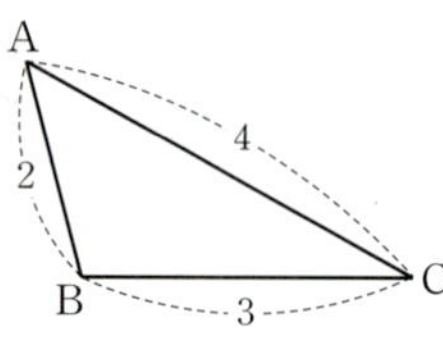

① $\dfrac{1}{2}$ ② $\dfrac{2}{3}$ ③ $\dfrac{3}{2}$

④ $\dfrac{3}{4}$ ⑤ $\dfrac{4}{3}$

14

그림과 같이 정삼각형 ABC의 변 AC를 삼등분하는 점을 각각 D, E라 하고 $\angle DBE=x$라 할 때, $\cos x$의 값은?

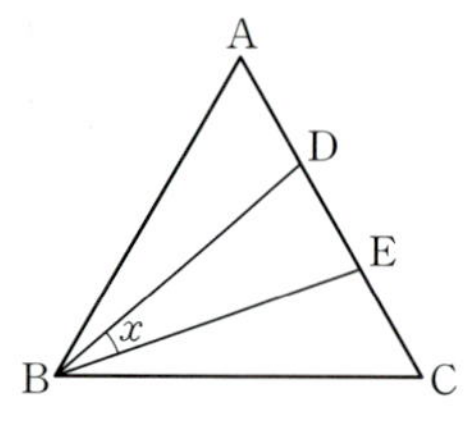

① $\dfrac{7}{11}$ ② $\dfrac{9}{11}$

③ $\dfrac{9}{14}$ ④ $\dfrac{11}{14}$

⑤ $\dfrac{13}{14}$

15

그림과 같이 갑이 탄 배는 해변 A 지점에서 출발하여 600 m 떨어진 등대 B 지점을 향해 속력 100 m/분으로 직선 경로를 따라서 항해하고, 을이 탄 배는 섬 C 지점에서 출발하여 800 m 떨어진 A 지점을 향해 속력 200 m/분으로 직선 경로를 따라서 항해하고 있다. 동시에 출발한 갑, 을이 탄 두 배가 지나는 지점을 잇는 선분이 B 지점과 C 지점을 잇는 선분과 평행하게 되는 순간의 두 배 사이의 거리는 $a\sqrt{13}$ m이다. a의 값을 구하시오.

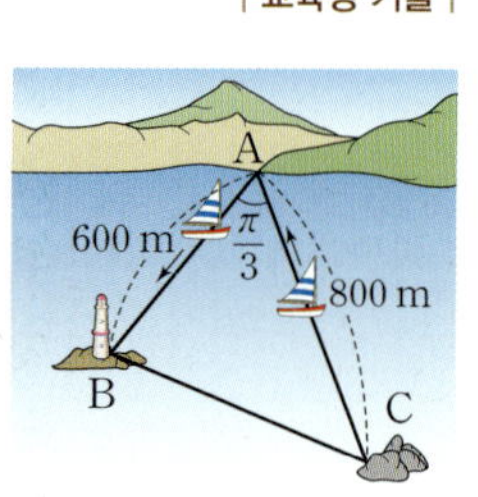

$\left(\text{단, } \angle A=\dfrac{\pi}{3}\text{이고, 두 배의 크기는 무시한다.}\right)$

Ⅲ

수열

01 등차수열과 등비수열

개념 Plus

❶ 등차수열

(1) 첫째항부터 차례대로 일정한 수를 더하여 만든 수열을 등차수열이라 하고, 더하는 일정한 수를 공차라 한다.

(2) 첫째항이 a, 공차가 d인 등차수열의 일반항 a_n은
$$a_n = a + (n-1)d \ (\text{단}, \ n = 1, 2, 3, \cdots)$$

(3) 등차중항

세 수 a, b, c가 이 순서대로 등차수열을 이룰 때, b를 a와 c의 등차중항이라 한다.

이때, $b - a = c - b$, 즉 $b = \dfrac{a+c}{2}$인 관계가 성립한다.

❷ 등차수열의 합

등차수열의 첫째항부터 제n항까지의 합을 S_n이라 하면

(1) 첫째항이 a이고 제n항이 l일 때, $S_n = \dfrac{n(a+l)}{2}$

(2) 첫째항이 a이고 공차가 d일 때, $S_n = \dfrac{n\{2a+(n-1)d\}}{2}$
  $\longleftarrow S_n = \dfrac{n(a+l)}{2}$에서 $l = a+(n-1)d$이므로
  $S_n = \dfrac{n\{2a+(n-1)d\}}{2}$

❸ 수열의 합과 일반항 사이의 관계

수열 $\{a_n\}$의 첫째항부터 제n항까지의 합을 S_n이라 하면
$$\begin{cases} a_1 = S_1 \\ a_n = S_n - S_{n-1} \ (\text{단}, \ n \geq 2) \end{cases}$$

❹ 등비수열

(1) 첫째항부터 차례대로 일정한 수를 곱하여 만든 수열을 등비수열이라 하고, 곱하는 일정한 수를 공비라 한다.

(2) 첫째항이 a, 공비가 $r \ (r \neq 0)$인 등비수열의 일반항 a_n은
$$a_n = ar^{n-1} \ (\text{단}, \ n = 1, 2, 3, \cdots)$$

(3) 등비중항

0이 아닌 세 수 a, b, c가 이 순서대로 등비수열을 이룰 때, b를 a와 c의 등비중항이라 한다.

이때, $\dfrac{b}{a} = \dfrac{c}{b}$, 즉 $b^2 = ac$인 관계가 성립한다.

❺ 등비수열의 합

첫째항이 a, 공비가 r인 등비수열의 첫째항부터 제n항까지의 합을 S_n이라 하면

(1) $r = 1$일 때, $S_n = na$

(2) $r \neq 1$일 때, $S_n = \dfrac{a(1-r^n)}{1-r} = \dfrac{a(r^n-1)}{r-1}$

참고 $r < 1$이면 $S_n = \dfrac{a(1-r^n)}{1-r}$, $r > 1$이면 $S_n = \dfrac{a(r^n-1)}{r-1}$을 이용하면 편리하다.

- 수열 : 차례대로 나열된 수의 열
- 항 : 수열을 이루고 있는 각 수
- 일정한 규칙없이 수를 나열한 것도 수열이지만 여기서는 규칙이 있는 실수의 수열을 다룬다.
- 일반항 : 수열을 나타낼 때에는 $a_1, a_2, \cdots, a_n, \cdots$과 같이 나타내고, 수열 $\{a_n\}$의 제n항을 수열의 일반항이라 한다.

- **등차수열을 이루는 수의 표현**
  ① 세 수가 등차수열을 이룰 때
  $a-d, a, a+d$
  ② 네 수가 등차수열을 이룰 때
  $a-3d, a-d, a+d, a+3d$
  ③ 다섯 수가 등차수열을 이룰 때
  $a-2d, a-d, a,$
  $\qquad a+d, a+2d$

- 수열의 합과 일반항 사이의 관계는 등차수열뿐만 아니라 모든 수열에서 성립한다.

- 등비수열을 이루는 세 수는
  $a, ar, ar^2 \ (ar \neq 0)$
  으로 놓는다.

- **원리합계**
  ① 원금 a원을 연(월)이율 r로 n년(월) 동안 예금할 때, 원리합계 S_n은
  (ⅰ) 단리법 : $S_n = a(1+rn)$
  (ⅱ) 복리법 : $S_n = a(1+r)^n$
  ② 연이율 r, 1년마다 복리로 매년 a원씩 적립할 때, n년 말의 적립금의 원리합계 S_n은
  (ⅰ) 매년 초에 적립할 때,
  $$S_n = \dfrac{a(1+r)\{(1+r)^n - 1\}}{r}$$
  (ⅱ) 매년 말에 적립할 때,
  $$S_n = \dfrac{a\{(1+r)^n - 1\}}{r}$$

내신 & 수능 빈출 유형

유형 01 등차수열

등차수열 $\{a_n\}$에 대하여 $a_7=19$, $a_{10}=13$일 때, $a_n<0$을 만족시키는 자연수 n의 최솟값은?

① 13   ② 15   ③ 17   ④ 19   ⑤ 21

> **해결 포인트**
>
> 첫째항이 a, 공차가 d인 등차수열의 일반항 a_n은
> $$a_n=a+(n-1)d$$
> 임을 이용한다.

01-1 등차수열 $\{a_n\}$에 대하여 $a_2+a_7=21$, $a_4+a_{12}=56$일 때, a_{10}의 값은?

① 32   ② 34   ③ 36   ④ 38   ⑤ 40

01-2 수열 -24, a_1, a_2, a_3, $\cdots$, a_{20}, 39가 이 순서대로 등차수열을 이룰 때, a_9+a_{12}의 값은?

① 11   ② 13   ③ 15   ④ 17   ⑤ 19

> **해결 포인트**
>
> 39는 제21항이 아닌 제22항임에 주의한다.

유형 02 등차수열의 합

제6항이 8, 제11항이 -7인 등차수열 $\{a_n\}$에서 첫째항부터 제n항까지의 합을 S_n이라 할 때, S_n의 최댓값을 구하시오.

> **해결 포인트**
>
> 첫째항이 a, 공차가 d인 등차수열 $\{a_n\}$에서 첫째항부터 제n항까지의 합 S_n은
> $$S_n=\frac{n\{2a+(n-1)d\}}{2}$$
> 임을 이용한다.

02-1 등차수열 $\{a_n\}$에 대하여 $a_1=5$, $a_{10}=-13$일 때,
$$|a_1|+|a_2|+|a_3|+\cdots+|a_{20}|$$
의 값을 구하시오.

유형 03 등비수열

모든 항이 실수인 등비수열 $\{a_n\}$에 대하여 $a_1 a_4 a_7 = 8$, $a_2 a_5 a_8 = 64$일 때, a_6의 값은?

① 2 ② 8 ③ 16 ④ 32 ⑤ 64

> **해결 포인트**
> 첫째항이 a, 공비가 r인 등비수열의 일반항 a_n은
> $$a_n = ar^{n-1}$$
> 임을 이용한다.

03-1 수열 2, a_1, a_2, $\cdots$, a_6, 12가 등비수열을 이룰 때, $a_2 a_5 + a_3 a_4$의 값은?

① 40 ② 42 ③ 44 ④ 46 ⑤ 48

> **해결 포인트**
> 12는 제7항이 아닌 제8항임에 주의한다.

03-2 모든 항이 양수인 등비수열 $\{a_n\}$에 대하여 $a_3 + a_5 = 4$, $a_7 + a_9 = 36$일 때, $a_k > 100$을 만족시키는 자연수 k의 최솟값을 구하시오.

유형 04 등비수열의 합

모든 항이 양수인 등비수열 $\{a_n\}$의 첫째항부터 제n항까지의 합을 S_n이라 하자. $S_5 = 6$, $S_{15} = 78$일 때, S_{10}의 값은?

① 20 ② 22 ③ 24 ④ 26 ⑤ 28

> **해결 포인트**
> 첫째항이 a, 공비가 $r\,(r \neq 1)$인 등비수열 $\{a_n\}$에서 첫째항부터 제n항까지의 합 S_n은
> $$S_n = \frac{a(r^n - 1)}{r - 1}$$
> 임을 이용한다.

04-1 등비수열 $\{a_n\}$에 대하여
$$a_1 + a_2 + a_3 = 9, \quad a_1 + a_2 + a_3 + a_4 + a_5 + a_6 = 45$$
일 때, $a_1 + a_2 + a_3 + \cdots + a_9$의 값을 구하시오.

유형 05 등차중항과 등비중항

세 수 a, 4, b가 이 순서대로 등차수열을 이루고, 세 수 a, 6, $2b$가 이 순서대로 등비수열을 이룰 때, a^3+b^3의 값을 구하시오.

세 수 a, b, c가 이 순서대로
① 등차수열을 이룰 때,
$$b=\frac{a+c}{2}$$
임을 이용한다.
② 등비수열을 이룰 때,
$$b^2=ac \;(\text{단},\; abc\neq0)$$
임을 이용한다.

05-1 세 수 $2a+4$, a^2+3a, 2가 이 순서대로 등차수열을 이룰 때, 이를 만족시키는 모든 a의 값의 합은?

① -2 ② -1 ③ 0 ④ 1 ⑤ 2

05-2 네 수 $2\sqrt{3}$, x, $2y$, 18이 이 순서대로 등비수열을 이룰 때, 두 양수 x, y에 대하여 x^2-y^2의 값을 구하시오.

유형 06 등차수열과 등비수열의 활용 〔중요〕

곡선 $y=x^2+x+2$와 직선 $y=n-2x$가 만나는 두 점을 A_n, B_n이라 하자. $l_n=\overline{A_nB_n}$이라 할 때, $l_1{}^2+l_2{}^2+l_3{}^2+\cdots+l_{10}{}^2$의 값을 구하시오.

06-1 그림과 같이 두 정사각형 $A_nB_nC_nD_n$, $A_{n+1}B_{n+1}C_{n+1}D_{n+1}$ ($n=1$, 2, 3, $\cdots$)에 대하여 꼭짓점 C_n과 꼭짓점 B_{n+1}, 변 C_nD_n과 변 $A_{n+1}B_{n+1}$이 겹치도록 놓여 있고 꼭짓점 A_1, A_2, A_3, $\cdots$이 일직선 상에 있다. 정사각형 $A_nB_nC_nD_n$의 넓이를 S_n이라 하면 $S_1=2$, $S_7=128$일 때, $S_1+S_2+S_3+\cdots+S_8$의 값을 구하시오.

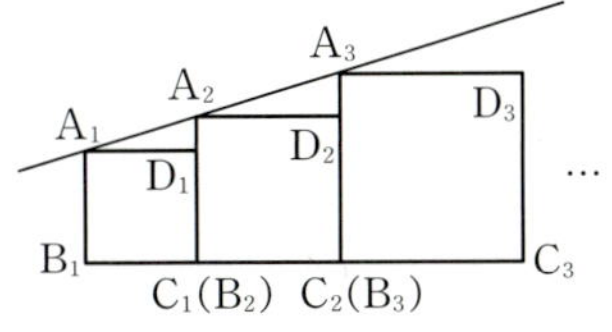

등비수열 $\{a_n\}$의 공비가 r이면 수열 $\{a_n{}^2\}$은 공비가 r^2인 등비수열이다.

유형 07 수열의 합과 일반항 사이의 관계 

수열 $\{a_n\}$의 첫째항부터 제n항까지의 합 S_n이 $S_n=n^2+2n$일 때,

$$a_1+a_3+a_5+\cdots+a_{19}$$

의 값을 구하시오.

> **해결 포인트**
> 수열 $\{a_n\}$의 첫째항부터 제n항까지의 합이 S_n일 때,
> $$a_1=S_1,$$
> $$a_n=S_n-S_{n-1}\ (n\geq2)$$
> 임을 이용한다.

07-1 수열 $\{a_n\}$의 첫째항부터 제n항까지의 합 S_n이 $S_n=2^n-1$일 때,

$$a_1+a_3+a_5+a_7+a_9$$

의 값을 구하시오.

> **해결 포인트**
> 수열 $\{a_n\}$이 공비가 r인 등비수열일 때, $\{a_{2n-1}\}$은 공비는 r^2인 등비수열임을 이용한다.

07-2 두 수열 $\{a_n\}$, $\{b_n\}$의 첫째항부터 제n항까지의 합이 각각 n^2-n, $2n^2+pn$이고, 두 수열의 제5항이 서로 같을 때, 상수 p의 값은?

① -10 ② -8 ③ -6 ④ -4 ⑤ -2

유형 08 원리합계

매년 초에 일정한 금액 a만 원을 적립하여 10년 후 연말까지 260만 원을 만들려고 한다. 연이율이 4 %이고 1년마다 복리로 계산할 때, a의 값을 구하시오. (단, $1.04^{10}=1.5$로 계산한다.)

08-1 이달 초에 20만 원인 전자제품을 12개월 할부로 구입하여 이달 말부터 일정한 금액을 12회 동안 나누어 갚기로 하였다. 월이율은 1.5 %이고 1개월마다 복리로 계산할 때, 매달 갚아야 할 금액은 a원이다. $\dfrac{a}{100}$의 값을 구하시오. (단, $1.015^{12}=1.2$로 계산한다.)

> **해결 포인트**
> 연이율 r, 1년마다 복리로 매년 말에 a원씩 적립할 때, n년 말의 적립금의 원리합계 S_n은
> $$S_n=\dfrac{a\{(1+r)^n-1\}}{r}$$
> 임을 이용한다.

빈출 유형 마무리

01

등차수열 $\{a_n\}$에 대하여 $a_3=-26$, $a_{19}=14$일 때, $a_k>0$을 만족시키는 자연수 k의 최솟값은?

① 10 ② 11 ③ 12
④ 13 ⑤ 14

02 중요

등차수열 -3, a_1, a_2, $\cdots$, a_n, 18의 공차가 자연수가 되도록 하는 자연수 n의 최댓값과 최솟값의 합은?

① 20 ② 22 ③ 24
④ 26 ⑤ 28

03

삼차방정식 $x^3-12x^2+kx-28=0$의 세 근이 등차수열을 이룰 때, 상수 k의 값은?

① 31 ② 33 ③ 35
④ 37 ⑤ 39

04

x에 대한 다항식 $P(x)=x^2+(a-2)x+a$를 x, $x-1$, $x-3$으로 각각 나눈 나머지가 이 순서대로 등차수열을 이룰 때, 상수 a의 값은?

① -5 ② -4 ③ -3
④ -2 ⑤ -1

05

등차수열 $\{a_n\}$에 대하여 첫째항부터 제8항까지의 합이 20, 첫째항부터 제16항까지의 합이 60일 때, 첫째항부터 제24항까지의 합을 구하시오.

06

50 이하의 자연수 중 3 또는 4로 나누어떨어지는 수의 총합을 구하시오.

07 중요

등차수열 $\{a_n\}$에 대하여 $a_{11}=-10$이고 첫째항부터 제10항까지의 합이 65일 때,
$$|a_1|+|a_2|+|a_3|+\cdots+|a_{10}|$$
의 값을 구하시오.

08

모든 항이 실수인 등비수열 $\{a_n\}$에 대하여
$$a_1+a_2+a_3=6,\ a_4+a_5+a_6=384$$
일 때, 수열 $\{a_n\}$의 공비는?

① 2 ② 3 ③ 4
④ 5 ⑤ 6

09

이차방정식 $x^2-3x+k=0$의 두 근을 α, β $(\alpha<\beta)$라 할 때, α, β, $2\alpha-\beta$가 이 순서대로 등비수열을 이룬다. 상수 k의 값은?

① -28 ② -18 ③ -10

④ -3 ⑤ $\dfrac{3}{2}$

10

모든 항이 양수인 등비수열 $\{a_n\}$에 대하여 $a_3 a_6=64$일 때, $\log_4 a_1+\log_4 a_2+\log_4 a_3+\cdots+\log_4 a_8$의 값은?

① 6 ② 7 ③ 8

④ 10 ⑤ 12

11 중요

모든 항이 실수인 등비수열 $\{a_n\}$에 대하여 $a_2+a_4=30$, $a_5+a_7=240$일 때, 수열 $\{a_n\}$의 첫째항부터 제n항까지의 합이 처음으로 700 이상이 된다. 자연수 n의 값은?

① 6 ② 7 ③ 8

④ 9 ⑤ 10

12

등비수열 $\{a_n\}$의 첫째항부터 제n항까지의 합을 S_n이라 하자. $S_5=6$, $S_{10}=18$일 때, S_{20}의 값을 구하시오.

13

수열 $\{a_n\}$의 첫째항부터 제n항까지의 합 S_n이 $S_n=2n^2+3n+1$이고 $d=a_{n+1}-a_n$ $(n\geq2)$일 때, a_1-d의 값은?

① 1 ② 2 ③ 3

④ 4 ⑤ 5

14

올해부터 매년 말에 30만 원씩 10년 동안 받는 연금이 있다. 연이율이 6 %이고 1년마다 복리로 계산할 때, 이 연금을 올해 초에 한꺼번에 받는다면 a만 원을 받는다. a의 값을 구하시오.

(단, $1.06^{10}=1.8$로 계산하고, 만 원 미만은 버린다.)

15

| 2014 수능 A형 6번 |

첫째항이 6이고 공차가 d인 등차수열 $\{a_n\}$의 첫째항부터 제n항까지의 합을 S_n이라 할 때, $\dfrac{a_8-a_6}{S_8-S_6}=2$가 성립한다. d의 값은?

① -1 ② -2 ③ -3

④ -4 ⑤ 5

16

| 2016 6월 평가원 A형 16번 |

공차가 6인 등차수열 $\{a_n\}$에 대하여 세 항 a_2, a_k, a_8은 이 순서대로 등차수열을 이루고 세 항 a_1, a_2, a_k는 이 순서대로 등비수열을 이룬다. $k+a_1$의 값은?

① 7 ② 8 ③ 9

④ 10 ⑤ 11

02 수열의 합

❶ 합의 기호 $\sum$

(1) 합의 기호 $\sum$의 뜻

수열 $\{a_n\}$의 첫째항부터 제 n항까지의 합을 기호 $\sum$를 사용하여 다음과 같이 나타낸다.

$$a_1+a_2+a_3+\cdots+a_n=\sum_{k=1}^{n} a_k$$

(2) 합의 기호 $\sum$의 기본 성질

두 수열 $\{a_n\}$, $\{b_n\}$에 대하여

① $\sum_{k=1}^{n}(a_k+b_k)=\sum_{k=1}^{n} a_k+\sum_{k=1}^{n} b_k$ ② $\sum_{k=1}^{n}(a_k-b_k)=\sum_{k=1}^{n} a_k-\sum_{k=1}^{n} b_k$

③ $\sum_{k=1}^{n} ca_k=c\sum_{k=1}^{n} a_k$ (단, c는 상수이다.)   ④ $\sum_{k=1}^{n} c=cn$ (단, c는 상수이다.)

개념 Plus

$\bullet \ \sum_{k=m}^{n} a_k$

$=a_m+a_{m+1}+a_{m+2}+\cdots+a_n$

$=\sum_{k=1}^{n} a_k-\sum_{k=1}^{m-1} a_k$

(단, $1<m<n$)

$\bullet$ 다음에 주의한다.

① $\sum_{k=1}^{n} a_k b_k \neq \left(\sum_{k=1}^{n} a_k\right)\left(\sum_{k=1}^{n} b_k\right)$

② $\sum_{k=1}^{n} \dfrac{a_k}{b_k} \neq \dfrac{\sum\limits_{k=1}^{n} a_k}{\sum\limits_{k=1}^{n} b_k}$

③ $\sum_{k=1}^{n} a_k{}^2 \neq \left(\sum_{k=1}^{n} a_k\right)^2$

④ $\sum_{k=1}^{2n} a_k \neq \sum_{k=1}^{n} a_{2k}$

❷ 자연수의 거듭제곱의 합

(1) $\sum_{k=1}^{n} k=1+2+3+\cdots+n=\dfrac{n(n+1)}{2}$

(2) $\sum_{k=1}^{n} k^2=1^2+2^2+3^2+\cdots+n^2=\dfrac{n(n+1)(2n+1)}{6}$

(3) $\sum_{k=1}^{n} k^3=1^3+2^3+3^3+\cdots+n^3=\left\{\dfrac{n(n+1)}{2}\right\}^2$

$\bullet \ \sum_{k=1}^{n} k^3=\left\{\dfrac{n(n+1)}{2}\right\}^2=\left(\sum_{k=1}^{n} k\right)^2$

❸ 여러 가지 수열의 합

(1) 분수 꼴로 주어진 수열의 합

① $\sum_{k=1}^{n} \dfrac{1}{k(k+1)}=\sum_{k=1}^{n}\left(\dfrac{1}{k}-\dfrac{1}{k+1}\right)$

② $\sum_{k=1}^{n} \dfrac{1}{k(k+d)}=\dfrac{1}{d}\sum_{k=1}^{n}\left(\dfrac{1}{k}-\dfrac{1}{k+d}\right)$ (단, $d\neq 0$)

(2) 근호가 포함된 수열의 합

① $\sum_{k=1}^{n} \dfrac{1}{\sqrt{k+1}+\sqrt{k}}=\sum_{k=1}^{n}(\sqrt{k+1}-\sqrt{k})$

② $\sum_{k=1}^{n} \dfrac{1}{\sqrt{k+d}+\sqrt{k}}=\dfrac{1}{d}\sum_{k=1}^{n}(\sqrt{k+d}-\sqrt{k})$ (단, $d\neq 0$)

$\bullet \ \dfrac{1}{AB}=\dfrac{1}{B-A}\left(\dfrac{1}{A}-\dfrac{1}{B}\right)$

(단, $A\neq B$)

$\bullet \ \dfrac{1}{ABC}$

$=\dfrac{1}{C-A}\left(\dfrac{1}{AB}-\dfrac{1}{BC}\right)$

(단, $A\neq C$)

$\bullet$ 분모에 근호가 포함된 수열의 합은 먼저 분모를 유리화하여 두 무리식의 차 꼴로 변형한다.

❹ 군수열

(1) 군수열 : 어떤 수열을 특정한 규칙에 의하여 몇 개의 항들의 묶음인 군으로 나눌 수 있는 수열

(2) 군수열에 대한 문제는 일반적으로 다음과 같은 과정을 통하여 해결한다.

(ⅰ) 수열의 각 항이 갖는 규칙을 파악하여 규칙성을 갖도록 군으로 나눈다.

(ⅱ) 각 군의 첫 번째 항과 제 n군의 규칙을 파악한다.

(ⅲ) 각 군의 항의 개수를 파악하여, 구하는 항이 제몇 군의 몇 번째 항인지 구한다.

$\bullet$ (등차수열) × (등비수열) 꼴의 수열의 합

등차수열과 등비수열의 각 항의 곱으로 이루어진 수열의 합을 구할 때에는

(ⅰ) 주어진 수열의 합 S에 등비수열의 공비 r를 곱한다.

(ⅱ) $S-rS$를 구하고, 이 식으로부터 S의 값을 구한다.

유형 **01** 합의 기호 $\sum$의 뜻과 성질

수열 $\{a_n\}$에 대하여 $\sum\limits_{n=1}^{10}(2a_n-1)^2=82$, $\sum\limits_{n=1}^{10}a_n=10$일 때, $\sum\limits_{n=1}^{10}a_n^2$의 값은?

① 26   ② 28   ③ 30   ④ 32   ⑤ 34

해결 포인트

$$\sum_{k=1}^{n}(pa_k+qb_k+r)$$
$$=p\sum_{k=1}^{n}a_k+q\sum_{k=1}^{n}b_k+rn$$
$$(p,\,q,\,r\text{는 상수})$$
임을 이용한다.

01-1 함수 $f(x)$가 $f(1)=5$, $f(7)=30$을 만족시킬 때, $\sum\limits_{k=1}^{6}f(k+1)-\sum\limits_{k=2}^{7}f(k-1)$의 값을 구하시오.

해결 포인트

$$\sum_{k=1}^{6}f(k+1)$$
$$=f(2)+f(3)+f(4)+\cdots+f(7)$$
$$\sum_{k=2}^{7}f(k-1)$$
$$=f(1)+f(2)+f(3)+\cdots+f(6)$$

01-2 $a_1=1$, $a_{100}=99$인 수열 $\{a_n\}$에 대하여 $\sum\limits_{k=1}^{99}(a_k+a_{k+1})=500$일 때, $\sum\limits_{k=1}^{100}a_k$의 값을 구하시오.

유형 **02** 자연수의 거듭제곱의 합

$a_n=n^2+n+1$일 때, $\sum\limits_{k=1}^{10}(a_k-3)-\sum\limits_{k=6}^{10}(a_k+2)$의 값은?

① 32   ② 35   ③ 38   ④ 40   ⑤ 42

02-1 $\sum\limits_{m=1}^{n}\left\{\sum\limits_{k=1}^{m}(2k-m)\right\}=45$를 만족시키는 자연수 n의 값을 구하시오.

해결 포인트

$\sum$의 변수를 확인한 후 일반항에서 상수인 것과 상수가 아닌 것을 구별하여 계산한다.

유형 03 여러 가지 수열의 합

수열 $\{a_n\}$에 대하여 $\sum_{k=1}^{n} a_k = n^2 + 2n$일 때, $\sum_{k=1}^{12} \dfrac{1}{a_k a_{k+1}}$의 값은?

① $\dfrac{1}{9}$ ② $\dfrac{4}{27}$ ③ $\dfrac{5}{27}$ ④ $\dfrac{8}{27}$ ⑤ $\dfrac{1}{3}$

03-1 수열 $\{a_n\}$에 대하여 $a_n = \sqrt{n}$일 때, $\sum_{k=1}^{48} \dfrac{1}{a_k + a_{k+1}}$의 값은?

① 4 ② 5 ③ 6 ④ 7 ⑤ 8

03-2 $\dfrac{1}{2^2-1} + \dfrac{1}{4^2-1} + \dfrac{1}{6^2-1} + \cdots + \dfrac{1}{18^2-1} = \dfrac{q}{p}$일 때, $p+q$의 값을 구하시오.

(단, p와 q는 서로소인 자연수이다.)

유형 04 군수열

자연수를 그림과 같이 배열할 때, 위에서 5번째 줄의 왼쪽에서 7번째 칸에 있는 수는?

1	4	9	16	⋯
2	3	8	15	⋯
5	6	7	14	⋯
10	11	12	13	⋯
⋯	⋯	⋯	⋯	⋱

① 41 ② 43 ③ 45
④ 47 ⑤ 49

04-1 수열

$$1, \ \frac{1}{2}, \ \frac{2}{2}, \ \frac{1}{3}, \ \frac{2}{3}, \ \frac{3}{3}, \ \frac{1}{4}, \ \frac{2}{4}, \ \frac{3}{4}, \ \frac{4}{4}, \ \cdots$$

에서 $\dfrac{9}{21}$는 제몇 항인가?

① 제199항 ② 제209항 ③ 제219항 ④ 제229항 ⑤ 제239항

01

$\sum_{k=1}^{n}(k^2+k+2)-\sum_{k=1}^{n-1}(k^2+k-1)=139$를 만족시키는 자연수 n의 값을 구하시오.

02

수열 $\{a_n\}$에 대하여 $\sum_{k=1}^{n}a_{2k-1}=2n^2+n$, $\sum_{k=1}^{2n}a_k=4n^2-1$일 때, $\sum_{k=1}^{5}a_{2k}+\sum_{k=1}^{5}a_k$의 값은?

① 62 ② 64 ③ 66
④ 68 ⑤ 70

03

자연수 n에 대하여 5^n을 3으로 나눈 나머지를 a_n이라 할 때, $\sum_{k=1}^{15}a_k$의 값은?

① 23 ② 24 ③ 25
④ 26 ⑤ 27

04 중요

수열 $\{a_n\}$에 대하여 $\sum_{k=1}^{n}a_k=n^2$일 때, $\sum_{k=1}^{6}ka_{2k}$의 값은?

① 337 ② 339 ③ 341
④ 343 ⑤ 345

05

$\sum_{k=1}^{8}(x-2k)^2$이 $x=a$일 때 최솟값 m을 가질 때, $a+m$의 값을 구하시오.

06 중요

수열 $\{a_n\}$을
$$a_n=(4^n\text{의 일의 자리의 숫자})$$
로 정의할 때, $\sum_{k=1}^{20}ka_k$의 값은?

① 1060 ② 1110 ③ 1160
④ 1210 ⑤ 1260

07

수열 $\{a_n\}$에 대하여 다항식 $a_nx^2+a_nx+2$를 $x-n$으로 나눈 나머지가 20일 때, $\sum_{k=1}^{20}a_k$의 값은?

① $\dfrac{106}{7}$ ② $\dfrac{113}{7}$ ③ $\dfrac{120}{7}$
④ $\dfrac{127}{7}$ ⑤ $\dfrac{134}{7}$

08

$a_1=1$, $a_9=49$인 등차수열 $\{a_n\}$에 대하여
$$\frac{1}{\sqrt{a_1}+\sqrt{a_2}}+\frac{1}{\sqrt{a_2}+\sqrt{a_3}}+\cdots+\frac{1}{\sqrt{a_8}+\sqrt{a_9}}$$
의 값은?

① 1 ② 2 ③ 3
④ 4 ⑤ 5

09 중요

자연수 n에 대하여 이차방정식 $x^2+x-n(n+1)=0$의 두 근을 α_n, β_n이라 할 때, $\sum\limits_{n=1}^{24}\left(\dfrac{1}{\alpha_n}+\dfrac{1}{\beta_n}\right)$의 값은?

① $\dfrac{22}{23}$ ② $\dfrac{23}{24}$ ③ $\dfrac{24}{25}$

④ $\dfrac{25}{26}$ ⑤ $\dfrac{26}{27}$

10

수열 $\{a_n\}$이 첫째항이 1, 공차가 2인 등차수열일 때,

$$\dfrac{1}{a_1a_2}+\dfrac{1}{a_2a_3}+\dfrac{1}{a_3a_4}+\cdots+\dfrac{1}{a_{18}a_{19}}+\dfrac{1}{a_{19}a_{20}}=\dfrac{q}{p}$$

이다. $p+q$의 값을 구하시오.

(단, p와 q는 서로소인 자연수이다.)

11

자연수 n이 n개씩 연속되는 수열

$$1,\ 2,\ 2,\ 3,\ 3,\ 3,\ 4,\ 4,\ 4,\ 4,\ \cdots$$

에서 첫째항부터 제50항까지의 합은?

① 305   ② 315   ③ 325

④ 335   ⑤ 345

12

수열

$$\dfrac{1}{1},\ \dfrac{1}{2},\ \dfrac{3}{1},\ \dfrac{1}{4},\ \dfrac{3}{2},\ \dfrac{5}{1},\ \dfrac{1}{8},\ \dfrac{3}{4},\ \dfrac{5}{2},\ \dfrac{7}{1},\ \cdots$$

에서 제39항이 $\dfrac{q}{p}$일 때, $p+q$의 값은?

(단, p와 q는 서로소인 자연수이다.)

① 67   ② 69   ③ 71

④ 73   ⑤ 75

13

자연수를 오른쪽과 같이 규칙적으로 배열할 때, 위에서 p번째 줄의 왼쪽에서 q번째에 있는 수를 $a(p,\ q)$로 나타내자. 예를 들어, 위에서 3번째 줄의 왼쪽에서 4번째에 있는 수가 19이므로 $a(3,\ 4)=19$이다. $a(p,\ q)=150$일 때, $p+q$의 값을 구하시오.

1	3	6	10	15	⋯
2	5	9	14	20	
4	8	13	19		
7	12	18			
11	17				
16					
⋮					

14

| 교육청 기출 |

수열 $\{a_n\}$에 대하여 $\sum\limits_{n=1}^{20} a_n=p$라 할 때, 등식

$$2a_n+n=p\ (n\geq1)$$

가 성립한다. a_{10}의 값은? (단, p는 상수이다.)

① $\dfrac{2}{3}$ ② $\dfrac{3}{4}$ ③ $\dfrac{5}{6}$

④ $\dfrac{11}{12}$ ⑤ 1

15

| 2017 9월 평가원 나형 17번 |

자연수 n에 대하여 곡선 $y=\dfrac{3}{x}\ (x>0)$ 위의 점 $\left(n,\ \dfrac{3}{n}\right)$과 두 점 $(n-1,\ 0)$, $(n+1,\ 0)$을 세 꼭짓점으로 하는 삼각형의 넓이를 a_n이라 할 때, $\sum\limits_{n=1}^{10}\dfrac{9}{a_na_{n+1}}$의 값은?

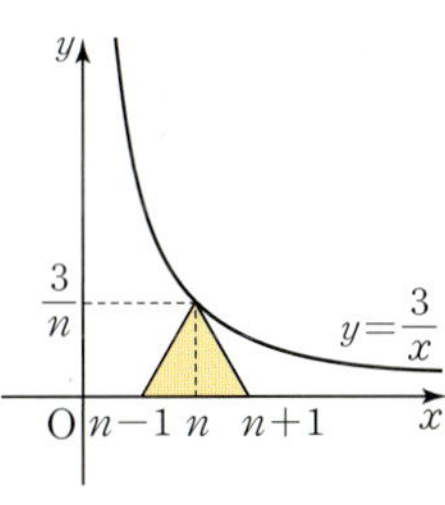

① 410   ② 420   ③ 430

④ 440   ⑤ 450

16

| 2014 9월 평가원 A형 30번 |

자연수 n에 대하여 부등식 $4^k-(2^n+4^n)2^k+8^n\leq1$을 만족시키는 모든 자연수 k의 값의 합을 a_n이라 하자. $\sum\limits_{n=1}^{20}\dfrac{1}{a_n}=\dfrac{q}{p}$일 때, $p+q$의 값을 구하시오.

(단, p와 q는 서로소인 자연수이다.)

03 수학적 귀납법

❶ 수열의 귀납적 정의

(1) 수열의 귀납적 정의

수열 $\{a_n\}$을

① 첫째항 a_1의 값

② 두 항 a_n, a_{n+1} $(n=1, 2, 3, \cdots)$ 사이의 관계식

과 같이 처음 몇 개의 항과 이웃하는 여러 항들 사이의 관계식으로 정의하는 것을 수열의 귀납적 정의라 한다.

(2) 등차수열의 귀납적 정의

① 첫째항이 a, 공차가 d인 등차수열 $\{a_n\}$의 귀납적 정의는

$$a_{n+1}-a_n=d \text{ 또는 } a_{n+1}=a_n+d \ (\text{단, } n=1, 2, 3, \cdots)$$

② $2a_{n+1}=a_n+a_{n+2}$, 즉 $a_{n+1}-a_n=a_{n+2}-a_{n+1}$ (단, $n=1, 2, 3, \cdots$)

(3) 등비수열의 귀납적 정의

① 첫째항이 a, 공비가 r인 등비수열 $\{a_n\}$의 귀납적 정의는

$$a_{n+1}\div a_n=r \text{ 또는 } a_{n+1}=ra_n \ (\text{단, } n=1, 2, 3, \cdots)$$

② $a_{n+1}{}^2=a_n a_{n+2}$, 즉 $a_{n+1}\div a_n=a_{n+2}\div a_{n+1}$ (단, $n=1, 2, 3, \cdots$)

❷ 여러 가지 수열의 귀납적 정의

(1) $a_{n+1}=a_n+f(n)$ 꼴

n에 $1, 2, 3, \cdots, n-1$을 차례대로 대입하여 변끼리 더하면

$$a_n=a_1+f(1)+f(2)+\cdots+f(n-1)$$
$$=a_1+\sum_{k=1}^{n-1} f(k)$$

$$
\begin{aligned}
a_2&=a_1+f(1)\\
a_3&=a_2+f(2)\\
a_4&=a_3+f(3)\\
&\ \ \vdots\\
+\ )\ a_n&=a_{n-1}+f(n-1)\\
\hline
a_n&=a_1+f(1)+f(2)+\cdots+f(n-1)
\end{aligned}
$$

(2) $a_{n+1}=a_n f(n)$ 꼴

n에 $1, 2, 3, \cdots, n-1$을 차례대로 대입하여 변끼리 곱하면

$$a_n=a_1 f(1)f(2)\cdots f(n-1)$$

$$
\begin{aligned}
a_2&=a_1 f(1)\\
a_3&=a_2 f(2)\\
a_4&=a_3 f(2)\\
&\ \ \vdots\\
\times\ )\ a_n&=a_{n-1}f(n-1)\\
\hline
a_n&=a_1 f(1)f(2)f(3)\cdots f(n-1)
\end{aligned}
$$

(3) $a_{n+1}=pa_n+q$ $(p\neq 1,\ pq\neq 0)$ 꼴

$a_{n+1}-\alpha=p(a_n-\alpha)$ 꼴로 변형하여 수열 $\{a_n-\alpha\}$는 첫째항이 $a_1-\alpha$, 공비가 p인 등비수열임을 이용한다.

(4) $pa_{n+2}+qa_{n+1}+ra_n=0$ $(p+q+r=0,\ pqr\neq 0)$ 꼴

$a_{n+2}-a_{n+1}=\dfrac{r}{p}(a_{n+1}-a_n)$ 꼴로 변형하여 수열 $\{a_{n+1}-a_n\}$은 첫째항이 a_2-a_1, 공비가 $\dfrac{r}{p}$인 등비수열임을 이용한다.

❸ 수학적 귀납법

자연수 n에 대한 명제 $p(n)$이 모든 자연수 n에 대하여 성립하는 것을 증명하려면 다음 두 가지를 보이면 된다.

(ⅰ) $n=1$일 때, 명제 $p(n)$이 성립한다.

(ⅱ) $n=k$일 때, 명제 $p(n)$이 성립한다고 가정하면 $n=k+1$일 때도 명제 $p(n)$이 성립한다.

이와 같은 방법으로 자연수 n에 대한 명제 $p(n)$이 성립함을 증명하는 것을 수학적 귀납법이라 한다.

개념 Plus

- 이웃하는 항들 사이의 관계식의 n에 $1, 2, 3, \cdots$을 차례대로 대입하면 수열 $\{a_n\}$의 모든 항을 구할 수 있다.

- 수열 $\{a_n\}$은 공차가 d인 등차수열 $\iff a_{n+1}-a_n=d$ (일정)
- $2a_{n+1}=a_n+a_{n+2}$에서 $a_{n+1}=\dfrac{a_n+a_{n+2}}{2}$이므로 a_{n+1}은 a_n과 a_{n+2}의 등차중항이다.

- 수열 $\{a_n\}$은 공비가 r인 등비수열 $\iff a_{n+1}\div a_n=r$ (일정)
- $a_{n+1}{}^2=a_n a_{n+2}$이므로 a_{n+1}은 a_n과 a_{n+2}의 등비중항이다.

- $a_{n+1}=a_n+f(n)$ 꼴에서 $f(n)$이 상수이면 공차가 $f(n)$인 등차수열이다.

- $a_{n+1}=a_n f(n)$ 꼴에서 $f(n)$이 상수이면 공비가 $f(n)$인 등비수열이다.

- $a_{n+1}=\dfrac{pa_n}{qa_n+r}$ 꼴 양변의 역수를 취한 다음 $\dfrac{1}{a_n}=b_n$으로 놓고 b_n을 이용하여 a_n을 구한다.

- $n=k$일 때 성립하면 $n=k+1$일 때도 성립하므로 $n=1$일 때 성립하면 $n=2$일 때 성립한다. 또한 $n=2$일 때 성립하면 $n=3$일 때도 성립한다. 이와 같이 모든 자연수 n에 대하여 성립하게 된다.

유형 **01** 등차수열의 귀납적 정의

수열 $\{a_n\}$이
$$a_1=-2,\ a_{n+1}-4=a_n\ (n=1,\ 2,\ 3,\ \cdots)$$
으로 정의될 때, $a_k=54$를 만족시키는 자연수 k의 값은?

① 15　　② 16　　③ 17　　④ 18　　⑤ 19

해결 포인트

$a_{n+1}-a_n=d$이면 수열 $\{a_n\}$은 공차가 d인 등차수열임을 이용한다.

01-1 수열 $\{a_n\}$이
$$a_{n+2}-2a_{n+1}+a_n=0\ (n=1,\ 2,\ 3,\ \cdots)$$
이고 $a_5=40$, $a_9=28$일 때, $\displaystyle\sum_{k=1}^{n} a_k$가 최대가 되도록 하는 자연수 n의 값을 구하시오.

01-2 수열 $\{a_n\}$이
$$a_1=4,\ a_2=8,\ 2a_{n+1}=a_n+a_{n+2}\ (n=1,\ 2,\ 3,\ \cdots)$$
로 정의되고 $\displaystyle\sum_{k=1}^{10}\frac{1}{a_k a_{k+1}}=\frac{q}{p}$일 때, $p+q$의 값을 구하시오.

(단, p와 q는 서로소인 자연수이다.)

해결 포인트

$2a_{n+1}=a_n+a_{n+2}$이면 수열 $\{a_n\}$은 등차수열임을 이용한다.

유형 **02** 등비수열의 귀납적 정의

수열 $\{a_n\}$이
$$a_1=4,\ a_{n+1}=2a_n\ (n=1,\ 2,\ 3,\ \cdots)$$
으로 정의될 때, $\displaystyle\sum_{k=1}^{8} a_k$의 값은?

① 1010　　② 1015　　③ 1020　　④ 1025　　⑤ 1030

해결 포인트

$a_{n+1}\div a_n=r$이면 수열 $\{a_n\}$은 공비가 r인 등비수열임을 이용한다.

02-1 수열 $\{a_n\}$이
$$a_1=3^7,\ \frac{a_{n+1}}{a_n}=\frac{1}{3}\ (n=1,\ 2,\ 3,\ \cdots)$$
로 정의될 때, $a_k=\dfrac{1}{9^{12}}$을 만족시키는 자연수 k의 값을 구하시오.

유형 **03** 여러 가지 수열의 귀납적 정의  중요

수열 $\{a_n\}$이
$$a_1=1,\ a_{n+1}=a_n+2n\ (n=1,\ 2,\ 3,\ \cdots)$$
으로 정의될 때 a_{10}의 값은?

① 91   ② 93   ③ 95   ④ 97   ⑤ 99

03-1 수열 $\{a_n\}$이
$$a_1=1,\ a_{n+1}=3^n a_n\ (n=1,\ 2,\ 3,\ \cdots)$$
으로 정의될 때, $a_p=3^{66}$을 만족시키는 자연수 p의 값은?

① 9   ② 10   ③ 11   ④ 12   ⑤ 13

03-2 수열 $\{a_n\}$이
$$a_1=1,\ a_{n+1}=3a_n+2\ (n=1,\ 2,\ 3,\ \cdots)$$
로 정의될 때, $\dfrac{a_p+1}{a_3+1}=27$을 만족시키는 자연수 p의 값은?

① 3   ② 4   ③ 5   ④ 6   ⑤ 7

해결 포인트

$a_{n+1}=pa_n+q$ 꼴로 정의된 수열은
$$a_{n+1}-\alpha=p(a_n-\alpha)$$
$$\left(\alpha=\frac{q}{1-p}\right)$$
로 변형하여 구한다.
(단, $p\neq1$, $pq\neq0$)

03-3 수열 $\{a_n\}$이
$$a_1=1,\ a_{n+1}=\frac{a_n}{1+2a_n}\ (n=1,\ 2,\ 3,\ \cdots)$$
을 만족시킬 때, $\displaystyle\sum_{k=1}^{10}\frac{1}{a_k}$의 값은?

① 80   ② 90   ③ 100   ④ 110   ⑤ 120

해결 포인트

$a_{n+1}=\dfrac{pa_n}{p+qa_n}$ 꼴로 정의된 수열은 양변의 역수를 취하여 $\dfrac{1}{a_n}=b_n$으로 놓고 b_n을 구한 다음 a_n을 구한다.

03-4 수열 $\{a_n\}$이
$$a_1=4,\ a_{n+1}=na_n-2\ (n=1,\ 2,\ 3,\ \cdots)$$
를 만족시킬 때, a_5의 값은?

① 13   ② 14   ③ 15   ④ 16   ⑤ 17

해결 포인트

관계식의 n에 1, 2, 3, …을 차례대로 대입하여 각 항을 구할 수 있다.

다음은 모든 자연수 n에 대하여 등식

$$1 \times 2 \times 3 + 2 \times 3 \times 4 + \cdots + n(n+1)(n+2) = \frac{n(n+1)(n+2)(n+3)}{4} \qquad \cdots\cdots\ \text{㉠}$$

이 성립함을 증명하는 과정이다.

(ⅰ) $n=1$일 때

$$(\text{좌변}) = 1 \times 2 \times 3 = 6, \quad (\text{우변}) = \frac{1 \times 2 \times 3 \times 4}{4} = 6$$

즉, $n=1$일 때 등식 ㉠이 성립한다.

(ⅱ) $n=k$일 때, 등식 ㉠이 성립한다고 가정하면

$$1 \times 2 \times 3 + 2 \times 3 \times 4 + \cdots + k(k+1)(k+2) = \frac{k(k+1)(k+2)(k+3)}{4}$$

이 식의 양변에 $\boxed{\text{(가)}}$ 을 더하면

$$1 \times 2 \times 3 + 2 \times 3 \times 4 + \cdots + k(k+1)(k+2) + \boxed{\text{(가)}}$$

$$= \frac{k(k+1)(k+2)(k+3)}{4} + \boxed{\text{(가)}} = \boxed{\text{(나)}}$$

즉, $n=k+1$일 때도 등식 ㉠이 성립한다.

(ⅰ), (ⅱ)에 의하여 등식 ㉠은 모든 자연수 n에 대하여 성립한다.

위의 (가), (나)에 알맞은 식을 각각 $f(k)$, $g(k)$라 할 때, $\dfrac{g(4)}{f(4)}$의 값은?

① 1 　　　 ② 2 　　　 ③ 3 　　　 ④ 4 　　　 ⑤ 5

04-1 다음은 5 이상의 모든 자연수 n에 대하여 부등식

$$2^n - 1 > n^2 \qquad \cdots\cdots\ \text{㉠}$$

이 성립함을 증명하는 과정이다.

$n=k$를 대입했을 때의 부등식 ㉠과 $n=k+1$을 대입했을 때의 부등식 ㉠ 사이에 어떤 관계가 있는지 생각해 본다.

(ⅰ) $n=5$일 때

$$(\text{좌변}) = 2^5 - 1 = 31, \quad (\text{우변}) = 5^2 = 25$$

즉, $n=5$일 때 부등식 ㉠이 성립한다.

(ⅱ) $n=k\ (k \geq 5)$일 때, 부등식 ㉠이 성립한다고 가정하면

$$2^k - 1 > k^2$$

$n=k+1$일 때 위의 식으로부터

$$2^{k+1} - 1 = 2(\boxed{\text{(가)}}) + 1 > 2k^2 + 1$$

이때, $k \geq 5$인 자연수 k에 대하여 $(2k^2 + 1) - \boxed{\text{(나)}} > 0$이므로

$$2^{k+1} - 1 > \boxed{\text{(나)}}$$

즉, $n=k+1$일 때도 부등식 ㉠이 성립한다.

(ⅰ), (ⅱ)에 의하여 부등식 ㉠은 5 이상의 모든 자연수 n에 대하여 성립한다.

위의 (가), (나)에 알맞은 식을 각각 $f(k)$, $g(k)$라 할 때, $\dfrac{f(6)}{g(2)}$의 값은?

① 3 　　　 ② 4 　　　 ③ 5 　　　 ④ 6 　　　 ⑤ 7

유형 05 귀납적으로 정의된 수열의 일반항을 구하는 과정

수열 $\{a_n\}$이
$$a_1=1, \quad a_{n+1}=2a_n+n-1$$
을 만족시킬 때, 다음은 일반항 a_n을 구하는 과정이다.

$a_{n+1}=2a_n+n-1$에서 양변에 $\boxed{(가)}$ 을 더하면
$$a_{n+1}+n+1=2(a_n+n)$$
$b_n=a_n+n$이라 하면 $b_1=\boxed{(나)}$ 이고
$$b_{n+1}=2b_n$$
즉, 수열 $\{b_n\}$은 공비가 2인 등비수열이므로
$$a_n=\boxed{(다)}$$

(가), (다)에 알맞은 식을 각각 $f(n)$, $g(n)$라 하고 (나)에 알맞은 수를 p라 할 때, $f(p^2)+g(2p)$의 값은?

① 11   ② 13   ③ 15   ④ 17   ⑤ 19

05-1 수열 $\{a_n\}$이
$$a_1=3, \quad a_{n+1}=4a_n+2^n$$
을 만족시킬 때, 다음은 일반항 a_n을 구하는 과정이다.

$a_{n+1}=4a_n+2^n$의 양변을 4^{n+1}으로 나누면
$$\frac{a_{n+1}}{4^{n+1}}=\frac{a_n}{4^n}+\boxed{(가)}$$
$b_n=\dfrac{a_n}{4^n}$이라 하면 $b_1=\dfrac{a_1}{4}=\dfrac{3}{4}$이고
$$b_{n+1}=b_n+\boxed{(가)}$$
이 식의 n에 $1, 2, 3, \cdots, k-1 \ (k\geq2)$을 대입하면
$$b_2=b_1+\frac{1}{2^3}$$
$$b_3=b_2+\frac{1}{2^4}$$
$$\vdots$$
$$b_k=b_{k-1}+\frac{1}{2^{k+1}}$$
위 식을 변끼리 더하면
$$b_k=b_1+\left(\frac{1}{2^3}+\frac{1}{2^4}+\frac{1}{2^5}+\cdots+\frac{1}{2^{k+1}}\right)=1-\boxed{(나)} \quad (단, \ k\geq1)$$
$$\therefore \ a_n=4^n-\boxed{(다)}$$

(가), (나), (다)에 알맞은 식을 각각 $f(n)$, $g(k)$, $h(n)$이라 할 때 $\dfrac{g(4)h(5)}{f(3)}$의 값은?

① 4   ② 8   ③ 16   ④ 32   ⑤ 64

빈출 유형 마무리

01

수열 $\{a_n\}$이
$$a_1=2,\ a_2=5,$$
$$a_{n+2}=2a_{n+1}-a_n\ (n=1,\ 2,\ 3,\ \cdots)$$
으로 정의될 때, $\displaystyle\sum_{k=1}^{12} a_k$의 값은?

① 182   ② 192   ③ 202
④ 212   ⑤ 222

02

모든 항이 양수인 수열 $\{a_n\}$이 $a_4=6$, $a_{10}=48$이고
$$a_{n+1}{}^2=a_n a_{n+2}\ (n=1,\ 2,\ 3,\ \cdots)$$
로 정의될 때, $\displaystyle\frac{1}{9}\sum_{k=1}^{10} a_{2k}$의 값을 구하시오.

03

수열 $\{a_n\}$이
$$a_1=1,\ a_{n+1}=a_n+2n^2\ (n=1,\ 2,\ 3,\ \cdots)$$
으로 정의될 때, $a_{10}-a_4$의 값은?

① 506   ② 518   ③ 530
④ 542   ⑤ 554

04 중요

수열 $\{a_n\}$이
$$a_1=1,\ a_{n+1}=2^n a_n\ (n=1,\ 2,\ 3,\ \cdots)$$
으로 정의될 때, $a_{16}=k$이다. $\log_2 k$의 값은?

① 105   ② 112   ③ 120
④ 128   ⑤ 136

05 중요

수열 $\{a_n\}$이
$$a_1=4,\ a_{n+1}=2a_n-5\ (n=1,\ 2,\ 3,\ \cdots)$$
를 만족시킬 때, a_6의 값은?

① -36 ② -33 ③ -30
④ -27 ⑤ -24

06

수열 $\{a_n\}$이
$$a_1=2,\ a_{n+1}=2a_n+2^{n+1}\ (n=1,\ 2,\ 3,\ \cdots)$$
을 만족시킬 때, a_6의 값을 구하시오.

07

수열 $\{a_n\}$의 첫째항부터 제n항까지의 합을 S_n이라 하면
$$a_1=1,\ S_n=n^2 a_n\ (n=1,\ 2,\ 3,\ \cdots)$$
이 성립한다. a_7의 값은?

① $\dfrac{1}{20}$ ② $\dfrac{1}{22}$ ③ $\dfrac{1}{24}$
④ $\dfrac{1}{26}$ ⑤ $\dfrac{1}{28}$

08 중요

수열 $\{a_n\}$이
$$a_1=2,\ a_{n+1}=2+\sum_{k=1}^{n} a_k\ (n=1,\ 2,\ 3,\ \cdots)$$
를 만족시킬 때, a_8의 값을 구하시오.

09

수열 $\{a_n\}$이
$$a_1=1,\ a_2=4,\ a_{n+2}-a_{n+1}+a_n=0\ (n=1,\ 2,\ 3,\ \cdots)$$
을 만족시킬 때, a_{2020}의 값은?

① -4 ② -3 ③ -1

④ 3 ⑤ 4

10

수열 $\{a_n\}$이
$$a_1=2,\ na_{n+1}-na_n=a_n+1$$
을 만족시킬 때, 다음은 일반항 a_n을 구하는 과정이다.

$na_{n+1}-na_n=a_n+1$의 양변을 $\boxed{(가)}$ 로 나누면

$$\frac{a_{n+1}}{n+1}=\frac{a_n}{n}+\boxed{(나)}$$

$b_n=\dfrac{a_n}{n}$이라 하면 $b_1=a_1=2$이고

$$b_{n+1}=b_n+\boxed{(나)}$$

이 식의 n에 $1,\ 2,\ 3,\ \cdots,\ k-1$을 차례대로 대입하면

$$b_2=b_1+\frac{1}{2}$$
$$b_3=b_2+\frac{1}{6}$$
$$b_4=b_3+\frac{1}{12}$$
$$\vdots$$
$$b_k=b_{k-1}+\boxed{}$$

위 식을 변끼리 더하면

$$b_k=\boxed{(다)}$$
$$\therefore a_n=3n-1$$

위의 (가), (나), (다)에 알맞은 식을 각각 $f(n),\ g(n),\ h(k)$라 할 때, $f(9)g(4)h(6)=\dfrac{q}{p}$이다. $p+q$의 값을 구하시오.

(단, p와 q는 서로소인 자연수이다.)

11

다음은 2 이상의 모든 자연수 n에 대하여 부등식
$$1+\frac{1}{2}+\frac{1}{3}+\cdots+\frac{1}{n}>\frac{2n}{n+1} \qquad \cdots\cdots\ \bigcirc$$
이 성립함을 수학적 귀납법으로 보이는 과정이다.

(i) $n=2$일 때
$$(좌변)=\boxed{(가)},\ (우변)=\frac{2\times2}{2+1}=\frac{4}{3}$$
즉, $n=2$일 때 부등식 $\bigcirc$이 성립한다.

(ii) $n=k\ (k\geq2)$일 때, 부등식 $\bigcirc$이 성립한다고 가정하면
$$1+\frac{1}{2}+\frac{1}{3}+\cdots+\frac{1}{k}>\frac{2k}{k+1}$$

양변에 $\dfrac{1}{k+1}$을 더하면

$$1+\frac{1}{2}+\frac{1}{3}+\cdots+\frac{1}{k}+\frac{1}{k+1}$$
$$>\frac{2k}{k+1}+\frac{1}{k+1}$$
$$=\frac{2k+1}{k+1}$$

이때,
$$\frac{2k+1}{k+1}-\frac{\boxed{(나)}}{k+2}>0$$

이므로
$$1+\frac{1}{2}+\frac{1}{3}+\cdots+\frac{1}{k}+\frac{1}{k+1}>\frac{\boxed{(나)}}{k+2}$$

즉, $n=k+1$일 때도 부등식 $\bigcirc$이 성립한다.

(i), (ii)에 의하여 부등식 $\bigcirc$은 2 이상의 모든 자연수 n에 대하여 성립한다.

위의 (가)에 알맞은 수를 a, (나)에 알맞은 식을 $f(k)$라 할 때, $af(7)$의 값은?

① 16 ② 20 ③ 24

④ 28 ⑤ 32

12

| 교육청 기출 |

수열 $\{a_n\}$은 $a_1=3$이고

$$na_{n+1}-2na_n+\frac{n+2}{n+1}=0 \ (n\geq 1)$$

을 만족시킨다. 다음은 일반항 a_n이

$$a_n=2^n+\frac{1}{n} \qquad\qquad \cdots\cdots (*)$$

임을 수학적 귀납법을 이용하여 증명한 것이다.

(i) $n=1$일 때,

$$(좌변)=a_1=3, \ (우변)=2^1+\frac{1}{1}=3$$

이므로 $(*)$이 성립한다.

(ii) $n=k$일 때, $(*)$이 성립한다고 가정하면

$a_k=2^k+\dfrac{1}{k}$이므로

$$ka_{k+1}=2ka_k-\frac{k+2}{k+1}$$

$$=\boxed{\text{(가)}}-\frac{k+2}{k+1}$$

$$=2^{k+1}k+\boxed{\text{(나)}}$$

이다.

즉, $a_{k+1}=2^{k+1}+\dfrac{1}{k+1}$이므로 $n=k+1$일 때도 $(*)$이

성립한다.

(i), (ii)에 의하여 모든 자연수 n에 대하여 $a_n=2^n+\dfrac{1}{n}$이다.

위의 (가), (나)에 알맞은 식을 각각 $f(k)$, $g(k)$라 할 때,
$f(3)\times g(4)$의 값은?

① 32　　　　② 34　　　　③ 36

④ 38　　　　⑤ 40

13

| 교육청 기출 |

첫째항이 a인 수열 $\{a_n\}$은 모든 자연수 n에 대하여

$$a_{n+1}=\begin{cases} a_n+(-1)^n\times 2 & (n\text{이 }3\text{의 배수가 아닌 경우}) \\ a_n+1 & (n\text{이 }3\text{의 배수인 경우}) \end{cases}$$

을 만족시킨다. $a_{15}=43$일 때, a의 값은?

① 35　　　　② 36　　　　③ 37

④ 38　　　　⑤ 39

14

| 교육청 기출 |

다음은 모든 자연수 n에 대하여

$$\sum_{k=1}^{n}(-1)^{k+1}k^2=(-1)^{n+1}\times\frac{n(n+1)}{2} \qquad \cdots\cdots (*)$$

이 성립함을 수학적 귀납법으로 증명한 것이다.

(i) $n=1$일 때,

$$(좌변)=(-1)^2\times 1^2=1$$

$$(우변)=(-1)^2\times\frac{1\times 2}{2}=1$$

이므로 $(*)$이 성립한다.

(ii) $n=m$일 때, $(*)$이 성립한다고 가정하면

$$\sum_{k=1}^{m+1}(-1)^{k+1}k^2=\sum_{k=1}^{m}(-1)^{k+1}k^2+\boxed{\text{(가)}}$$

$$=\boxed{\text{(나)}}+\boxed{\text{(가)}}$$

$$=(-1)^{m+2}\times\frac{(m+1)(m+2)}{2}$$

이다.

즉, $n=m+1$일 때도 $(*)$이 성립한다.

(i), (ii)에 의하여 모든 자연수 n에 대하여 $(*)$이 성립한다.

위의 (가), (나)에 알맞은 식을 각각 $f(m)$, $g(m)$이라 할 때,
$\dfrac{f(5)}{g(2)}$의 값은?

① 8　　　　② 10　　　　③ 12

④ 14　　　　⑤ 16

수	0	1	2	3	4	5	6	7	8	9
1.0	.0000	.0043	.0086	.0128	.0170	.0212	.0253	.0294	.0334	.0374
1.1	.0414	.0453	.0492	.0531	.0569	.0607	.0645	.0682	.0719	.0755
1.2	.0792	.0828	.0864	.0899	.0934	.0969	.1004	.1038	.1072	.1106
1.3	.1139	.1173	.1206	.1239	.1271	.1303	.1335	.1367	.1399	.1430
1.4	.1461	.1492	.1523	.1553	.1584	.1614	.1644	.1673	.1703	.1732
1.5	.1761	.1790	.1818	.1847	.1875	.1903	.1931	.1959	.1987	.2014
1.6	.2041	.2068	.2095	.2122	.2148	.2175	.2201	.2227	.2253	.2279
1.7	.2304	.2330	.2355	.2380	.2405	.2430	.2455	.2480	.2504	.2529
1.8	.2553	.2577	.2601	.2625	.2648	.2672	.2695	.2718	.2742	.2765
1.9	.2788	.2810	.2833	.2856	.2878	.2900	.2923	.2945	.2967	.2989
2.0	.3010	.3032	.3054	.3075	.3096	.3118	.3139	.3160	.3181	.3201
2.1	.3222	.3243	.3263	.3284	.3304	.3324	.3345	.3365	.3385	.3404
2.2	.3424	.3444	.3464	.3483	.3502	.3522	.3541	.3560	.3579	.3598
2.3	.3617	.3636	.3655	.3674	.3692	.3711	.3729	.3747	.3766	.3784
2.4	.3802	.3820	.3838	.3856	.3874	.3892	.3909	.3927	.3945	.3962
2.5	.3979	.3997	.4014	.4031	.4048	.4065	.4082	.4099	.4116	.4133
2.6	.4150	.4166	.4183	.4200	.4216	.4232	.4249	.4265	.4281	.4298
2.7	.4314	.4330	.4346	.4362	.4378	.4393	.4409	.4425	.4440	.4456
2.8	.4472	.4487	.4502	.4518	.4533	.4548	.4564	.4579	.4594	.4609
2.9	.4624	.4639	.4654	.4669	.4683	.4698	.4713	.4728	.4742	.4757
3.0	.4771	.4786	.4800	.4814	.4829	.4843	.4857	.4871	.4886	.4900
3.1	.4914	.4928	.4942	.4955	.4969	.4983	.4997	.5011	.5024	.5038
3.2	.5051	.5065	.5079	.5092	.5105	.5119	.5132	.5145	.5159	.5172
3.3	.5185	.5198	.5211	.5224	.5237	.5250	.5263	.5276	.5289	.5302
3.4	.5315	.5328	.5340	.5353	.5366	.5378	.5391	.5403	.5416	.5428
3.5	.5441	.5453	.5465	.5478	.5490	.5502	.5514	.5527	.5539	.5551
3.6	.5563	.5575	.5587	.5599	.5611	.5623	.5635	.5647	.5658	.5670
3.7	.5682	.5694	.5705	.5717	.5729	.5740	.5752	.5763	.5775	.5786
3.8	.5798	.5809	.5821	.5832	.5843	.5855	.5866	.5877	.5888	.5899
3.9	.5911	.5922	.5933	.5944	.5955	.5966	.5977	.5988	.5999	.6010
4.0	.6021	.6031	.6042	.6053	.6064	.6075	.6085	.6096	.6107	.6117
4.1	.6128	.6138	.6149	.6160	.6170	.6180	.6191	.6201	.6212	.6222
4.2	.6232	.6243	.6253	.6263	.6274	.6284	.6294	.6304	.6314	.6325
4.3	.6335	.6345	.6355	.6365	.6375	.6385	.6395	.6405	.6415	.6425
4.4	.6435	.6444	.6454	.6464	.6474	.6484	.6493	.6503	.6513	.6522
4.5	.6532	.6542	.6551	.6561	.6571	.6580	.6590	.6599	.6609	.6618
4.6	.6628	.6637	.6646	.6656	.6665	.6675	.6684	.6693	.6702	.6712
4.7	.6721	.6730	.6739	.6749	.6758	.6767	.6776	.6785	.6794	.6803
4.8	.6812	.6821	.6830	.6839	.6848	.6857	.6866	.6875	.6884	.6893
4.9	.6902	.6911	.6920	.6928	.6937	.6946	.6955	.6964	.6972	.6981
5.0	.6990	.6998	.7007	.7016	.7024	.7033	.7042	.7050	.7059	.7067
5.1	.7076	.7084	.7093	.7101	.7110	.7118	.7126	.7135	.7143	.7152
5.2	.7160	.7168	.7177	.7185	.7193	.7202	.7210	.7218	.7226	.7235
5.3	.7243	.7251	.7259	.7267	.7275	.7284	.7292	.7300	.7308	.7316
5.4	.7324	.7332	.7340	.7348	.7356	.7364	.7372	.7380	.7388	.7396

수	0	1	2	3	4	5	6	7	8	9
5.5	.7404	.7412	.7419	.7427	.7435	.7443	.7451	.7459	.7466	.7474
5.6	.7482	.7490	.7497	.7505	.7513	.7520	.7528	.7536	.7543	.7551
5.7	.7559	.7566	.7574	.7582	.7589	.7597	.7604	.7612	.7619	.7627
5.8	.7634	.7642	.7649	.7657	.7664	.7672	.7679	.7686	.7694	.7701
5.9	.7709	.7716	.7723	.7731	.7738	.7745	.7752	.7760	.7767	.7774
6.0	.7782	.7789	.7796	.7803	.7810	.7818	.7825	.7832	.7839	.7846
6.1	.7853	.7860	.7868	.7875	.7882	.7889	.7896	.7903	.7910	.7917
6.2	.7924	.7931	.7938	.7945	.7952	.7959	.7966	.7973	.7980	.7987
6.3	.7993	.8000	.8007	.8014	.8021	.8028	.8035	.8041	.8048	.8055
6.4	.8062	.8069	.8075	.8082	.8089	.8096	.8102	.8109	.8116	.8122
6.5	.8129	.8136	.8142	.8149	.8156	.8162	.8169	.8176	.8182	.8189
6.6	.8195	.8202	.8209	.8215	.8222	.8228	.8235	.8241	.8248	.8254
6.7	.8261	.8267	.8274	.8280	.8287	.8293	.8299	.8306	.8312	.8319
6.8	.8325	.8331	.8338	.8344	.8351	.8357	.8363	.8370	.8376	.8382
6.9	.8388	.8395	.8401	.8407	.8414	.8420	.8426	.8432	.8439	.8445
7.0	.8451	.8457	.8463	.8470	.8476	.8482	.8488	.8494	.8500	.8506
7.1	.8513	.8519	.8525	.8531	.8537	.8543	.8549	.8555	.8561	.8567
7.2	.8573	.8579	.8585	.8591	.8597	.8603	.8609	.8615	.8621	.8627
7.3	.8633	.8639	.8645	.8651	.8657	.8663	.8669	.8675	.8681	.8686
7.4	.8692	.8698	.8704	.8710	.8716	.8722	.8727	.8733	.8739	.8745
7.5	.8751	.8756	.8762	.8768	.8774	.8779	.8785	.8791	.8797	.8802
7.6	.8808	.8814	.8820	.8825	.8831	.8837	.8842	.8848	.8854	.8859
7.7	.8865	.8871	.8876	.8882	.8887	.8893	.8899	.8904	.8910	.8915
7.8	.8921	.8927	.8932	.8938	.8943	.8949	.8954	.8960	.8965	.8971
7.9	.8976	.8982	.8987	.8993	.8998	.9004	.9009	.9015	.9020	.9025
8.0	.9031	.9036	.9042	.9047	.9053	.9058	.9063	.9069	.9074	.9079
8.1	.9085	.9090	.9096	.9101	.9106	.9112	.9117	.9122	.9128	.9133
8.2	.9138	.9143	.9149	.9154	.9159	.9165	.9170	.9175	.9180	.9186
8.3	.9191	.9196	.9201	.9206	.9212	.9217	.9222	.9227	.9232	.9238
8.4	.9243	.9248	.9253	.9258	.9263	.9269	.9274	.9279	.9284	.9289
8.5	.9294	.9299	.9304	.9309	.9315	.9320	.9325	.9330	.9335	.9340
8.6	.9345	.9350	.9355	.9360	.9365	.9370	.9375	.9380	.9385	.9390
8.7	.9395	.9400	.9405	.9410	.9415	.9420	.9425	.9430	.9435	.9440
8.8	.9445	.9450	.9455	.9460	.9465	.9469	.9474	.9479	.9484	.9489
8.9	.9494	.9499	.9504	.9509	.9513	.9518	.9523	.9528	.9533	.9538
9.0	.9542	.9547	.9552	.9557	.9562	.9566	.9571	.9576	.9581	.9586
9.1	.9590	.9595	.9600	.9605	.9609	.9614	.9619	.9624	.9628	.9633
9.2	.9638	.9643	.9647	.9652	.9657	.9661	.9666	.9671	.9675	.9680
9.3	.9685	.9689	.9694	.9699	.9703	.9708	.9713	.9717	.9722	.9727
9.4	.9731	.9736	.9741	.9745	.9750	.9754	.9759	.9763	.9768	.9773
9.5	.9777	.9782	.9786	.9791	.9795	.9800	.9805	.9809	.9814	.9818
9.6	.9823	.9827	.9832	.9836	.9841	.9845	.9850	.9854	.9859	.9863
9.7	.9868	.9872	.9877	.9881	.9886	.9890	.9894	.9899	.9903	.9908
9.8	.9912	.9917	.9921	.9926	.9930	.9934	.9939	.9943	.9948	.9952
9.9	.9956	.9961	.9965	.9969	.9974	.9978	.9983	.9987	.9991	.9996

삼각함수표

각(θ)	$\sin\theta$	$\cos\theta$	$\tan\theta$	각(θ)	$\sin\theta$	$\cos\theta$	$\tan\theta$
0°	0.0000	1.0000	0.0000	45°	0.7071	0.7071	1.0000
1°	0.0175	0.9998	0.0175	46°	0.7193	0.6947	1.0355
2°	0.0349	0.9994	0.0349	47°	0.7314	0.6820	1.0724
3°	0.0523	0.9986	0.0524	48°	0.7431	0.6691	1.1106
4°	0.0698	0.9976	0.0699	49°	0.7547	0.6561	1.1504
5°	0.0872	0.9962	0.0875	50°	0.7660	0.6428	1.1918
6°	0.1045	0.9945	0.1051	51°	0.7771	0.6293	1.2349
7°	0.1219	0.9925	0.1228	52°	0.7880	0.6157	1.2799
8°	0.1392	0.9903	0.1405	53°	0.7986	0.6018	1.3270
9°	0.1564	0.9877	0.1584	54°	0.8090	0.5878	1.3764
10°	0.1736	0.9848	0.1763	55°	0.8192	0.5736	1.4281
11°	0.1908	0.9816	0.1944	56°	0.8290	0.5592	1.4826
12°	0.2079	0.9781	0.2126	57°	0.8387	0.5446	1.5399
13°	0.2250	0.9744	0.2309	58°	0.8480	0.5299	1.6003
14°	0.2419	0.9703	0.2493	59°	0.8572	0.5150	1.6643
15°	0.2588	0.9659	0.2679	60°	0.8660	0.5000	1.7321
16°	0.2756	0.9613	0.2867	61°	0.8746	0.4848	1.8040
17°	0.2924	0.9563	0.3057	62°	0.8829	0.4695	1.8807
18°	0.3090	0.9511	0.3249	63°	0.8910	0.4540	1.9626
19°	0.3256	0.9455	0.3443	64°	0.8988	0.4384	2.0503
20°	0.3420	0.9397	0.3640	65°	0.9063	0.4226	2.1445
21°	0.3584	0.9336	0.3839	66°	0.9135	0.4067	2.2460
22°	0.3746	0.9272	0.4040	67°	0.9205	0.3907	2.3559
23°	0.3907	0.9205	0.4245	68°	0.9272	0.3746	2.4751
24°	0.4067	0.9135	0.4452	69°	0.9336	0.3584	2.6051
25°	0.4226	0.9063	0.4663	70°	0.9397	0.3420	2.7475
26°	0.4384	0.8988	0.4877	71°	0.9455	0.3256	2.9042
27°	0.4540	0.8910	0.5095	72°	0.9511	0.3090	3.0777
28°	0.4695	0.8829	0.5317	73°	0.9563	0.2924	3.2709
29°	0.4848	0.8746	0.5543	74°	0.9613	0.2756	3.4874
30°	0.5000	0.8660	0.5774	75°	0.9659	0.2588	3.7321
31°	0.5150	0.8572	0.6009	76°	0.9703	0.2419	4.0108
32°	0.5299	0.8480	0.6249	77°	0.9744	0.2250	4.3315
33°	0.5446	0.8387	0.6494	78°	0.9781	0.2079	4.7046
34°	0.5592	0.8290	0.6745	79°	0.9816	0.1908	5.1446
35°	0.5736	0.8192	0.7002	80°	0.9848	0.1736	5.6713
36°	0.5878	0.8090	0.7265	81°	0.9877	0.1564	6.3138
37°	0.6018	0.7986	0.7536	82°	0.9903	0.1392	7.1154
38°	0.6157	0.7880	0.7813	83°	0.9925	0.1219	8.1443
39°	0.6293	0.7771	0.8098	84°	0.9945	0.1045	9.5144
40°	0.6428	0.7660	0.8391	85°	0.9962	0.0872	11.4301
41°	0.6561	0.7547	0.8693	86°	0.9976	0.0698	14.3007
42°	0.6691	0.7431	0.9004	87°	0.9986	0.0523	19.0811
43°	0.6820	0.7314	0.9325	88°	0.9994	0.0349	28.6363
44°	0.6947	0.7193	0.9657	89°	0.9998	0.0175	57.2900
45°	0.7071	0.7071	1.0000	90°	1.0000	0.0000	

PROJECT 531

수학을 빠르게

수학 I S

정답과 풀이

수학 I

정답과 풀이

I 지수함수와 로그함수

01 | 지수

내신 & 수능 빈출 유형	본문 09~11쪽

유형 01 ②   01-1 ③   01-2 ②
01-3 11   01-4 10
유형 02 ②   02-1 ③   02-2 ③
유형 03 ②   03-1 27   03-2 ②
유형 04 ④   04-1 61
유형 05 ③   05-1 ④

빈출 유형 마무리	본문 12~13쪽

01 ⑤   02 ①   03 ①   04 25   05 ⑤   06 ④
07 ②   08 ③   09 12   10 ②   11 ④   12 ⑤
13 25   14 ④   15 ②

02 | 로그

내신 & 수능 빈출 유형	본문 15~17쪽

유형 01 35   01-1 ①
유형 02 (1) 2   (2) $\frac{1}{4}$ 02-1 10   02-2 20
유형 03 ①   03-1 ③
유형 04 ③   04-1 91   04-2 ②
유형 05 103   05-1 ③   05-2 ④
유형 06 ⑤   06-1 ③

빈출 유형 마무리	본문 18~19쪽

01 ③   02 ③   03 ②   04 192   05 2   06 ⑤
07 ⑤   08 64   09 ⑤   10 12   11 ③   12 15
13 ①   14 ①

03 | 지수함수

내신 & 수능 빈출 유형	본문 21~22쪽

유형 01 ④   01-1 ③
유형 02 42   02-1 ③   02-2 ④
02-3 ②
유형 03 ③   03-1 ②   03-2 ⑤
유형 04 ②   04-1 19   04-2 ①

빈출 유형 마무리	본문 23~24쪽

01 5   02 ④   03 ①   04 ③   05 ③   06 ④
07 25   08 ⑤   09 17   10 ③   11 ②   12 ④
13 50   14 ⑤   15 15   16 ②

04 | 로그함수

내신 & 수능 빈출 유형	본문 26~28쪽

유형 01 ④   01-1 ②   01-2 ⑤
01-3 ④   01-4 ③
유형 02 ②   02-1 72   02-2 ①
02-3 25
유형 03 ②   03-1 ②
유형 04 ②   04-1 ③   04-2 ④
유형 05 ①   05-1 ①   05-2 6

빈출 유형 마무리	본문 29~30쪽

01 ②   02 ②   03 ③   04 ②   05 ③   06 ②
07 ②   08 ⑤   09 9   10 49   11 30   12 2
13 25   14 ④   15 ②   16 ②

01 | 삼각함수

| 내신 & 수능 빈출 유형 | 본문 33~34쪽

유형 01 ③　01-1 6
유형 02 ②　02-1 ④　02-2 ⑤
유형 03 ②　03-1 ④　03-2 ③
　　　　　03-3 ⑤　03-4 ⑤

| 빈출 유형 마무리 | 본문 35쪽

01 ③　02 900　03 ⑤　04 ②　05 ④　06 5
07 15　08 14

02 | 삼각함수의 그래프

| 내신 & 수능 빈출 유형 | 본문 37~39쪽

유형 01 ①　01-1 ②
유형 02 ②　02-1 1　02-2 ㄴ, ㄹ
유형 03 ③　03-1 ①　03-2 ⑤
유형 04 ⑤　04-1 ①
유형 05 ③　05-1 ③　05-2 8
유형 06 ⑤　06-1 ①

| 빈출 유형 마무리 | 본문 40~41쪽

01 ③　02 ③　03 ④　04 13　05 ⑤　06 ⑤
07 2　08 ③　09 ③　10 5　11 ④　12 ⑤
13 ④　14 7　15 ①　16 ④

03 | 삼각함수의 활용

| 내신 & 수능 빈출 유형 | 본문 43~46쪽

유형 01 ④　01-1 ①　01-2 9
유형 02 ⑤　02-1 ⑤
유형 03 ③　03-1 ④　03-2 ②
유형 04 16　04-1 ③
유형 05 ②　05-1 ⑤　05-2 17
　　　　　05-3 ④　05-4 ②
유형 06 25　06-1 ③
유형 07 ⑤　07-1 ⑤　07-2 $36\sqrt{2}$

| 빈출 유형 마무리 | 본문 47~48쪽

01 ②　02 ②　03 ⑤　04 ③　05 3　06 ⑤
07 ④　08 160　09 ②　10 ⑤　11 336　12 9
13 ⑤　14 ⑤　15 80

Ⅲ 수열

01 | 등차수열과 등비수열

| 내신 & 수능 빈출 유형 |
본문 51~54쪽

유형 01 ③	01-1 ④	01-2 ③
유형 02 100	02-1 298	
유형 03 ②	03-1 ⑤	03-2 12
유형 04 ③	04-1 189	
유형 05 80	05-1 ①	05-2 9
유형 06 1150	06-1 510	
유형 07 210	07-1 341	07-2 ①
유형 08 20	08-1 180	

| 빈출 유형 마무리 |
본문 55~56쪽

01 ⑤	02 ②	03 ⑤	04 ①	05 120	06 600
07 89	08 ③	09 ②	10 ⑤	11 ③	12 90
13 ②	14 222	15 ①	16 ②		

02 | 수열의 합

| 내신 & 수능 빈출 유형 |
본문 58~59쪽

유형 01 ②	01-1 25	01-2 300
유형 02 ②	02-1 9	
유형 03 ②	03-1 ③	03-2 28
유형 04 ③	04-1 ③	

| 빈출 유형 마무리 |
본문 60~61쪽

01 10	02 ⑤	03 ①	04 ④	05 177	06 ①
07 ③	08 ①	09 ③	10 58	11 ④	12 ②
13 18	14 ③	15 ④	16 103		

03 | 수학적 귀납법

| 내신 & 수능 빈출 유형 |
본문 63~66쪽

유형 01 ①	01-1 18	01-2 93
유형 02 ③	02-1 32	
유형 03 ①	03-1 ④	03-2 ④
	03-3 ③	03-4 ②
유형 04 ②	04-1 ⑤	
유형 05 ④	05-1 ③	

| 빈출 유형 마무리 |
본문 67~69쪽

01 ⑤	02 341	03 ④	04 ③	05 ④	06 384
07 ⑤	08 256	09 ③	10 55	11 ③	12 ⑤
13 ⑤	14 ③				

01 | 지수

내신&수능 빈출 유형　　　　　본문 09~11쪽

유형 01

-64의 세제곱근을 x라 하면 $x^3=-64$이므로
$x^3+64=0$, $(x+4)(x^2-4x+16)=0$
$\therefore x=-4$ 또는 $x=2\pm2\sqrt{3}i$
따라서 -64의 세제곱근 중 실수인 것은 -4이므로
$a=-4$
81의 네제곱근을 y라 하면 $y^4=81$이므로
$y^4-81=0$, $(y+3)(y-3)(y^2+9)=0$
$\therefore y=\pm3$ 또는 $y=\pm3i$
따라서 81의 네제곱근 중 양수인 것은 3이므로
$b=3$
$\therefore a+b=-4+3=-1$　　　　답 ②

01-1

$\sqrt{\sqrt[3]{64}}+\sqrt[3]{\sqrt[3]{-512}}=\sqrt[6]{2^6}+\sqrt[3]{\sqrt[3]{(-8)^3}}=2+\sqrt[3]{-8}$
　　　　　　　　　　　　　$=2+\sqrt[3]{(-2)^3}=2+(-2)=0$　　答 ③

01-2

$\sqrt[4]{\dfrac{\sqrt[3]{x}}{16\times\sqrt{x}}}\times\sqrt{\dfrac{9\times\sqrt[4]{x}}{\sqrt[6]{x}}}=\dfrac{\sqrt[4]{\sqrt[3]{x}}}{\sqrt[4]{2^4\times\sqrt{x}}}\times\dfrac{\sqrt{3^2\times\sqrt[4]{x}}}{\sqrt{\sqrt[6]{x}}}$
　　　　　　　　　　　　　　$=\dfrac{\sqrt[12]{x}}{2\times\sqrt[8]{x}}\times\dfrac{3\times\sqrt[8]{x}}{\sqrt[12]{x}}=\dfrac{3}{2}$　　答 ②

01-3

$\sqrt{a}\times\sqrt{a\sqrt{a}}\div\sqrt{a\sqrt{a\sqrt{a}}}=\sqrt{a}\times(\sqrt{a}\times\sqrt[4]{a})\div(\sqrt{a}\times\sqrt[4]{a}\times\sqrt[8]{a})$
　　　　　　　　　　　　　　　$=\dfrac{\sqrt{a}\times\sqrt{a}\times\sqrt[4]{a}}{\sqrt{a}\times\sqrt[4]{a}\times\sqrt[8]{a}}$
　　　　　　　　　　　　　　　$=\dfrac{\sqrt{a}}{\sqrt[8]{a}}=\dfrac{\sqrt[8]{a^4}}{\sqrt[8]{a}}=\sqrt[8]{a^3}$
따라서 $m=8$, $n=3$이므로
$m+n=11$　　　　答 11

01-4

(ⅰ) $a=3$인 경우
　모든 실수 b에 대하여 $\sqrt[a]{b}$는 실수이므로 집합 S의 원소의 개수
　는 $(3,\,-3)$, $(3,\,-1)$, $(3,\,0)$, $(3,\,1)$의 4이다.
(ⅱ) $a=4$인 경우
　b가 0 이상의 실수일 때만 $\sqrt[a]{b}$가 실수이므로 집합 S의 원소의
　개수는 $(4,\,0)$, $(4,\,1)$의 2이다.
(ⅲ) $a=5$인 경우
　(ⅰ)과 같은 방법으로 집합 S의 원소의 개수는
　$(5,\,-3)$, $(5,\,-1)$, $(5,\,0)$, $(5,\,1)$의 4이다.

(ⅰ)~(ⅲ)에서 구하는 집합 S의 원소의 개수는
$4+2+4=10$　　　　答 10

유형 02

$x=3^{\frac{1}{2}}+3^{-\frac{1}{2}}$이므로
$x^2=(3^{\frac{1}{2}}+3^{-\frac{1}{2}})^2$
　$=3+2\times3^{\frac{1}{2}}\times3^{-\frac{1}{2}}+3^{-1}$
　$=3+2+\dfrac{1}{3}=\dfrac{16}{3}$
$\therefore 3x^2=3\times\dfrac{16}{3}=16$　　　　答 ②

02-1

$(12^{\frac{1}{4}}-3^{\frac{1}{4}})(12^{\frac{1}{4}}+3^{\frac{1}{4}})(12^{\frac{1}{2}}+3^{\frac{1}{2}})$
$=(12^{\frac{1}{2}}-3^{\frac{1}{2}})(12^{\frac{1}{2}}+3^{\frac{1}{2}})$
$=12-3=9$　　　　答 ③

02-2

$x=2^{\frac{1}{3}}+2^{-\frac{1}{3}}$이므로
$x^3=(2^{\frac{1}{3}}+2^{-\frac{1}{3}})^3$
　$=(2^{\frac{1}{3}})^3+3\times2^{\frac{1}{3}}\times2^{-\frac{1}{3}}(2^{\frac{1}{3}}+2^{-\frac{1}{3}})+(2^{-\frac{1}{3}})^3$
　$=2+3\times1\times x+\dfrac{1}{2}$
　$=\dfrac{5}{2}+3x$
$\therefore x^3-3x=\dfrac{5}{2}$　　　　答 ③

유형 03

$3^x=30$에서 $3=30^{\frac{1}{x}}$　　　　……㉠
$4^y=30$에서 $2^{2y}=30$이므로 $2=30^{\frac{1}{2y}}$　　　　……㉡
$5^z=30$에서 $5=30^{\frac{1}{z}}$　　　　……㉢
㉠$\times$㉡$\times$㉢을 하면
$3\times2\times5=30^{\frac{1}{x}}\times30^{\frac{1}{2y}}\times30^{\frac{1}{z}}$
$30=30^{\frac{1}{x}+\frac{1}{2y}+\frac{1}{z}}$
따라서 $\dfrac{1}{x}+\dfrac{1}{2y}+\dfrac{1}{z}=1$이므로
$\dfrac{2}{x}+\dfrac{1}{y}+\dfrac{2}{z}=2\left(\dfrac{1}{x}+\dfrac{1}{2y}+\dfrac{1}{z}\right)$
　　　　　　　$=2\times1=2$　　　　答 ②

03-1

$30^x=2$에서 $30=2^{\frac{1}{x}}$　　　　……㉠
$\left(\dfrac{1}{5}\right)^y=4$에서 $\left(\dfrac{1}{5}\right)^y=2^2$이므로 $\dfrac{1}{5}=2^{\frac{2}{y}}$　　　　……㉡
$a^z=8$에서 $a^z=2^3$이므로 $a^{\frac{1}{3}}=2^{\frac{1}{z}}$　　　　……㉢
㉠$\times$㉡$\div$㉢을 하면
$30\times\dfrac{1}{5}\div a^{\frac{1}{3}}=2^{\frac{1}{x}}\times2^{\frac{2}{y}}\div2^{\frac{1}{z}}$

$$6 \div a^{\frac{1}{3}} = 2^{\frac{1}{x} + \frac{2}{y} - \frac{1}{z}}$$

이때, $\dfrac{1}{x} + \dfrac{2}{y} - \dfrac{1}{z} = 1$이므로

$$6 \div a^{\frac{1}{3}} = 2, \quad 6 = 2a^{\frac{1}{3}} \qquad \therefore a^{\frac{1}{3}} = 3$$

$$\therefore a = (a^{\frac{1}{3}})^3 = 3^3 = 27$$

답 27

03-2

$a^x = 9$에서 $a = 9^{\frac{1}{x}}$ $\qquad\qquad$ …… ㉠

$b^y = 9$에서 $b = 9^{\frac{1}{y}}$ $\qquad\qquad$ …… ㉡

$c^z = 9$에서 $c = 9^{\frac{1}{z}}$ $\qquad\qquad$ …… ㉢

㉠ × ㉡ × ㉢을 하면

$$abc = 9^{\frac{1}{x}} \times 9^{\frac{1}{y}} \times 9^{\frac{1}{z}}$$

$$abc = 9^{\frac{1}{x} + \frac{1}{y} + \frac{1}{z}}$$

이때, $abc = 27$이므로

$$9^{\frac{1}{x} + \frac{1}{y} + \frac{1}{z}} = 27, \quad 3^{2\left(\frac{1}{x} + \frac{1}{y} + \frac{1}{z}\right)} = 3^3$$

$$2\left(\frac{1}{x} + \frac{1}{y} + \frac{1}{z}\right) = 3 \qquad \therefore \frac{1}{x} + \frac{1}{y} + \frac{1}{z} = \frac{3}{2}$$

$$\therefore \frac{xy + yz + zx}{xyz} = \frac{1}{x} + \frac{1}{y} + \frac{1}{z} = \frac{3}{2}$$

답 ②

유형 04

$$A = \sqrt{2\sqrt[3]{3}} = \sqrt[6]{2^3 \times 3} = \sqrt[6]{24}$$

$$B = \sqrt[3]{2\sqrt{3}} = \sqrt[6]{2^2 \times 3} = \sqrt[6]{12}$$

$$C = \sqrt{2\sqrt[3]{2}} = \sqrt[6]{2^3 \times 2} = \sqrt[6]{16}$$

이때, $12 < 16 < 24$이므로 $\sqrt[6]{12} < \sqrt[6]{16} < \sqrt[6]{24}$

$$\therefore B < C < A$$

답 ④

04-1

$$\sqrt[3]{2\sqrt[4]{2}} = \sqrt[12]{2^4 \times 2} = \sqrt[12]{32}$$

$$\sqrt[4]{3\sqrt[3]{3}} = \sqrt[12]{3^3 \times 3} = \sqrt[12]{81}$$

$$\sqrt[6]{2\sqrt{5}} = \sqrt[12]{2^2 \times 5} = \sqrt[12]{20}$$

이때 $20 < 32 < 81$이므로 $\sqrt[12]{20} < \sqrt[12]{32} < \sqrt[12]{81}$

$$\therefore \sqrt[6]{2\sqrt{5}} < \sqrt[3]{2\sqrt[4]{2}} < \sqrt[4]{3\sqrt[3]{3}}$$

따라서 가장 큰 수 $M = \sqrt[4]{3\sqrt[3]{3}}$이고, 가장 작은 수 $m = \sqrt[6]{2\sqrt{5}}$이므로

$$M^{12} - m^{12} = (\sqrt[4]{3\sqrt[3]{3}})^{12} - (\sqrt[6]{2\sqrt{5}})^{12}$$

$$= 81 - 20 = 61$$

답 61

유형 05

붕괴되기 시작하여 20년 후의 질량이 $\dfrac{1}{2}A$이므로

$$Ap^{\frac{20}{2}} = \frac{1}{2}A \qquad \therefore p^{10} = \frac{1}{2}$$

따라서 붕괴되기 시작하여 50년 후의 질량은

$$Ap^{\frac{50}{2}} = A(p^{10})^{\frac{5}{2}}$$

$$= A\left(\frac{1}{2}\right)^{\frac{5}{2}} = \frac{\sqrt{2}}{8}A$$

답 ③

05-1

수도관 A의 단면인 원의 반지름의 길이는 4이고, 기울기는 0.01이므로

$$v_A = c \times \left(\frac{\pi \times 4^2}{2\pi \times 4}\right)^{\frac{2}{3}} \times (0.01)^{\frac{1}{2}}$$

$$= c \times 2^{\frac{2}{3}} \times 0.1$$

수도관 B의 단면인 원의 반지름의 길이는 64이고, 기울기는 0.04이므로

$$v_B = c \times \left(\frac{\pi \times 64^2}{2\pi \times 64}\right)^{\frac{2}{3}} \times (0.04)^{\frac{1}{2}}$$

$$= c \times 2^{\frac{10}{3}} \times 0.2$$

$$\therefore \frac{v_B}{v_A} = \frac{c \times 2^{\frac{10}{3}} \times 0.2}{c \times 2^{\frac{2}{3}} \times 0.1} = 2^{\frac{8}{3}} \times 2 = 2^{\frac{11}{3}}$$

답 ④

<table>
<tr><td colspan="7">빈출 유형 마무리   본문 12~13쪽</td></tr>
<tr><td>01 ⑤</td><td>02 ①</td><td>03 ①</td><td>04 25</td><td>05 ⑤</td><td>06 ④</td></tr>
<tr><td>07 ②</td><td>08 ③</td><td>09 12</td><td>10 ②</td><td>11 ④</td><td>12 ⑤</td></tr>
<tr><td>13 25</td><td>14 ④</td><td>15 ②</td><td></td><td></td><td></td></tr>
</table>

01

10의 10제곱근 중 실수인 것의 개수는 $\sqrt[10]{10}$, $-\sqrt[10]{10}$의 2이므로

$$f(10) = 2$$

11의 11제곱근 중 실수인 것의 개수는 $\sqrt[11]{11}$의 1이므로

$$f(11) = 1$$

12의 12제곱근 중 실수인 것의 개수는 $\sqrt[12]{12}$, $-\sqrt[12]{12}$의 2이므로

$$f(12) = 2$$

$$\therefore f(10) + f(11) + f(12) = 2 + 1 + 2 = 5$$

답 ⑤

02

$$\sqrt[n]{8^{8-n}} = 8^{\frac{8-n}{n}} = (2^3)^{\frac{8-n}{n}} = 2^{\frac{24}{n} - 3}$$

에서 자연수가 되려면 지수인 $\dfrac{24}{n} - 3$이 0 또는 자연수이어야 한다.

이때, $2^9 = 512 > 500$이므로 $0 \le \dfrac{24}{n} - 3 < 9$

$$\therefore 3 \le \frac{24}{n} < 12$$

그런데 $\dfrac{24}{n}$가 자연수이어야 하므로

$$\frac{24}{n} = 3, \ 4, \ 6, \ 8$$

따라서 n은 8, 6, 4, 3이므로 구하는 n의 값의 합은

$$3 + 4 + 6 + 8 = 21$$

답 ①

03

$$\frac{\sqrt[3]{4}-2\sqrt[3]{2}}{\sqrt{2}+\sqrt[6]{32}}+\sqrt{2}=\frac{2^{\frac{2}{3}}-2^{\frac{4}{3}}}{2^{\frac{1}{2}}+2^{\frac{5}{6}}}+\sqrt{2}$$

$$=\frac{2^{\frac{2}{3}}(1-2^{\frac{2}{3}})}{2^{\frac{1}{2}}(1+2^{\frac{1}{3}})}+\sqrt{2}$$

$$=2^{\frac{2}{3}-\frac{1}{2}}\times\frac{(1-2^{\frac{1}{3}})(1+2^{\frac{1}{3}})}{1+2^{\frac{1}{3}}}+\sqrt{2}$$

$$=2^{\frac{1}{6}}(1-2^{\frac{1}{3}})+\sqrt{2}$$

$$=2^{\frac{1}{6}}-2^{\frac{1}{2}}+\sqrt{2}$$

$$=\sqrt[6]{2}-\sqrt{2}+\sqrt{2}=\sqrt[6]{2}$$

답 ①

04

$\dfrac{a+a^2+a^3}{a^{-1}+a^{-2}+a^{-3}}$의 분모, 분자에 a^3을 곱하면

$$\frac{(a+a^2+a^3)a^3}{(a^{-1}+a^{-2}+a^{-3})a^3}=\frac{(1+a+a^2)a^4}{a^2+a+1}=a^4$$

이때, $a=\sqrt{5}$이므로

$$a^4=(\sqrt{5})^4=5^2=25$$

답 25

05

$$(x-x^{-1})^2=x^2+x^{-2}-2=5-2=3$$

이때, $x>1$이므로 $x>x^{-1}$ $\therefore x-x^{-1}=\sqrt{3}$

$$\therefore x^3-x^{-3}=(x-x^{-1})^3+3\times x\times x^{-1}(x-x^{-1})$$

$$=(\sqrt{3})^3+3\times1\times\sqrt{3}=6\sqrt{3}$$

답 ⑤

06

$2^x+2^{-x}=3$이므로

$$\frac{8^x+8^{-x}+2}{4^x+4^{-x}-2}=\frac{(2^x+2^{-x})^3-3(2^x+2^{-x})+2}{(2^x+2^{-x})^2-2-2}$$

$$=\frac{3^3-3\times3+2}{3^2-4}=\frac{20}{5}=4$$

답 ④

07

$\dfrac{a^{3x}+a^{-3x}}{a^x+a^{-x}}$의 분모, 분자에 a^x을 곱하면

$$\frac{a^{3x}+a^{-3x}}{a^x+a^{-x}}=\frac{a^{4x}+a^{-2x}}{a^{2x}+1}=\frac{(a^{2x})^2+\dfrac{1}{a^{2x}}}{a^{2x}+1}$$

$$=\frac{(\sqrt{2}+1)^2+\dfrac{1}{\sqrt{2}+1}}{\sqrt{2}+1+1}=\frac{3+2\sqrt{2}+\sqrt{2}-1}{2+\sqrt{2}}$$

$$=\frac{2+3\sqrt{2}}{2+\sqrt{2}}=\frac{(2+3\sqrt{2})(2-\sqrt{2})}{(2+\sqrt{2})(2-\sqrt{2})}$$

$$=\frac{1}{2}(4-2\sqrt{2}+6\sqrt{2}-6)=2\sqrt{2}-1$$

답 ②

08

$x=\sqrt[6]{2}+\dfrac{1}{\sqrt[6]{2}}$이므로

$$x^3=\left(\sqrt[6]{2}+\frac{1}{\sqrt[6]{2}}\right)^3$$

$$=(\sqrt[6]{2})^3+\left(\frac{1}{\sqrt[6]{2}}\right)^3+3\times\sqrt[6]{2}\times\frac{1}{\sqrt[6]{2}}\left(\sqrt[6]{2}+\frac{1}{\sqrt[6]{2}}\right)$$

$$=\sqrt{2}+\frac{1}{\sqrt{2}}+3\left(\sqrt[6]{2}+\frac{1}{\sqrt[6]{2}}\right)$$

$$=\sqrt{2}+\frac{\sqrt{2}}{2}+3x=\frac{3\sqrt{2}}{2}+3x$$

$$\therefore x^3-3x=\frac{3\sqrt{2}}{2}$$

이 식의 양변을 제곱하면

$$(x^3-3x)^2=\left(\frac{3\sqrt{2}}{2}\right)^2$$

$$x^6-6x^4+9x^2=\frac{9}{2}$$

$$\therefore 2x^6-12x^4+18x^2=2(x^6-6x^4+9x^2)$$

$$=2\times\frac{9}{2}=9$$

답 ③

09

$a^x=11$에서 $a=11^{\frac{1}{x}}$이므로 $a^6=11^{\frac{6}{x}}$ ······ ㉠

$b^{2y}=11$에서 $b=11^{\frac{1}{2y}}$이므로 $b^6=11^{\frac{3}{y}}$ ······ ㉡

$c^{3z}=11$에서 $c=11^{\frac{1}{3z}}$이므로 $c^6=11^{\frac{2}{z}}$ ······ ㉢

㉠ $\times$ ㉡ $\times$ ㉢을 하면

$$a^6b^6c^6=11^{\frac{6}{x}}\times11^{\frac{3}{y}}\times11^{\frac{2}{z}}$$

$$(abc)^6=11^{\frac{6}{x}+\frac{3}{y}+\frac{2}{z}}$$

이때, $abc=121=11^2$이므로

$$11^{12}=11^{\frac{6}{x}+\frac{3}{y}+\frac{2}{z}}$$

$$\therefore \frac{6}{x}+\frac{3}{y}+\frac{2}{z}=12$$

답 12

10

$4^x=\sqrt{3^y}=M$, 즉 $2^{2x}=3^{\frac{y}{2}}=M\,(M>0)$이라 하면

$2^{2x}=M$에서 $2=M^{\frac{1}{2x}}$ ······ ㉠

$3^{\frac{y}{2}}=M$에서 $3=M^{\frac{2}{y}}$이므로 $9=M^{\frac{4}{y}}$ ······ ㉡

㉠ $\times$ ㉡을 하면

$$18=M^{\frac{1}{2x}+\frac{4}{y}}$$

이때, $\dfrac{1}{2x}+\dfrac{4}{y}=2$이므로 $18=M^2$

$\therefore M=\sqrt{18}=3\sqrt{2}\,(\because M>0)$

$$\therefore 2^{4x+1}+3^y=2\times(2^{2x})^2+(3^{\frac{y}{2}})^2$$

$$=2M^2+M^2$$

$$=2\times18+18=54$$

답 ②

11

$$A-B=(\sqrt{2}+\sqrt[3]{3})-\sqrt[3]{24}$$

$$=\sqrt{2}+\sqrt[3]{3}-2\sqrt[3]{3}$$

$$=\sqrt{2}-\sqrt[3]{3}$$

$$=\sqrt[6]{2^3}-\sqrt[6]{3^2}<0$$

$$\therefore A<B$$ ······ ㉠

또한
$$A-C=(\sqrt{2}+\sqrt[3]{3})-(\sqrt{2}+\sqrt[6]{6})$$
$$=\sqrt[3]{3}-\sqrt[6]{6}$$
$$=\sqrt[6]{3^2}-\sqrt[6]{6}>0$$
$$\therefore A>C \qquad \cdots\cdots \text{©}$$
㉠, ㉡에서 $C<A<B$

달 ④

12

$S=aH^{\frac{2}{5}}\times W^{\frac{1}{2}}$에서

$H=90$, $W=20$일 때의 표면적이 S_1이므로

$$S_1=a\times 90^{\frac{2}{5}}\times 20^{\frac{1}{2}}$$

$H=180$, $W=80$일 때의 표면적이 S_2이므로

$$S_2=a\times 180^{\frac{2}{5}}\times 80^{\frac{1}{2}}$$

$$\therefore \frac{S_2}{S_1}=\frac{a\times 180^{\frac{2}{5}}\times 80^{\frac{1}{2}}}{a\times 90^{\frac{2}{5}}\times 20^{\frac{1}{2}}}=\left(\frac{180}{90}\right)^{\frac{2}{5}}\times\left(\frac{80}{20}\right)^{\frac{1}{2}}$$

$$=2^{\frac{2}{5}}\times 4^{\frac{1}{2}}=2^{\frac{2}{5}}\times 2=2^{\frac{7}{5}}$$

달 ⑤

13

$3^{a+b}=4$이고, $2^{a-b}=5$이므로

$$3^{a^2-b^2}=(3^{a+b})^{a-b}=4^{a-b}=(2^2)^{a-b}$$

$$=(2^{a-b})^2=5^2=25$$

달 25

14

$\sqrt[3]{n^m}=n^{\frac{m}{3}}$이 자연수가 되는 경우를 n의 값에 따라 나누어 생각해 보자.

(i) $n=1$일 때, 조건을 만족시키는 순서쌍 $(m,\ n)$의 개수는

　$(1,\ 1)$, $(2,\ 1)$, $(3,\ 1)$의 3이다.

(ii) $2\le n\le 7$일 때, 조건을 만족시키는 순서쌍 $(m,\ n)$의 개수는

　$(3,\ 2)$, $(3,\ 3)$, $(3,\ 4)$, $(3,\ 5)$, $(3,\ 6)$, $(3,\ 7)$의 6이다.

(iii) $n=8$일 때, 조건을 만족시키는 순서쌍 $(m,\ n)$의 개수는

　$(1,\ 8)$, $(2,\ 8)$, $(3,\ 8)$의 3이다.

(i)~(iii)에서 조건을 만족시키는 순서쌍 $(m,\ n)$의 개수는

$3+6+3=12$

달 ④

15

$$\frac{Q_A}{Q_B}=\frac{0.01t^{1.25}\times W^{0.25}}{0.05t^{0.75}\times W^{0.30}}$$

$$=\frac{1}{5}\times t^{1.25-0.75}\times W^{0.25-0.30}$$

$$=\frac{1}{5}\times\frac{t^{0.5}}{W^{0.05}}$$

이때, $t=20$이고, $W=8$이므로

$$\frac{Q_A}{Q_B}=\frac{1}{5}\times\frac{20^{0.5}}{8^{0.05}}=\frac{(2^2\times 5)^{0.5}}{5\times 2^{0.15}}$$

$$=\frac{2\times 5^{0.5}}{2^{0.15}\times 5}=2^{0.85}\times 5^{-0.5}$$

따라서 $a=0.85$, $b=-0.5$이므로

$a+b=0.35$

달 ②

02 | 로그

유형 01

$a=\log_3(3+2\sqrt{2})$에서 로그의 정의에 의하여

$3^a=3+2\sqrt{2}$

이므로

$$9^a+\frac{2}{3^{a-1}}=(3^a)^2+\frac{6}{3^a}$$

$$=(3+2\sqrt{2})^2+\frac{6}{3+2\sqrt{2}}$$

$$=9+12\sqrt{2}+8+\frac{6(3-2\sqrt{2})}{(3+2\sqrt{2})(3-2\sqrt{2})}$$

$$=17+12\sqrt{2}+18-12\sqrt{2}=35$$

달 35

01-1

밑의 조건에서 $k^2>0$이고 $k^2\ne 1$

$$\therefore k\ne 0\text{이고 } k\ne -1\text{이고 } k\ne 1 \qquad \cdots\cdots \text{㉠}$$

진수의 조건에서 모든 실수 x에 대하여 $x^2-2kx+9>0$이 성립해야 하므로 이차방정식 $x^2-2kx+9=0$의 판별식을 D라 하면

$$\frac{D}{4}=k^2-9<0,\ (k+3)(k-3)<0$$

$$\therefore -3<k<3 \qquad \cdots\cdots \text{㉡}$$

㉠, ㉡에서 구하는 정수 k의 개수는 -2, 2의 2이다.

달 ①

유형 02

(1) $\log_5(6-\sqrt{11})+\log_5(6+\sqrt{11})$

$$=\log_5(6-\sqrt{11})(6+\sqrt{11})$$

$$=\log_5(36-11)$$

$$=\log_5 25$$

$$=\log_5 5^2=2$$

(2) $\left(\log_3 7+\log_9\dfrac{1}{7}\right)\left(\log_7 3+\log_{49}\dfrac{1}{3}\right)$

$$=\left(\log_3 7-\frac{1}{2}\log_3 7\right)\left(\log_7 3-\frac{1}{2}\log_7 3\right)$$

$$=\frac{1}{2}\log_3 7\times\frac{1}{2}\log_7 3$$

$$=\frac{1}{4}\log_3 7\times\log_7 3$$

$$=\frac{1}{4}$$

달 (1) 2　(2) $\dfrac{1}{4}$

02-1

$\log_a c=2\log_b c$에서 $\dfrac{1}{\log_c a}=\dfrac{2}{\log_c b}$

$$\therefore \log_c b=2\log_c a$$

이때, $\log_a b=\dfrac{\log_c b}{\log_c a}=\dfrac{2\log_c a}{\log_c a}=2$이므로

$$\log_a b^3 + \log_b a^8 = 3\log_a b + \frac{8}{\log_a b}$$
$$= 3\times 2 + \frac{8}{2} = 10$$

$\boxdot$ 10

02-2

조건 ㈎에서 $4^a = 5^b = k^c = t\ (t>0,\ t\neq 1)$라 하면 로그의 정의에 의하여

$a = \log_4 t,\ b = \log_5 t,\ c = \log_k t$

조건 ㈏에서 $ab - bc = ca$이므로

$$\log_4 t \times \log_5 t - \log_5 t \times \log_k t = \log_k t \times \log_4 t$$

$$\frac{1}{\log_t 4} \times \frac{1}{\log_t 5} - \frac{1}{\log_t 5} \times \frac{1}{\log_t k} = \frac{1}{\log_t k} \times \frac{1}{\log_t 4}$$

$$\frac{1}{\log_t k}\left(\frac{1}{\log_t 4} + \frac{1}{\log_t 5}\right) = \frac{1}{\log_t 4} \times \frac{1}{\log_t 5}$$

$$\frac{1}{\log_t k} \times \frac{\log_t 4 + \log_t 5}{\log_t 4 \times \log_t 5} = \frac{1}{\log_t 4 \times \log_t 5}$$

$$\frac{\log_t 20}{\log_t k} = 1,\ \log_t k = \log_t 20$$

$$\therefore k = 20$$

$\boxdot$ 20

유형 03

$$\log_6 84 = \frac{\log_2 84}{\log_2 6} = \frac{\log_2 (2^2 \times 3 \times 7)}{\log_2 (2 \times 3)}$$

$$= \frac{2 + \log_2 3 + \log_2 7}{1 + \log_2 3}$$

$$= \frac{2 + \log_2 3 + \dfrac{1}{\log_7 2}}{1 + \log_2 3}$$

$$= \frac{2 + b + \dfrac{1}{a}}{1 + b}$$

$$= \frac{1 + 2a + ab}{a + ab}$$

$\boxdot$ ①

03-1

로그의 정의에 의하여

$3^a = 2$에서 $a = \log_3 2$

$3^b = 5$에서 $b = \log_3 5$

$3^c = 7$에서 $c = \log_3 7$

$$\therefore \log_{35} 500 = \frac{\log_3 500}{\log_3 35}$$

$$= \frac{\log_3 (2^2 \times 5^3)}{\log_3 (5 \times 7)}$$

$$= \frac{2\log_3 2 + 3\log_3 5}{\log_3 5 + \log_3 7}$$

$$= \frac{2a + 3b}{b + c}$$

$\boxdot$ ③

유형 04

$\log_2 a = \log_8 b = \log_{16} c = t\ (t>0,\ t\neq 1)$라 하면

$a = 2^t,\ b = 8^t = 2^{3t},\ c = 16^t = 2^{4t}$

$$\therefore \log_{\sqrt{a}} bc = 2\log_a bc = 2\log_{2^t} (2^{3t} \times 2^{4t})$$

$$= 2\log_{2^t} 2^{7t} = 2\times 7 = 14$$

$\boxdot$ ③

04-1

$a^2 = b^3 = c^5 = t\ (t>0,\ t\neq 1)$라 하면

$a = t^{\frac{1}{2}},\ b = t^{\frac{1}{3}},\ c = t^{\frac{1}{5}}$

$$\therefore \log_a b + \log_{\frac{1}{b}} c + \log_{\sqrt{c}} a$$

$$= \log_{t^{\frac{1}{2}}} t^{\frac{1}{3}} + \log_{t^{-\frac{1}{3}}} t^{\frac{1}{5}} + \log_{t^{\frac{1}{10}}} t^{\frac{1}{2}}$$

$$= \frac{2}{3} - \frac{3}{5} + 5 = \frac{76}{15}$$

따라서 $p = 15,\ q = 76$이므로

$p + q = 15 + 76 = 91$

$\boxdot$ 91

04-2

$a^4 = b^3 = t\ (t>0,\ t\neq 1)$라 하면

$a = t^{\frac{1}{4}},\ b = t^{\frac{1}{3}}$

$$\therefore a^2 b^4 = t^{\frac{1}{2}} t^{\frac{4}{3}} = t^{\frac{11}{6}}$$

이때, $a^2 b^4 = c^{11}$이므로 $t^{\frac{11}{6}} = c^{11}$ $\quad \therefore c = t^{\frac{1}{6}}$

$$\therefore \log_c a + \log_b c = \log_{t^{\frac{1}{6}}} t^{\frac{1}{4}} + \log_{t^{\frac{1}{3}}} t^{\frac{1}{6}}$$

$$= \frac{3}{2} + \frac{1}{2} = 2$$

$\boxdot$ ②

유형 05

$\log 100 < \log 300 < \log 1000$에서 $2 < \log 300 < 3$이므로

$\log 300$의 정수 부분은 2이다.

$\therefore \alpha = 2$

한편, 정수 부분이 2이므로 $\log 300$의 소수 부분 β는

$\beta = \log 300 - 2 = \log 300 - \log 100 = \log 3$

따라서 $\alpha = 2,\ \beta = \log 3$이므로

$10^\alpha + 10^\beta = 10^2 + 10^{\log 3} = 100 + 3 = 103$

$\boxdot$ 103

05-1

$\log 5 = \log \dfrac{10}{2} = 1 - \log 2$이므로

$$\log (2^{10} \times 5^{20}) = \log 2^{10} + \log 5^{20}$$

$$= 10\log 2 + 20\log 5$$

$$= 10\log 2 + 20(1 - \log 2)$$

$$= 20 - 10\log 2$$

$$= 20 - 10 \times 0.3010$$

$$= 16.990 = 16 + 0.990$$

따라서 $\log (2^{10} \times 5^{20})$의 정수 부분이 16이므로 $2^{10} \times 5^{20}$은 17자리의 정수이다.

$\therefore m = 17$

$\boxdot$ ③

05-2

$100 < x < 1000$에서 $2 < \log x < 3$이므로

$\log x$의 정수 부분은 2이다.

$\log x$의 소수 부분을 $\alpha\ (0 < \alpha < 1)$라 하면

$\log x = 2 + \alpha$

$$\log \sqrt{x} = \frac{1}{2}\log x = \frac{1}{2} \times (2 + \alpha) = 1 + \frac{\alpha}{2}$$

$0 < \alpha < 1$에서 $0 < \dfrac{\alpha}{2} < \dfrac{1}{2}$이므로 $\log \sqrt{x}$의 소수 부분은 $\dfrac{\alpha}{2}$이다.

$$\alpha+\frac{\alpha}{2}=\frac{3}{2}\alpha,\ \frac{3}{2}\alpha=1 \qquad \therefore \alpha=\frac{2}{3}$$

따라서 $\log x$의 소수 부분은 $\frac{2}{3}$이다.   **답** ④

유형 06

노출 시간이 $\frac{1}{100}$일 때, 은의 밀도는 D_1이므로

$$D_1=\log C-\log\frac{1}{100} \qquad\qquad \cdots\cdots\ \text{㉠}$$

노출 시간이 $\frac{1}{500}$일 때, 은의 밀도는 D_2이므로

$$D_2=\log C-\log\frac{1}{500} \qquad\qquad \cdots\cdots\ \text{㉡}$$

㉠$-$㉡을 하면

$$D_1-D_2=\log\frac{1}{500}-\log\frac{1}{100}$$
$$=\log\frac{100}{500}$$
$$=\log\frac{1}{5}=-\log 5 \qquad\qquad \textbf{답}\ ⑤$$

06-1

A, B 토네이도의 최대 지름의 길이를 각각 D_A km, D_B km, 수명을 각각 T_A시간, T_B시간이라 하면

$$3\log D_\text{A}=\log kT_\text{A}{}^2 \qquad\qquad \cdots\cdots\ \text{㉠}$$
$$3\log D_\text{B}=\log kT_\text{B}{}^2 \qquad\qquad \cdots\cdots\ \text{㉡}$$

㉠$-$㉡을 하면

$$3(\log D_\text{A}-\log D_\text{B})=\log kT_\text{A}{}^2-\log kT_\text{B}{}^2$$
$$3\log\frac{D_\text{A}}{D_\text{B}}=\log\left(\frac{T_\text{A}}{T_\text{B}}\right)^2$$

이때, $D_\text{A}=10D_\text{B}$, 즉 $\dfrac{D_\text{A}}{D_\text{B}}=10$이므로

$$3\log 10=\log\left(\frac{T_\text{A}}{T_\text{B}}\right)^2,\ 3=\log\left(\frac{T_\text{A}}{T_\text{B}}\right)^2$$
$$\left(\frac{T_\text{A}}{T_\text{B}}\right)^2=10^3 \qquad \therefore \frac{T_\text{A}}{T_\text{B}}=10^{\frac{3}{2}}$$

따라서 A 토네이도의 수명은 B 토네이도의 수명의 $10^{\frac{3}{2}}$배이다.   **답** ③

빈출 유형 마무리   본문 18~19쪽

01 ③	**02** ③	**03** ②	**04** 192	**05** 2	**06** ⑤
07 ⑤	**08** 64	**09** ⑤	**10** 12	**11** ③	**12** 15
13 ①	**14** ①				

01

$\dfrac{\log_3 5}{a}=\dfrac{1}{2}$에서 $a=2\log_3 5$

$\dfrac{b}{2\log_5 2}=\dfrac{1}{2}$에서 $b=\log_5 2$

$\dfrac{\log_2 81}{6c}=\dfrac{1}{2}$에서 $3c=\log_2 81$이므로 $c=\dfrac{4}{3}\log_2 3$

$$\therefore abc=2\log_3 5\times\log_5 2\times\frac{4}{3}\log_2 3$$
$$=\frac{8}{3}\times\log_3 5\times\frac{\log_3 2}{\log_3 5}\times\frac{1}{\log_3 2}=\frac{8}{3} \qquad\qquad \textbf{답}\ ③$$

02

$$k=\log_{\sqrt5}18+\frac{1}{\log_7\sqrt5}-\frac{\log_2 6}{\log_2\sqrt5}$$
$$=\log_{\sqrt5}18+\log_{\sqrt5}7-\log_{\sqrt5}6$$
$$=\log_{\sqrt5}\left(\frac{18\times7}{6}\right)$$
$$=\log_{\sqrt5}21=2\log_5 21=\log_5 21^2$$
$$\therefore 5^k=5^{\log_5 21^2}=21^2 \qquad\qquad \textbf{답}\ ③$$

03

$f(n)={}^{n+1}\!\sqrt{\sqrt[n]{2}}=2^{\frac{1}{n(n+1)}}=2^{\left(\frac{1}{n}-\frac{1}{n+1}\right)}$이므로

$$\log_2 f(2)+\log_2 f(3)+\cdots+\log_2 f(9)$$
$$=\log_2 f(2)f(3)\cdots f(9)$$
$$=\log_2\left\{2^{\frac{1}{2}-\frac{1}{3}}\times 2^{\frac{1}{3}-\frac{1}{4}}\times\cdots\times 2^{\frac{1}{9}-\frac{1}{10}}\right\}$$
$$=\log_2 2^{\left(\frac{1}{2}-\frac{1}{3}\right)+\left(\frac{1}{3}-\frac{1}{4}\right)+\cdots+\left(\frac{1}{9}-\frac{1}{10}\right)}$$
$$=\frac{1}{2}-\frac{1}{10}=\frac{2}{5} \qquad\qquad \textbf{답}\ ②$$

04

조건 ㈎의 $36a=b$에서 $\log_3 36a=\log_3 b$

$\log_3(4\times3^2)+\log_3 a=\log_3 b$

$$\log_3 a-\log_3 b=-2-\log_3 4 \qquad\qquad \cdots\cdots\ \text{㉠}$$

조건 ㈏에서 $\log_3 a+\log_3 b=\log_3 4 \qquad\qquad \cdots\cdots\ \text{㉡}$

㉠, ㉡을 연립하여 풀면

$\log_3 a=-1,\ \log_3 b=1+\log_3 4$

$$\therefore 3^{2\log_3 a+3\log_3 b}=3^{-2+3(1+\log_3 4)}$$
$$=3^{1+3\log_3 4}$$
$$=3^{\log_3(3\times4^3)}$$
$$=3\times4^3=192 \qquad\qquad \textbf{답}\ 192$$

05

조건 ㈎에서 $a=b^m$, $b=c^{2n}$이므로

$$a=b^m=(c^{2n})^m=c^{2mn} \qquad\qquad \cdots\cdots\ \text{㉠}$$

이때, 조건 ㈏에서 $\log_a b-\log_a c=\dfrac{\log_a b}{\log_c a}$이므로

$\log_a b-\log_a c=\log_a b\times\log_a c$

$\log_{b^m} b-\log_{c^{2mn}} c=\log_{b^m} b\times\log_{c^{2mn}} c\ (\because\text{㉠})$

$$\frac{1}{m}-\frac{1}{2mn}=\frac{1}{m}\times\frac{1}{2mn}$$
$$\frac{2n-1}{2mn}=\frac{1}{2m^2 n}$$
$$\therefore m(2n-1)=1$$

이때, m, n은 자연수이므로

$m=1,\ 2n-1=1 \qquad \therefore n=1$

$$\therefore m+n=1+1=2 \qquad\qquad \textbf{답}\ 2$$

06

$\log 2 = a$, $\log 3 = b$이므로

$$\log_5 \sqrt{72} = \frac{\log \sqrt{72}}{\log 5} = \frac{\frac{1}{2}\log(2^3 \times 3^2)}{\log \frac{10}{2}}$$

$$= \frac{\frac{1}{2}(3\log 2 + 2\log 3)}{1 - \log 2}$$

$$= \frac{3\log 2 + 2\log 3}{2(1 - \log 2)} = \frac{3a + 2b}{2(1-a)}$$

답 ⑤

07

$$2a = b\log 4 + \frac{c}{\log_{\sqrt{5}} 10}$$

$$= \log 4^b + c\log \sqrt{5}$$

$$= \log 2^{2b} + \log 5^{\frac{c}{2}}$$

$$= \log(2^{2b} \times 5^{\frac{c}{2}})$$

로그의 정의에 의하여

$2^{2b} \times 5^{\frac{c}{2}} = 10^{2a}$이므로 $2^{2b} \times 5^{\frac{c}{2}} = (2 \times 5)^{2a}$

즉, $2^{2b} \times 5^{\frac{c}{2}} = 2^{2a} \times 5^{2a}$에서 a, b, c가 자연수이므로

$2b = 2a$, $\dfrac{c}{2} = 2a$ $\therefore b = a$, $c = 4a$

$$\therefore \frac{10a + c}{b} = \frac{10a + 4a}{a} = 14$$

답 ⑤

08

$a = \log_{16} x^3$에서 $16^a = x^3$, $2^{4a} = x^3$

$$\therefore x = 2^{\frac{4a}{3}}$$

$b = \log_{\sqrt{2}} y^2$에서 $(\sqrt{2})^b = y^2$, $2^{\frac{b}{2}} = y^2$

$$\therefore y = 2^{\frac{b}{4}}$$

$$\therefore (\sqrt{x})^{\frac{3}{b}} y^{\frac{8}{a}} = x^{\frac{3}{2b}} y^{\frac{8}{a}} = (2^{\frac{4a}{3}})^{\frac{3}{2b}} (2^{\frac{b}{4}})^{\frac{8}{a}} = 2^{\frac{2a}{b} + \frac{2b}{a}} = 4^{\frac{b}{a} + \frac{a}{b}} = 4^{\frac{a^2 + b^2}{ab}}$$

한편, $a - b = \sqrt{ab}$의 양변을 제곱하면

$a^2 - 2ab + b^2 = ab$에서 $a^2 + b^2 = 3ab$

$$\therefore (\sqrt{x})^{\frac{3}{b}} y^{\frac{8}{a}} = 4^{\frac{a^2 + b^2}{ab}} = 4^{\frac{3ab}{ab}} = 4^3 = 64$$

답 64

09

$\log x^4 - \log x = 4\log x - \log x = 3\log x$에서

$3\log x$의 값이 정수이다.

이때, $10 < x < 100$에서 $1 < \log x < 2$에서

$3 < 3\log x < 6$

즉, $3\log x = 4$ 또는 $3\log x = 5$이므로

$$\log x = \frac{4}{3} \ \text{또는} \ \log x = \frac{5}{3}$$

$$\therefore x = 10^{\frac{4}{3}} \ \text{또는} \ x = 10^{\frac{5}{3}}$$

따라서 구하는 모든 x의 값의 곱은

$$k = 10^{\frac{4}{3}} \times 10^{\frac{5}{3}} = 10^3$$

답 ⑤

10

조건 ㈐에 의하여

$$\log \sqrt{x} + \log \sqrt[3]{x} = \frac{1}{2}\log x + \frac{1}{3}\log x = \frac{5}{6}\log x \text{에서}$$

$\dfrac{5}{6}\log x$의 값은 정수이다.

이때, 조건 ㈎에 의하여

$$4 \times \frac{5}{6} \leq \frac{5}{6}\log x \leq 8 \times \frac{5}{6}, \ \frac{10}{3} \leq \frac{5}{6}\log x \leq \frac{20}{3}$$

즉, $\dfrac{5}{6}\log x = 4$ 또는 $\dfrac{5}{6}\log x = 5$ 또는 $\dfrac{5}{6}\log x = 6$이므로

$$\log x = \frac{24}{5} \ \text{또는} \ \log x = 6 \ \text{또는} \ \log x = \frac{36}{5} \qquad \cdots\cdots \ \text{㉠}$$

한편, 조건 ㈐에서 $\log \sqrt{x}$와 $\log \sqrt[3]{x}$, 즉 $\dfrac{1}{2}\log x$와 $\dfrac{1}{3}\log x$가

모두 정수가 아니므로 $\log x$는 6이 아니다.

따라서 ㉠에서 $\log x = \dfrac{24}{5}$ 또는 $\log x = \dfrac{36}{5}$이므로

$$x = 10^{\frac{24}{5}} \ \text{또는} \ x = 10^{\frac{36}{5}}$$

$$\therefore A = 10^{\frac{24}{5}} \times 10^{\frac{36}{5}} = 10^{12}$$

$$\therefore \log A = \log 10^{12} = 12$$

답 12

11

$pH = -\log[H^+]$에서

$\log[H^+] = -pH$ $\therefore [H^+] = 10^{-pH}$

A 용액 2 L에 들어 있는 수소 이온의 양은 2×10^{-4}

B 용액 8 L에 들어 있는 수소 이온의 양은 8×10^{-6}

A 용액 2 L와 B 용액 8 L를 섞으면 전체 용액의 양은 10 L이고,

수소 이온의 양은 $2 \times 10^{-4} + 8 \times 10^{-6}$이므로 섞은 용액 1 L에 들어

있는 수소 이온의 양은

$$\frac{2 \times 10^{-4} + 8 \times 10^{-6}}{10}$$

따라서 섞은 용액의 pH의 값을 x라 하면

$$x = -\log \frac{2 \times 10^{-4} + 8 \times 10^{-6}}{10}$$

$$= -\log 10^{-5}\left(2 + \frac{8}{100}\right)$$

$$= 5 - \log 2.08$$

$$= 5 - 0.32 = 4.68$$

따라서 섞은 용액의 pH의 값은 4.68이다.

답 ③

12

$a = \log_2(2 + \sqrt{3})$이므로

$$4^a + \frac{4}{2^a} = 4^{\log_2(2+\sqrt{3})} + \frac{4}{2^{\log_2(2+\sqrt{3})}}$$

$$= 2^{2\log_2(2+\sqrt{3})} + \frac{4}{2+\sqrt{3}}$$

$$= (2+\sqrt{3})^2 + \frac{4(2-\sqrt{3})}{(2+\sqrt{3})(2-\sqrt{3})}$$

$$= 7 + 4\sqrt{3} + 8 - 4\sqrt{3} = 15$$

답 15

13

m이 홀수이므로 $f(m)=\log_3 m$

n이 짝수이므로 $f(n)=\log_2 n$

mn이 짝수이므로

$f(mn)=\log_2 mn=\log_2 m+\log_2 n$

이때, $f(mn)=f(m)+f(n)$에서

$\log_2 m+\log_2 n=\log_3 m+\log_2 n$

$\therefore \log_2 m=\log_3 m$

즉, $m=1$이고, n은 20 이하의 짝수이므로 조건을 만족시키는 순서쌍 $(m,\ n)$의 개수는 $(1,\ 2),\ (1,\ 4),\ (1,\ 6),\ \cdots,\ (1,\ 20)$의 10이다.

답 ①

14

$T_0=20$이고, $t=\dfrac{9}{8}$일 때 $T=365$이므로

$365=20+k\log\left(8\times\dfrac{9}{8}+1\right)$

$365=20+k\log 10 \qquad \therefore k=345$

$\therefore T=T_0+345\log(8t+1)$

따라서 $t=a$일 때 $T=710$이므로

$20+345\log(8a+1)=710$

$345\log(8a+1)=690$

$\log(8a+1)=2,\ 8a+1=100$

$\therefore a=\dfrac{99}{8}$

답 ①

03 지수함수

유형 01

곡선 $y=4^x$이 y축과 만나는 점 A의 좌표는 $(0,\ 1)$이고, 곡선 $y=2^{x+2}-k$가 y축과 만나는 점 B의 좌표는 $(0,\ 4-k)$이다.

$\overline{AB}=4$에서

$|4-k-1|=4,\ |3-k|=4$

$3-k=-4$ 또는 $3-k=4$

$\therefore k=7\ (\because k>0)$

답 ④

01-1

함수 $y=3^x$의 그래프를 x축에 대하여 대칭이동시킨 그래프의 식은 $y=-3^x$

이 함수의 그래프를 x축의 방향으로 2만큼 평행이동시킨 그래프의 식은 $y=-3^{x-2}$

이때, 이 함수의 그래프가 점 $(3,\ k)$를 지나므로

$k=-3^{3-2}=-3$

답 ③

유형 02

$y=4^x-2^{x+2}+5$에서 $y=(2^x)^2-4\times 2^x+5$

이때, $2^x=t\ (t>0)$로 놓으면

$0\le x\le 3$에서 $1\le t\le 8$이고, 주어진 함수는

$y=t^2-4t+5=(t-2)^2+1$

따라서 함수 y는 $t=2$, 즉 $x=1$일 때 최솟값 1을 갖고, $t=8$, 즉 $x=3$일 때 최댓값 37을 가지므로

$a=1,\ b=1,\ c=3,\ d=37$

$\therefore a+b+c+d=1+1+3+37=42$

답 42

02-1

$y=4^x-2^{x+1}+9$에서 $y=(2^x)^2-2\times 2^x+9$

이때, $2^x=t\ (t>0)$로 놓으면

$-2\le x\le 2$에서 $\dfrac{1}{4}\le t\le 4$이고, 주어진 함수는

$y=t^2-2t+9=(t-1)^2+8$

따라서 함수 y는 $t=1$, 즉 $x=0$일 때 최솟값 8을 가지므로

$a=0,\ b=8$

$\therefore a+b=0+8=8$

답 ③

02-2

$f(x)=-2x^2+4x$라 하면

$f(x)=-2(x-1)^2+2$이므로

$-3\le x\le 3$에서 $-30\le f(x)\le 2$

함수 $y=\left(\dfrac{1}{2}\right)^{-2x^2+4x}$에서 밑이 $\dfrac{1}{2}$이고, $0<\dfrac{1}{2}<1$이므로

y는 $f(x)=-30$일 때 최댓값 $\left(\dfrac{1}{2}\right)^{-30}$, $f(x)=2$일 때 최솟값

$\left(\dfrac{1}{2}\right)^2$을 갖는다.

따라서 $M=\left(\dfrac{1}{2}\right)^{-30}=2^{30}$, $m=\left(\dfrac{1}{2}\right)^{2}=2^{-2}$이므로

$\dfrac{M}{m}=\dfrac{2^{30}}{2^{-2}}=2^{32}$　　　　　　　　　　　답 ④

02-3

$f(x)=4^x+4^{-x}-2(2^x+2^{-x})+9$
　　　$=(2^x+2^{-x})^2-2(2^x+2^{-x})+7$

이때, $2^x+2^{-x}=t$로 놓으면 $2^x>0$, $2^{-x}>0$이므로 산술평균과 기하평균의 관계에 의하여

$t=2^x+2^{-x}\geq 2\sqrt{2^x\times 2^{-x}}=2$

　　　　　　　　(단, 등호는 $2^x=2^{-x}$, 즉 $x=0$일 때 성립한다.)

함수 $f(x)$를 t에 대하여 나타낸 함수를 $g(t)$라 하면

$g(t)=t^2-2t+7=(t-1)^2+6$ (단, $t\geq 2$)

따라서 함수 $f(x)$의 최솟값은 $(2-1)^2+6=7$이다.　　답 ②

유형 03

$\left(\dfrac{1}{2}\right)^{x^2}=2^{2-3x}$에서

$2^{-x^2}=2^{2-3x}$, $-x^2=2-3x$

$x^2-3x+2=0$, $(x-1)(x-2)=0$

$\therefore x=1$ 또는 $x=2$

$\therefore \alpha^2+\beta^2=1^2+2^2=5$　　　　　　　　答 ③

03-1

$2\times 4^x-9\times 2^x+4=0$에서 $2\times(2^x)^2-9\times 2^x+4=0$

이때, $2^x=t$ $(t>0)$로 놓으면

$2t^2-9t+4=0$, $(2t-1)(t-4)=0$

$\therefore t=\dfrac{1}{2}$ 또는 $t=4$

따라서 $2^x=\dfrac{1}{2}$ 또는 $2^x=4$이므로

$x=-1$ 또는 $x=2$

$\therefore \alpha\beta=(-1)\times 2=-2$　　　　　　　答 ②

03-2

$2^{x-1}+2^{-x+4}=9$의 양변에 2^{x+1}을 곱하면

$2^{2x}+2^5=9\times 2^{x+1}$에서 $(2^x)^2-18\times 2^x+32=0$

이때, $2^x=t$ $(t>0)$로 놓으면

$t^2-18t+32=0$

$(t-2)(t-16)=0$

$\therefore t=2$ 또는 $t=16$

따라서 $2^x=2$ 또는 $2^x=16$이므로

$x=1$ 또는 $x=4$

$\therefore \alpha+\beta=1+4=5$　　　　　　　　答 ⑤

유형 04

$8^{x^2+2x-4}\leq 4^{x^2+x}$에서 $2^{3(x^2+2x-4)}\leq 2^{2(x^2+x)}$

밑이 2이고, $2>1$이므로

$3(x^2+2x-4)\leq 2(x^2+x)$

$3x^2+6x-12\leq 2x^2+2x$

$x^2+4x-12\leq 0$, $(x+6)(x-2)\leq 0$

$\therefore -6\leq x\leq 2$

따라서 $\alpha=-6$, $\beta=2$이므로

$\alpha+5\beta=-6+5\times 2=4$　　　　　　　答 ②

04-1

$\left(\dfrac{1}{5}\right)^{x}\leq\left(\dfrac{1}{25}\right)^{x-5}$에서 $\left(\dfrac{1}{5}\right)^{x}\leq\left(\dfrac{1}{5}\right)^{2(x-5)}$

밑이 $\dfrac{1}{5}$이고, $0<\dfrac{1}{5}<1$이므로

$x\geq 2(x^2-5)$, $x\geq 2x^2-10$

$2x^2-x-10\leq 0$, $(x+2)(2x-5)\leq 0$

$\therefore -2\leq x\leq\dfrac{5}{2}$

따라서 $\alpha=-2$, $\beta=\dfrac{5}{2}$이므로

$3\alpha+10\beta=3\times(-2)+10\times\dfrac{5}{2}=19$　　　답 19

04-2

$9^x-10\times 3^x+9<0$에서 $(3^x)^2-10\times 3^x+9<0$

이때, $3^x=t$ $(t>0)$로 놓으면

$t^2-10t+9<0$, $(t-1)(t-9)<0$

$\therefore 1<t<9$

즉, $1<3^x<9$에서 $3^0<3^x<3^2$

밑이 3이고, $3>1$이므로

$0<x<2$

따라서 구하는 정수 x의 개수는 1의 1이다.　　　답 ①

빈출 유형 마무리　　　　　　　　본문 23~24쪽

01 5	**02** ④	**03** ①	**04** ③	**05** ③	**06** ④
07 25	**08** ⑤	**09** 17	**10** ③	**11** ②	**12** ④
13 50	**14** ⑤	**15** 15	**16** ②		

01

$y=4\times\left(\dfrac{1}{2}\right)^{3-x}-2$에서 $y=2^2\times 2^{x-3}-2$

$\therefore y=2^{x-1}-2$

이 함수의 그래프를 x축의 방향으로 m만큼, y축의 방향으로 n만큼 평행이동시킨 그래프의 식은

$y=2^{(x-m)-1}-2+n$

$\therefore y=2^{x-m-1}+n-2$

이때, 이 함수의 그래프가 함수 $y=2^x$의 그래프와 일치하므로

$-m-1=0$, $n-2=0$

$\therefore m=-1$, $n=2$

$\therefore m^2+n^2=(-1)^2+2^2=5$　　　　　　　答 5

02

$f(2)=g(2)$에서

$a^{2b-1}=\left(\dfrac{1}{a}\right)^{2b-1}$, 즉 $a^{2b-1}=a^{-2b+1}$

$2b-1=-2b+1,\ 4b=2$ $\quad\therefore b=\dfrac{1}{2}$

즉, $f(x)=a^{\frac{1}{2}x-1}$, $g(x)=\left(\dfrac{1}{a}\right)^{\frac{1}{2}x-1}$이므로 $f(4)+g(4)=\dfrac{5}{2}$에서

$a+\dfrac{1}{a}=\dfrac{5}{2},\ 2a^2-5a+2=0$

$(2a-1)(a-2)=0$ $\quad\therefore a=2\ (\because a>1)$

$\therefore a+b=2+\dfrac{1}{2}=\dfrac{5}{2}$ 　　　　　　　　　답 ④

03

점 A의 x좌표를 a라 하면

$\overline{AC}=a$, $\overline{OB}=3a$

이므로 점 B의 좌표는 $(3a,\ 0)$이다.

이때, 점 B는 곡선 $y=-2^x+k$ 위의 점이므로

$0=-2^{3a}+k$ $\quad\therefore k=2^{3a}$ 　　　　…… ㉠

또한 점 A는 두 곡선 $y=2^x$, $y=-2^x+k$의 교점이므로

$2^a=-2^a+k$ $\quad\therefore k=2^a+2^a=2^{a+1}$ 　…… ㉡

㉠, ㉡에서 $2^{3a}=2^{a+1}$이므로

$3a=a+1$ $\quad\therefore a=\dfrac{1}{2}$

$\therefore k=2^{\frac{3}{2}}=2\sqrt{2}$ 　　　　　　　　　　답 ①

04

함수 $f(x)=4^{x-1}$에서 밑이 4이고, $4>1$이므로 함수 $f(x)$는 $x=2$일 때, 최댓값 $M=4^{2-1}=4$를 갖는다.

함수 $g(x)=\left(\dfrac{1}{2}\right)^x$에서 밑이 $\dfrac{1}{2}$이고, $0<\dfrac{1}{2}<1$이므로 함수 $g(x)$는 $x=2$일 때, 최솟값 $m=\left(\dfrac{1}{2}\right)^2=\dfrac{1}{4}$을 갖는다.

$\therefore Mm=4\times\dfrac{1}{4}=1$ 　　　　　　　　　답 ③

05

$y=\left(\dfrac{1}{2}\right)^x-\left(\dfrac{1}{4}\right)^{x-2}$에서 $y=\left(\dfrac{1}{2}\right)^x-16\left\{\left(\dfrac{1}{2}\right)^x\right\}^2$

이때, $\left(\dfrac{1}{2}\right)^x=t\ (t>0)$로 놓으면

$0\le x\le6$에서 $\dfrac{1}{64}\le t\le1$이고, 주어진 함수는

$y=-16t^2+t=-16\left(t-\dfrac{1}{32}\right)^2+\dfrac{1}{64}$

따라서 함수 y는 $t=\dfrac{1}{32}$, 즉 $x=5$일 때 최댓값 $\dfrac{1}{64}$을 가지므로

$a=5,\ M=\dfrac{1}{64}$

$\therefore \left(\dfrac{1}{2}\right)^a+M=\left(\dfrac{1}{2}\right)^5+\dfrac{1}{64}$

$\qquad\qquad\qquad =\dfrac{1}{32}+\dfrac{1}{64}=\dfrac{3}{64}$ 　　　　답 ③

06

$f(x)=-x^2+2x+1$이라 하면 $f(x)=-(x-1)^2+2$이므로

$-2\le x\le2$에서 $-7\le f(x)\le2$

함수 $y=10^{-x^2+2x+1}$에서 밑이 10이고, $10>1$이므로

y는 $f(x)=2$일 때 최댓값 10^2, $f(x)=-7$일 때 최솟값 10^{-7}을 갖는다.

따라서 $M=10^2$, $m=10^{-7}$이므로

$\log\dfrac{M}{m}=\log\dfrac{10^2}{10^{-7}}=\log10^9=9$ 　　　답 ④

07

$y=(2^{x+2}+3^{-x})(3^x+2^{-x+2})$

$\quad =4\times6^x+16+1+4\times6^{-x}$

$\quad =4(6^x+6^{-x})+17$ 　　　　　　　　…… ㉠

이때, $6^x>0$, $6^{-x}>0$이므로 산술평균과 기하평균의 관계에 의하여

$6^x+6^{-x}\ge2\sqrt{6^x\times6^{-x}}=2$

　　　　(단, 등호는 $6^x=6^{-x}$, 즉 $x=0$일 때 성립한다.)

㉠에서 $y\ge4\times2+17=25$

따라서 y의 최솟값은 25이다. 　　　　　　答 25

08

$8^{5-x}=\left(\dfrac{1}{2}\right)^{3-x^2}$에서 $2^{3(5-x)}=2^{x^2-3}$이므로

$3(5-x)=x^2-3,\ 15-3x=x^2-3$

$x^2+3x-18=0,\ (x+6)(x-3)=0$

$\therefore x=-6$ 또는 $x=3$

$\therefore |\alpha|+|\beta|=|-6|+|3|=6+3=9$ 　　答 ⑤

09

$4^x-9\times2^{x+1}+32=0$에서 $(2^x)^2-18\times2^x+32=0$

이때, $2^x=t\ (t>0)$로 놓으면

$t^2-18t+32=0,\ (t-2)(t-16)=0$

$\therefore t=2$ 또는 $t=16$

따라서 $2^x=2$ 또는 $2^x=16=2^4$이므로

$x=1$ 또는 $x=4$

$\therefore \alpha^2+\beta^2=1^2+4^2=17$ 　　　　　　答 17

10

$a^{2x}-7a^x+8=0$에서 $(a^x)^2-7a^x+8=0$

이때, $a^x=t\ (t>0)$로 놓으면

$t^2-7t+8=0$

한편, 방정식 $a^{2x}-7a^x+8=0$의 두 근을 α, β라 하면 이차방정식 $t^2-7t+8=0$의 두 근은 a^α, a^β이므로 이차방정식의 근과 계수의 관계에 의하여

$a^\alpha\times a^\beta=8,\ a^{\alpha+\beta}=8$

이때, $\alpha+\beta=3$이므로

$a^3=8,\ a^3=2^3$

$\therefore a=2$ 　　　　　　　　　　　　　　答 ③

11

$\left(\dfrac{1}{2}\right)^{2x}<32<\left(\dfrac{1}{4}\right)^{x-2}$에서 $2^{-2x}<2^5<2^{-2x+4}$

이때, 밑은 2이고, $2>1$이므로

$-2x<5<-2x+4$

$-2x<5$에서 $x>-\dfrac{5}{2}$ ...... ㉠

$5<-2x+4$에서 $2x<-1$ $\quad\therefore x<-\dfrac{1}{2}$ ...... ㉡

㉠, ㉡에서 $-\dfrac{5}{2}<x<-\dfrac{1}{2}$

따라서 주어진 부등식을 만족시키는 정수 x의 개수는 -2, -1의 2이다. **답** ②

12

$4^x-2^{x+3}+k\geq0$에서 $(2^x)^2-8\times2^x+k\geq0$

이때, $2^x=t$ $(t>0)$로 놓으면

$t^2-8t+k\geq0$, $(t-4)^2+k-16\geq0$ ...... ㉠

$t>0$일 때 이차부등식 ㉠이 항상 성립하기 위해서는 $k-16\geq0$이어야 한다.

$\therefore k\geq16$

따라서 구하는 실수 k의 최솟값은 16이다. **답** ④

13

$\left(\dfrac{1}{2}\right)^{f(x)}\geq\left(\dfrac{1}{2}\right)^{g(x)}$에서 밑이 $\dfrac{1}{2}$이고, $0<\dfrac{1}{2}<1$이므로

$f(x)\leq g(x)$

주어진 그림에서 $f(x)\leq g(x)$인 x의 값의 범위는

$1\leq x\leq4$

한편, $4^x-a\times2^x+b\leq0$에서 $(2^x)^2-a\times2^x+b\leq0$

이때, $2^x=t$ $(t>0)$로 놓으면

$t^2-at+b\leq0$ ...... ㉠

$1\leq x\leq4$에서 $2\leq t\leq16$이므로 ㉠은 $(t-2)(t-16)\leq0$이다.

따라서 $t^2-18t+32\leq0$이므로

$a=18$, $b=32$

$\therefore a+b=18+32=50$ **답** 50

14

두 점 A, B가 함수 $y=2^x$의 그래프 위에 있으므로 $A(a, 2^a)$, $B(b, 2^b)$ $(a>b)$라 할 수 있다.

이때, 선분 AB의 중점의 좌표가 $\left(0, \dfrac{5}{4}\right)$이므로

$\dfrac{a+b}{2}=0$ $\quad\therefore b=-a$ ...... ㉠

$\dfrac{2^a+2^b}{2}=\dfrac{5}{4}$ ...... ㉡

㉠을 ㉡에 대입하면

$2^a+2^{-a}=\dfrac{5}{2}$

위의 식의 양변에 2×2^a를 곱하면

$2\times(2^a)^2-5\times2^a+2=0$

이때, $2^a=t$ $(t>0)$로 놓으면

$2t^2-5t+2=0$

$(2t-1)(t-2)=0$ $\quad\therefore t=\dfrac{1}{2}$ 또는 $t=2$

즉, $2^a=\dfrac{1}{2}$ 또는 $2^a=2$이므로

$a=-1$ 또는 $a=1$

이를 ㉠에 대입하면 $b=1$ 또는 $b=-1$

이때, $a>b$이므로 $a=1$, $b=-1$

따라서 두 점 A, B의 좌표는 각각 $A(1, 2)$, $B\left(-1, \dfrac{1}{2}\right)$이다.

한편, 점 A가 함수 $y=-\left(\dfrac{1}{2}\right)^x+k$의 그래프 위의 점이므로

$2=-\dfrac{1}{2}+k$

$\therefore k=\dfrac{5}{2}$

• 다른 풀이

두 함수 $y=2^x$, $y=-\left(\dfrac{1}{2}\right)^x+k$의 그래프의 서로 다른 두 교점의 x좌표를 α, β라 하면 $A(\alpha, 2^\alpha)$, $B(\beta, 2^\beta)$이고 선분 AB의 중점의 y좌표가 $\dfrac{5}{4}$이므로

$\dfrac{2^\alpha+2^\beta}{2}=\dfrac{5}{4}$ $\quad\therefore 2^\alpha+2^\beta=\dfrac{5}{2}$ ...... ㉠

한편, 두 함수 $y=2^x$, $y=-\left(\dfrac{1}{2}\right)^x+k$의 그래프의 서로 다른 두 교점의 x좌표를 구하면

$2^x=-\left(\dfrac{1}{2}\right)^x+k$에서 $(2^x)^2-k\times2^x+1=0$

이때, $2^x=t$ $(t>0)$로 놓으면 이차방정식 $t^2-kt+1=0$의 두 근이 2^α, 2^β이므로 근과 계수의 관계에 의하여

$2^\alpha+2^\beta=k$

따라서 ㉠에 의하여

$k=\dfrac{5}{2}$ **답** ⑤

15

일차함수 $y=f(x)$의 그래프가 점 $(-5, 0)$을 지나고, 기울기가 양수이므로

$f(x)=a(x+5)$ $(a>0)$

라 할 수 있다.

부등식 $2^{f(x)}\leq8$, 즉 $2^{a(x+5)}\leq2^3$에서 밑이 2이고, $2>1$이므로

$a(x+5)\leq3$, $x+5\leq\dfrac{3}{a}$ $(\because a>0)$

$\therefore x\leq\dfrac{3}{a}-5$

이때, 부등식 $2^{f(x)}\leq8$의 해가 $x\leq-4$이므로

$\dfrac{3}{a}-5=-4$, $\dfrac{3}{a}=1$

$\therefore a=3$

따라서 $f(x)=3(x+5)$이므로

$f(0)=3\times5=15$ **답** 15

16

두 곡선 $y=|9^x-3|$, $y=2^{x+k}$이 만나는 서로 다른 두 점의 x좌표 x_1, x_2에 대하여 $x_1<0$, $0<x_1<2$를 만족시키려면 두 곡선 $y=|9^x-3|$, $y=2^{x+k}$의 그래프는 다음 그림과 같다.

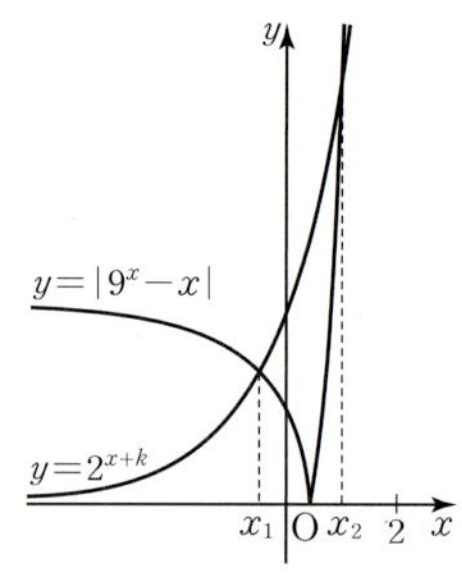

즉, $f(x)=|9^x-3|$, $g(x)=2^{x+k}$이라 하면
$x=0$일 때 $f(0)<g(0)$이어야 하고, $x=2$일 때 $f(2)>g(2)$이어야 한다.

$f(0)<g(0)$에서 $2<2^k$ ...... ㉠

$f(2)>g(2)$에서 $78>4\times 2^k$ $\therefore 2^k<\dfrac{39}{2}$ ...... ㉡

㉠, ㉡에서 $2<2^k<\dfrac{39}{2}$

이 부등식을 만족시키는 자연수 k의 값은 2, 3, 4이므로 그 합은
$2+3+4=9$ **탑 ②**

---

04 | 로그함수

유형 01

함수 $y=\log_3 x$의 그래프가 직선 $y=2$와 만나는 점의 x좌표를 구하면 $2=\log_3 x$ $\therefore x=9$

함수 $y=\log_5 x$의 그래프가 직선 $y=2$와 만나는 점의 x좌표를 구하면 $2=\log_5 x$ $\therefore x=25$

따라서 두 점 A, B의 좌표는 각각 $A(9, 2)$, $B(25, 2)$이므로 구하는 선분 AB의 길이는
$\overline{AB}=|25-9|=16$ **탑 ④**

01-1

세 점 P′, Q′, R′의 y좌표는 각각 $\log_2 3$, $\log_2 a$, $\log_2 12$이고, 점 Q′은 선분 P′R′의 중점이므로

$$\dfrac{\log_2 3+\log_2 12}{2}=\log_2 a$$

$\log_2 (3\times 12)=\log_2 a^2$

$a^2=36$

$\therefore a=6 \; (\because a>0)$ **탑 ②**

01-2

$y=\log_5 \dfrac{25}{x}$

$=\log_5 25-\log_5 x$

$=\log_5 5^2+\log_{5^{-1}} x$

$=\log_{\frac{1}{5}} x+2$

따라서 함수 $y=\log_5 \dfrac{25}{x}$의 그래프는 함수 $y=\log_{\frac{1}{5}} x$의 그래프를 y축의 방향으로 2만큼 평행이동시킨 것이므로
$m=2$ **탑 ⑤**

01-3

ㄱ. $y=\log_{\frac{1}{2}} 3x=-\log_2 3x=-\log_2 x-\log_2 3$

즉, 함수 $y=\log_{\frac{1}{2}} 3x$의 그래프는 함수 $y=\log_2 x$의 그래프를 x축에 대하여 대칭이동시킨 후 y축의 방향으로 $-\log_2 3$만큼 평행이동시킨 것이다.

ㄴ. 두 함수 $y=\log_2 x^4$, $y=\log_2 x$의 그래프는 오른쪽 그림과 같으므로 평행이동 또는 대칭이동시켜 일치시킬 수 없다.

ㄷ. $y=2^x$은 $y=\log_2 x$의 역함수이므로 함수 $y=2^x$의 그래프는 함수 $y=\log_2 x$의 그래프를 직선 $y=x$에 대하여 대칭이동시킨 것이다.

따라서 함수 $y=\log_2 x$의 그래프를 평행이동 또는 대칭이동시켜 일치시킬 수 있는 것은 ㄱ, ㄷ이다.   目 ④

01-4

함수 $f(x)=\log_2(x-5)$의 점근선의 방정식은 $x=5$이므로 곡선 $y=f^{-1}(x)$의 점근선의 방정식은 $y=5$이다.

직선 $y=5$와 곡선 $y=\log_3 x+3$의 교점의 x좌표는

$5=\log_3 x+3$, $\log_3 x=2$

$\therefore x=3^2=9$

따라서 구하는 교점의 x좌표는 9이다.

`•보충 설명`

$y=\log_2(x-5)$에서

$x-5=2^y$ $\therefore x=2^y+5$

이때, x와 y를 서로 바꾸면 $y=2^x+5$

따라서 $f^{-1}(x)=2^x+5$의 점근선은 $y=5$이다.   目 ③

유형 02

$y=\left(\log_2 \dfrac{x}{2}\right)^2-\log_2 x^3+6$

$\quad=(\log_2 x-\log_2 2)^2-3\log_2 x+6$

$\quad=(\log_2 x-1)^2-3\log_2 x+6$

$\quad=(\log_2 x)^2-5\log_2 x+7$

이때, $\log_2 x=t$로 놓으면

$1\le x\le 16$에서 $\log_2 1\le \log_2 x\le \log_2 16$이므로

$0\le \log_2 x\le 4$ $\therefore 0\le t\le 4$

또한 주어진 함수는

$y=t^2-5t+7=\left(t-\dfrac{5}{2}\right)^2+\dfrac{3}{4}$

따라서 함수 y는 $t=\dfrac{5}{2}$일 때 최솟값 $m=\dfrac{3}{4}$, $t=0$일 때 최댓값

$M=7$을 가지므로

$Mm=7\times\dfrac{3}{4}=\dfrac{21}{4}$ 目 ②

02-1

$y=(\log_2 x)^2+a\log_{\frac{1}{4}} x+b$

$\quad=(\log_2 x)^2-\dfrac{a}{2}\log_2 x+b$

이때, $\log_2 x=t$로 놓으면

$y=t^2-\dfrac{a}{2}t+b$

이때, 이 함수는 $x=4$, 즉 $t=2$일 때 최솟값 5를 가지므로

$y=(t-2)^2+5=t^2-4t+9$

따라서 $\dfrac{a}{2}=4$에서 $a=8$이고, $b=9$이므로

$ab=8\times 9=72$ 目 72

02-2

진수의 조건에서 $-x^2+10x-16>0$

$x^2-10x+16<0$, $(x-2)(x-8)<0$

$\therefore 2<x<8$

주어진 식에서 진수를 $f(x)$라 하면

$f(x)=-x^2+10x-16=-(x-5)^2+9$

$2<x<8$에서 함수 $f(x)$는 $x=5$일 때, 최댓값 9를 갖는다.

즉, 함수 $y=\log_3(-x^2+10x-16)+4$에서 y는 $x=5$일 때 최댓 값 $\log_3 9+4=2+4=6$을 갖는다.

따라서 $p=5$, $q=6$이므로

$p+q=5+6=11$ 目 ①

02-3

$y=(4\log_2 x+\log_x 3)(\log_3 x+4\log_x 2)$

$\quad=4\log_2 x\times\log_3 x+16+1+4\log_x 3\times\log_x 2$

$\quad=4(\log_2 x\times\log_3 x+\log_x 2\times\log_x 3)+17$ $\cdots\cdots\ \bigcirc$

$x>1$에서 $\log_2 x>0$, $\log_3 x>0$, $\log_x 2>0$, $\log_x 3>0$이므로

산술평균과 기하평균의 관계에 의하여

$\log_2 x\times\log_3 x+\log_x 2\times\log_x 3$

$\ge 2\sqrt{\log_2 x\times\log_3 x\times\log_x 2\times\log_x 3}$

$=2$

   (단, 등호는 $\log_2 x\times\log_3 x=\log_x 2\times\log_x 3$일 때 성립한다.)

$\bigcirc$에 의하여

$y=4(\log_2 x\times\log_3 x+\log_x 2\times\log_x 3)+17$

$\quad\ge 4\times 2+17=25$

따라서 함수 y의 최솟값은 25이다.   目 25

유형 03

$\log_3 6x\times\log_3 x+\log_3 \dfrac{3}{2}\times\log_3 x-6=0$에서

$(\log_3 6+\log_3 x)\log_3 x+\log_3 \dfrac{3}{2}\times\log_3 x-6=0$

$(\log_3 x)^2+\left(\log_3 6+\log_3 \dfrac{3}{2}\right)\log_3 x-6=0$

$(\log_3 x)^2+\log_3 9\times\log_3 x-6=0$

$(\log_3 x)^2+2\log_3 x-6=0$

이때, $\log_3 x=t$로 놓으면 주어진 방정식의 두 근이 α, β이므로

이차방정식 $t^2+2t-6=0$의 두 근은 $\log_3 \alpha$, $\log_3 \beta$이다.

이차방정식의 근과 계수의 관계에 의하여

$\log_3 \alpha+\log_3 \beta=-2$

$\log_3 \alpha\beta=-2$

$\therefore \alpha\beta=3^{-2}=\dfrac{1}{9}$ 目 ②

03-1

진수의 조건에서

$5+x>0$이고 $5-x>0$ $\therefore -5<x<5$ $\cdots\cdots\ \bigcirc$

$\log_2(5+x)+\log_2(5-x)=4$에서

$\log_2(5+x)(5-x)=4$, $\log_2(25-x^2)=4$

$25-x^2=16$, $x^2-9=0$, $(x+3)(x-3)=0$

$\therefore x=-3$ 또는 $x=3$ $\cdots\cdots\ \bigcirc$

$\bigcirc$, $\bigcirc$에서 $x=-3$ 또는 $x=3$

따라서 구하는 모든 실수 x의 값의 곱은

$(-3)\times 3=-9$ 目 ②

진수의 조건에서

$x-1>0$이고 $x-3>0$ $\therefore x>3$ …… ㉠

$\log_{\frac{1}{3}}(x-1)+\log_{\frac{1}{3}}(x-3)<-1$에서

$\log_{\frac{1}{3}}(x-1)(x-3)<\log_{\frac{1}{3}}\left(\frac{1}{3}\right)^{-1}$

밑이 $\frac{1}{3}$이고, $0<\frac{1}{3}<1$이므로

$(x-1)(x-3)>\left(\frac{1}{3}\right)^{-1}$

$x^2-4x+3>3$

$x^2-4x>0$, $x(x-4)>0$

$\therefore x<0$ 또는 $x>4$ …… ㉡

㉠, ㉡에서 $x>4$

$\therefore a=4$ **답** ③

04-1

진수의 조건에서 $x-1>0$이고 $\frac{1}{2}x+k>0$

$\therefore x>1$ ($\because k$는 자연수) …… ㉠

$\log_2(x-1)\leq\log_2\left(\frac{1}{2}x+k\right)$에서 밑이 2이고, $2>1$이므로

$x-1\leq\frac{1}{2}x+k$, $\frac{1}{2}x\leq k+1$

$\therefore x\leq2k+2$ …… ㉡

㉠, ㉡에서 $1<x\leq2k+2$

$2k+2$는 자연수이고, 이 부등식을 만족시키는 정수 x의 개수가 15이므로

$2k+2-1=15$, $2k+1=15$

$\therefore k=7$ **답** ③

04-2

진수의 조건에서

$x^2>0$이고, $27x>0$ $\therefore x>0$ …… ㉠

$\log_9 x^2\times\log_3 27x\leq10$에서

$\log_3 x\times(\log_3 27+\log_3 x)\leq10$

$\log_3 x\times(3+\log_3 x)\leq10$

$(\log_3 x)^2+3\log_3 x-10\leq0$

이때, $\log_3 x=t$로 놓으면

$t^2+3t-10\leq0$, $(t+5)(t-2)\leq0$

$\therefore -5\leq t\leq2$

즉, $-5\leq\log_3 x\leq2$이므로

$3^{-5}\leq x\leq3^2$ $\therefore \left(\frac{1}{3}\right)^5\leq x\leq9$ …… ㉡

㉠, ㉡에서 $\left(\frac{1}{3}\right)^5\leq x\leq9$

따라서 부등식을 만족시키는 정수 x의 개수는 1, 2, 3, $\cdots$, 9의 9이다. **답** ④

여과기를 1개 설치하면 불순물의 20 %, 즉 $\frac{1}{5}$이 여과기를 통과하므로 여과기를 n개 설치하면 불순물의 $\left(\frac{1}{5}\right)^n$이 여과기를 통과한다.

이때, 처음 불순물의 양을 A라 하면 여과기를 통과한 불순물의 양이 전체의 0.01 %, 즉 $\frac{1}{10000}$ 미만이 되어야 하므로

$A\left(\frac{1}{5}\right)^n<\frac{1}{10000}A$

$\left(\frac{1}{5}\right)^n<\frac{1}{10000}$

양변에 상용로그를 취하면

$\log\left(\frac{1}{5}\right)^n<\log\frac{1}{10000}$

$-n\log 5<-4$, $n\log 5>4$

$n(1-\log 2)>4$, $n(1-0.3)>4$

$0.7n>4$

$\therefore n>\frac{40}{7}=5.7\cdots$

따라서 설치해야 하는 여과기의 최소 개수는 6이다. **답** ①

05-1

올해 아파트의 전셋값을 A라 하고, n년 후의 전셋값이 올해의 2배 이상이 된다고 하면

$A(1+0.05)^n\geq2A$

$1.05^n\geq2$

양변에 상용로그를 취하면

$\log 1.05^n\geq\log 2$

$n\log 1.05\geq\log 2$

$0.021n\geq0.301$

$\therefore n\geq\frac{0.301}{0.021}=14.3\cdots$

따라서 최소 15년 후에 전셋값이 올해의 2배 이상이 된다. **답** ①

05-2

유리창을 한 장 설치하면 자외선의 $\frac{81}{100}$이 유리창을 통과하므로 유리창을 n장 설치하면 자외선의 $\left(\frac{81}{100}\right)^n$이 유리창을 통과한다.

이때, 처음 자외선의 양을 A라 하면 유리창을 통과한 자외선 양이 처음의 $\frac{1}{3}$ 이하가 되어야 하므로

$A\left(\frac{81}{100}\right)^n\leq\frac{1}{3}A$

$\left(\frac{81}{100}\right)^n\leq\frac{1}{3}$

양변에 상용로그를 취하면

$\log\left(\frac{81}{100}\right)^n\leq\log\frac{1}{3}$, $n(4\log 3-2)\leq-\log 3$

$n(4\times0.48-2)\leq-0.48$, $-0.08n\leq-0.48$

$\therefore n\geq6$

따라서 설치해야 하는 유리창의 최소 장수는 6이다. **답** 6

본문 29~30쪽

빈출 유형 마무리

01 ②	**02** ②	**03** ③	**04** ②	**05** ③	**06** ②
07 ②	**08** ⑤	**09** 9	**10** 49	**11** 30	**12** 2
13 25	**14** ④	**15** ②	**16** ②		

01

$f(2)=p$, $f(3)=q$, 즉 $\log 2=p$, $\log 3=q$이므로

$$f\left(\frac{5}{3}\right)=\log\frac{5}{3}=\log 5-\log 3$$
$$=\log\frac{10}{2}-\log 3$$
$$=1-\log 2-\log 3$$
$$=1-p-q$$

답 ②

02

곡선 $y=a^{-x-2}$이 직선 $y=1$과 만나는 점의 x좌표를 구하면

$a^{-x-2}=1$에서 $a\neq 0$이므로

$-x-2=0$ $\quad\therefore x=-2$

또한 곡선 $y=\log_a(x-2)$가 직선 $y=1$과 만나는 점의 x좌표를 구하면

$\log_a(x-2)=1$에서 $x-2=a$ $\quad\therefore x=a+2$

따라서 두 점 A, B의 좌표는 $\mathrm{A}(-2,\ 1)$, $\mathrm{B}(a+2,\ 1)$이다.

이때, a는 1이 아닌 양수이고, $\overline{\mathrm{AB}}=8$이므로

$|a+2-(-2)|=8$

$a+4=8$

$\therefore a=4$

답 ②

03

오른쪽 그림에서

$\log_2 e=d$, $\log_2 c=b$이므로

$$d-b=\log_2 e-\log_2 c=\log_2\frac{e}{c}$$

따라서 $2^{d-b}=\dfrac{e}{c}$이므로

$$\left(\frac{1}{2}\right)^{b-d}=2^{d-b}=\frac{e}{c}$$

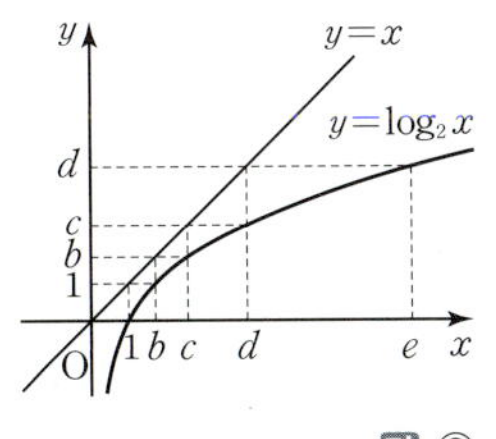

답 ③

04

함수 $y=\log_2 x$의 그래프를 x축의 방향으로 1만큼, y축의 방향으로 -1만큼 평행이동시킨 그래프의 식은

$y=\log_2(x-1)-1$

이 함수의 그래프를 직선 $y=x$에 대하여 대칭이동시킨 그래프의 식은

$x=\log_2(y-1)-1$, 즉 $y-1=2^{x+1}$

$\therefore y=2^{x+1}+1$

따라서 $g(x)=2^{x+1}+1$이므로

$g(5)=2^{5+1}+1=65$

답 ②

05

$x>0$일 때, 두 함수 $y=\log_2 5x$, $y=\log_2(x+m)$의 그래프의 교점의 x좌표는

$\log_2 5x=\log_2(x+m)$, $5x=x+m$, $4x=m$

$$\therefore x=\frac{m}{4}$$

$x<0$일 때, 두 함수 $y=\log_2(-5x)$, $y=\log_2(x+m)$의 그래프의 교점의 x좌표는

$\log_2(-5x)=\log_2(x+m)$, $-5x=x+m$, $6x=-m$

$$\therefore x=-\frac{m}{6}$$

따라서 두 함수 $y=\log_2|5x|$, $y=\log_2(x+m)$의 그래프의 교점 A, B의 좌표는

$$\mathrm{A}\left(\frac{m}{4},\ \log_2\frac{5m}{4}\right),\ \mathrm{B}\left(-\frac{m}{6},\ \log_2\frac{5m}{6}\right)$$

이때 직선 AB의 기울기는 $\log_2 3-1$이므로

$$\frac{\log_2\dfrac{5m}{4}-\log_2\dfrac{5m}{6}}{\dfrac{m}{4}-\left(-\dfrac{m}{6}\right)}=\log_2 3-1$$

$$\frac{\log_2\left(\dfrac{5m}{4}\times\dfrac{6}{5m}\right)}{\dfrac{5m}{12}}=\log_2 3-1$$

$$\frac{12}{5m}\log_2\frac{3}{2}=\log_2 3-1$$

$$\frac{12}{5m}(\log_2 3-1)=\log_2 3-1$$

$$\therefore m=\frac{12}{5}$$

답 ③

06

$f(x)=\log_a(x^2-2x+3)=\log_a\{(x-1)^2+2\}$에서

밑 a가 $0<a<1$이므로 $0\leq x\leq 3$에서 함수 $f(x)$는 $x=1$일 때, 최댓값 $f(1)$을 갖는다.

이때, 최댓값이 -1이므로 $f(1)=-1$에서

$\log_a 2=-1$, $a^{-1}=2$

$$\therefore a=\frac{1}{2}$$

따라서 $0\leq x\leq 3$에서 함수 $f(x)=\log_{\frac{1}{2}}(x^2-2x+3)$은 $x=3$일 때, 최솟값 $\log_{\frac{1}{2}}(9-6+3)=\log_{\frac{1}{2}}6=-\log_2 6$을 갖는다.

답 ②

07

$f(x)=\log_a(x^2-2x+10)$에서 진수를 $g(x)$라 하면

$g(x)=x^2-2x+10=(x-1)^2+9$

이므로 $0\leq x\leq 1$에서 $9\leq g(x)\leq 10$

이때, 밑 a의 범위에 따라 경우를 나누어 생각해 보자.

(i) $a>1$일 때

$\log_a 9\leq\log_a g(x)\leq\log_a 10$

$\therefore \log_a 9\leq f(x)\leq\log_a 10$

함수 $f(x)$의 최댓값은 $\log_a 10$이므로

$$\log_a 10 = -1 \qquad \therefore a = \frac{1}{10}$$

그런데 $a > 1$인 조건에 모순이다.

(ii) $0 < a < 1$일 때

$$\log_a 10 \leq \log_a g(x) \leq \log_a 9$$
$$\therefore \log_a 10 \leq f(x) \leq \log_a 9$$

함수 $f(x)$의 최댓값은 $\log_a 9$이므로

$$\log_a 9 = -1 \qquad \therefore a = \frac{1}{9}$$

(i), (ii)에서 $a = \dfrac{1}{9}$ 답 ②

08

$\log 9x + \log 3x \times \log \dfrac{3}{x} = (\log 3)^2$에서

$$(2\log 3 + \log x) + (\log 3 + \log x)(\log 3 - \log x) = (\log 3)^2$$
$$2\log 3 + \log x + (\log 3)^2 - (\log x)^2 = (\log 3)^2$$
$$(\log x)^2 - \log x - 2\log 3 = 0$$

이때, $\log x = t$로 놓으면 이 방정식의 두 근이 α, β이므로 이차방정식 $t^2 - t - 2\log 3 = 0$의 두 근은 $\log \alpha$, $\log \beta$이다.

따라서 이차방정식의 근과 계수의 관계에 의하여

$$\log \alpha + \log \beta = 1$$
$$\log \alpha\beta = 1$$
$$\therefore \alpha\beta = 10$$ 답 ⑤

09

진수의 조건에서 $x > 0$

$x^{\log_3 x} = 27x^2$의 양변에 밑을 3으로 하는 로그를 취하면

$$\log_3 x^{\log_3 x} = \log_3 27x^2$$
$$(\log_3 x)^2 = 3 + 2\log_3 x$$
$$(\log_3 x)^2 - 2\log_3 x - 3 = 0$$

이때, $\log_3 x = t$로 놓으면

$$t^2 - 2t - 3 = 0, \ (t+1)(t-3) = 0$$
$$\therefore t = -1 \ \text{또는} \ t = 3$$

즉, $\log_3 x = -1$ 또는 $\log_3 x = 3$이므로

$x = \dfrac{1}{3}$ 또는 $x = 27$

$$\therefore \alpha\beta = \frac{1}{3} \times 27 = 9$$ 답 9

10

x에 대한 방정식 $3\log 100x = ax + 8$의 실근은 함수 $y = 3\log 100x$의 그래프와 직선 $y = ax + 8$의 교점의 x좌표와 같다.

이때, $\dfrac{1}{10} \leq x \leq 1$에서 함수 $y = 3\log 100x$의 그래프는 다음 그림과 같다.

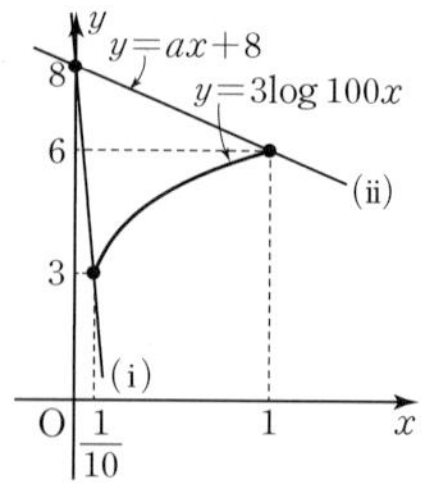

한편, 직선 $y = ax + 8$은 a의 값에 관계없이 점 $(0, 8)$을 지나고 $\dfrac{1}{10} \leq x \leq 1$에서 함수 $y = 3\log 100x$의 그래프와 만나야 하므로 다음 경우로 나누어 생각해 보자.

(i) 직선 $y = ax + 8$이 점 $\left(\dfrac{1}{10}, 3\right)$을 지나는 경우

$$3\log\left(100 \times \frac{1}{10}\right) = a \times \frac{1}{10} + 8$$
$$3 = \frac{1}{10}a + 8 \qquad \therefore a = -50$$

(ii) 직선 $y = ax + 8$이 점 $(1, 6)$을 지나는 경우

$$3\log 100 = a + 8$$
$$6 = a + 8 \qquad \therefore a = -2$$

(i), (ii)에서 조건을 만족시키는 정수 a의 개수는

$$-50, \ -49, \ -48, \ \cdots, \ -2$$

의 49이다. 답 49

11

진수의 조건에서

$x - 5 > 0$이고, $x + 7 > 0$이므로 $x > 5$

$2\log_2 (x-5) < \log_2 (x+7)$에서

$$\log_2 (x-5)^2 < \log_2 (x+7)$$

밑이 2이고, $2 > 1$이므로

$$(x-5)^2 < x+7, \ x^2 - 10x + 25 < x + 7$$
$$x^2 - 11x + 18 < 0, \ (x-2)(x-9) < 0$$
$$\therefore 2 < x < 9$$

그런데 $x > 5$이므로 $5 < x < 9$ ...... ㉠

또한 진수의 조건에서

$7 - x > 0$이고, $x + 2 > 0$이므로 $-2 < x < 7$

$\log_{\frac{1}{2}} (7-x) + \log_{\frac{1}{2}} (x+2) < -3$에서

$$\log_{\frac{1}{2}} (7-x)(x+2) < \log_{\frac{1}{2}} \left(\frac{1}{2}\right)^{-3}$$

밑이 $\dfrac{1}{2}$이고, $0 < \dfrac{1}{2} < 1$이므로

$$(7-x)(x+2) > \left(\frac{1}{2}\right)^{-3}, \ -x^2 + 5x + 14 > 8$$
$$x^2 - 5x - 6 < 0, \ (x+1)(x-6) < 0$$
$$\therefore -1 < x < 6$$

그런데 $-2 < x < 7$이므로 $-1 < x < 6$ ...... ㉡

따라서 ㉠, ㉡에서 $5 < x < 6$이므로

$\alpha = 5$, $\beta = 6$

$$\therefore \alpha\beta = 5 \times 6 = 30$$ 답 30

12

진수의 조건에서 $a > 0$ ...... ㉠

이차부등식 $x^2 - (2\log_3 9a)x + 6 + 3\log_3 a > 0$이 모든 실수 x에 대하여 성립하여야 하므로 이차방정식 $x^2 - (2\log_3 9a)x + 6 + 3\log_3 a = 0$의 판별식을 D라 하면

$$\frac{D}{4} = (\log_3 9a)^2 - (6 + 3\log_3 a) < 0$$
$$(2 + \log_3 a)^2 - 3(2 + \log_3 a) < 0$$

이때, $\log_3 a = t$로 놓으면

$(2+t)^2-3(2+t)<0,\ t^2+t-2<0$

$(t+2)(t-1)<0$

$\therefore\ -2<t<1$

즉, $-2<\log_3 a<1$이므로

$3^{-2}<a<3$ $\qquad\therefore\ \dfrac{1}{9}<a<3$ $\qquad\qquad\cdots\cdots\ \bigcirc$

$\bigcirc$, $\bigcirc$에서 $\dfrac{1}{9}<a<3$이므로 구하는 정수 a의 개수는 1, 2의 2이다.

$\boxed{\text{답}}$ 2

13

현재의 북극의 얼음 양을 A라 하고, n년 후의 얼음 양이 현재의 80 % 이하가 된다고 하면

$$A\left(\dfrac{99}{100}\right)^n\le\dfrac{80}{100}A$$

$$\left(\dfrac{99}{100}\right)^n\le\dfrac{80}{100}$$

양변에 상용로그를 취하면

$$\log\left(\dfrac{99}{100}\right)^n\le\log\dfrac{80}{100}$$

$$n(\log 9.9-1)\le 3\log 2-1$$

$$n(0.996-1)\le 3\times 0.301-1$$

$$-0.004n\le -0.097$$

$$\therefore\ n\ge\dfrac{97}{4}=24.25$$

따라서 25년 후에 북극의 얼음 양이 현재의 80 % 이하가 된다.

$\boxed{\text{답}}$ 25

14

함수 $y=\log_3 x$의 그래프를 x축의 방향으로 a만큼, y축의 방향으로 2만큼 평행이동시킨 그래프의 식은

$y=\log_3(x-a)+2$

$\therefore\ f(x)=\log_3(x-a)+2$

$y=\log_3(x-a)+2$에서

$\log_3(x-a)=y-2$

$x-a=3^{y-2}$ $\qquad\therefore\ x=3^{y-2}+a$

x와 y를 서로 바꾸면

$y=3^{x-2}+a$

이때, $f^{-1}(x)=3^{x-2}+4$이므로

$a=4$

$\boxed{\text{답}}$ ④

15

진수의 조건에서

$|x-1|>0$ $\qquad\therefore\ x\ne 1$ $\qquad\qquad\cdots\cdots\ \bigcirc$

$2\log_2|x-1|\le 1-\log_2\dfrac{1}{2}$에서

$2\log_2|x-1|\le 2,\ \log_2|x-1|\le 1$

밑이 2이고, $2>1$이므로

$|x-1|\le 2,\ -2\le x-1\le 2$

$\therefore\ -1\le x\le 3$ $\qquad\qquad\cdots\cdots\ \bigcirc$

$\bigcirc$, $\bigcirc$에서 구하는 정수 x의 개수는

$-1,\ 0,\ 2,\ 3$의 4이다.

$\boxed{\text{답}}$ ②

16

$$c_1=1.004\times c_0=\dfrac{1}{99}\times 1.004$$

따라서 수열 $\{c_n\}$은 첫째항이 $\dfrac{1}{99}\times 1.004$이고 공비가 1.004인 등비수열이다.

$$\therefore\ c_n=\dfrac{1}{99}(1.004)^n$$

$$c_n=\dfrac{1}{99}(1.004)^n\ge\dfrac{1}{9}$$에서 $(1.004)^n\ge 11$

양변에 상용로그를 취하면 $n\log 1.004\ge\log 11$

$$n\ge\dfrac{\log 11}{\log 1.004}=\dfrac{1.0414}{0.0017}=612.5\cdots$$

따라서 자연수 n의 최솟값은 613이다.

$\boxed{\text{답}}$ ②

01 | 삼각함수

유형 01

반지름의 길이가 r, 중심각의 크기가 θ(라디안)인 부채꼴의 호의 길이가 π이고, 넓이가 3π이므로

$$\frac{1}{2}\times r\times\pi=3\pi \qquad \therefore r=6$$

이때, $r\theta=\pi$에서 $6\theta=\pi$ $\qquad \therefore \theta=\frac{\pi}{6}$

$$\therefore r+\frac{\theta}{\pi}=6+\frac{1}{6}=\frac{37}{6}$$
답 ③

01-1

$30°=30\times\dfrac{\pi}{180}=\dfrac{\pi}{6}$이므로

$$\angle\text{APO}=\angle\text{PAB}=\frac{\pi}{6} \qquad \therefore \angle\text{POB}=\frac{\pi}{3}$$

부채꼴 POB의 반지름의 길이는 2이고, 중심각의 크기는 $\dfrac{\pi}{3}$이므로 부채꼴 POB의 호의 길이는

$$2\times\frac{\pi}{3}=\frac{2}{3}\pi$$

따라서 부채꼴 POB의 둘레의 길이는

$$2\times2+\frac{2}{3}\pi=4+\frac{2}{3}\pi$$

따라서 $a=4$, $b=\dfrac{2}{3}$이므로 $\dfrac{a}{b}=\dfrac{4}{\frac{2}{3}}=6$
답 6

유형 02

$\overline{\text{OP}}=\sqrt{(-3)^2+(-4)^2}=5$이므로

$$\sin\theta=-\frac{4}{5}, \ \cos\theta=-\frac{3}{5}, \ \tan\theta=\frac{4}{3}$$

$$\therefore \sin\theta-\cos\theta+\tan\theta=-\frac{4}{5}-\left(-\frac{3}{5}\right)+\frac{4}{3}$$
$$=-\frac{1}{5}+\frac{4}{3}=\frac{17}{15}$$
답 ②

02-1

θ는 제4사분면의 각이고 $\tan\theta=-\dfrac{4}{3}$이므로 원점 O와 점 $\text{P}(3, \ -4)$에 대하여 동경 OP가 나타내는 각의 크기이다.

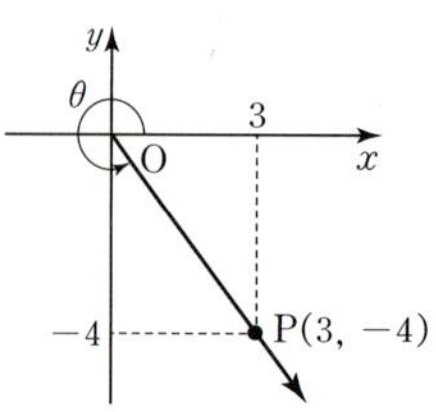

$\overline{\text{OP}}=\sqrt{3^2+(-4)^2}=5$이므로

$$\sin\theta=-\frac{4}{5}, \ \cos\theta=\frac{3}{5}$$

$$\therefore \frac{1}{\sin\theta}+\frac{1}{\cos\theta}=-\frac{5}{4}+\frac{5}{3}=\frac{5}{12}$$
답 ④

02-2

θ는 제2사분면의 각이므로 $\sin\theta>0$, $\cos\theta<0$

$$\therefore \sqrt{\sin^2\theta}+\sqrt{\cos^2\theta}+3\,|\sin\theta|+\cos\theta$$
$$=|\sin\theta|+|\cos\theta|+3\,|\sin\theta|+\cos\theta$$
$$=\sin\theta-\cos\theta+3\sin\theta+\cos\theta$$
$$=4\sin\theta$$
답 ⑤

유형 03

$\tan\theta=\dfrac{\sin\theta}{\cos\theta}$이고, $\sin^2\theta+\cos^2\theta=1$이므로

$$\tan\theta+\frac{1}{\tan\theta}=\frac{\sin\theta}{\cos\theta}+\frac{\cos\theta}{\sin\theta}$$
$$=\frac{\sin^2\theta+\cos^2\theta}{\sin\theta\cos\theta}=\frac{1}{\sin\theta\cos\theta}$$

이때, $\sin\theta-\cos\theta=\dfrac{1}{5}$의 양변을 제곱하면

$$\sin^2\theta-2\sin\theta\cos\theta+\cos^2\theta=\frac{1}{25}$$

$$1-2\sin\theta\cos\theta=\frac{1}{25} \qquad \therefore \sin\theta\cos\theta=\frac{12}{25}$$

$$\therefore \tan\theta+\frac{1}{\tan\theta}=\frac{1}{\sin\theta\cos\theta}=\frac{25}{12}$$
답 ②

03-1

$\sin^2\theta+\cos^2\theta=1$이고 $\sin\theta\cos\theta=\dfrac{1}{2}$이므로

$$(\sin\theta+\cos\theta)^2=\sin^2\theta+2\sin\theta\cos\theta+\cos^2\theta$$
$$=1+2\times\frac{1}{2}=2$$

이때, θ는 제1사분면의 각이므로
$\sin\theta>0$, $\cos\theta>0$ $\qquad \therefore \sin\theta+\cos\theta=\sqrt{2}$

$$\therefore \sin^3\theta+\cos^3\theta$$
$$=(\sin\theta+\cos\theta)(\sin^2\theta-\sin\theta\cos\theta+\cos^2\theta)$$
$$=\sqrt{2}\times\left(1-\frac{1}{2}\right)=\frac{\sqrt{2}}{2}$$

보충 설명
$(x^3+y^3)=(x+y)(x^2-xy+y^2)$
답 ④

03-2

$\sin\theta+\cos\theta=\dfrac{1}{3}$의 양변을 제곱하면

$$\sin^2\theta+2\sin\theta\cos\theta+\cos^2\theta=\frac{1}{9}$$

이때, $\sin^2\theta+\cos^2\theta=1$이므로

$$1+2\sin\theta\cos\theta=\frac{1}{9} \qquad \therefore \sin\theta\cos\theta=-\frac{4}{9}$$

$$\therefore \sin^4\theta+\cos^4\theta=(\sin^2\theta+\cos^2\theta)^2-2\sin^2\theta\cos^2\theta$$
$$=1-2\times\left(-\frac{4}{9}\right)^2=\frac{49}{81}$$
답 ③

03-3

$\tan \theta = \dfrac{\sin \theta}{\cos \theta}$이고, $\sin^2 \theta + \cos^2 \theta = 1$이므로

$$\dfrac{1}{\tan \theta} + \dfrac{\sin \theta}{1+\cos \theta} = \dfrac{\cos \theta}{\sin \theta} + \dfrac{\sin \theta}{1+\cos \theta}$$
$$= \dfrac{\cos \theta (1+\cos \theta) + \sin^2 \theta}{\sin \theta (1+\cos \theta)}$$
$$= \dfrac{\cos \theta + \cos^2 \theta + \sin^2 \theta}{\sin \theta (1+\cos \theta)}$$
$$= \dfrac{\cos \theta + 1}{\sin \theta (1+\cos \theta)} = \dfrac{1}{\sin \theta}$$

이때, $\cos \theta = -\dfrac{2\sqrt{2}}{3}$이고, θ는 제2사분면의 각이므로

$$\sin \theta = \sqrt{1-\cos^2 \theta} = \sqrt{1 - \left(-\dfrac{2\sqrt{2}}{3}\right)^2} = \dfrac{1}{3}$$

$$\therefore \dfrac{1}{\tan \theta} + \dfrac{\sin \theta}{1+\cos \theta} = \dfrac{1}{\sin \theta} = 3$$

답 ⑤

03-4

$\sin^2 \theta + \cos^2 \theta = 1$이므로

$$\dfrac{\cos \theta}{1-\sin \theta} + \dfrac{\cos \theta}{1+\sin \theta}$$
$$= \dfrac{\cos \theta (1+\sin \theta) + \cos \theta (1-\sin \theta)}{(1-\sin \theta)(1+\sin \theta)}$$
$$= \dfrac{\cos \theta + \cos \theta \sin \theta + \cos \theta - \cos \theta \sin \theta}{1-\sin^2 \theta}$$
$$= \dfrac{2\cos \theta}{\cos^2 \theta} = \dfrac{2}{\cos \theta}$$

이때, $\tan \theta = \dfrac{12}{5}$에서

$$\tan^2 \theta = \dfrac{\sin^2 \theta}{\cos^2 \theta} = \dfrac{1-\cos^2 \theta}{\cos^2 \theta} = \dfrac{144}{25}$$

이므로

$$144 \cos^2 \theta = 25(1-\cos^2 \theta)$$
$$169 \cos^2 \theta = 25 \qquad \therefore \cos \theta = -\dfrac{5}{13} \left(\because \pi < \theta < \dfrac{3}{2}\pi\right)$$

$$\therefore \dfrac{\cos \theta}{1-\sin \theta} + \dfrac{\cos \theta}{1+\sin \theta} = \dfrac{2}{\cos \theta} = -\dfrac{26}{5}$$

답 ⑤

빈출 유형 **마무리**

본문 35쪽

01 ③　**02** 900　**03** ⑤　**04** ②　**05** ④　**06** 5

07 15　**08** 14

01

각 θ를 나타내는 동경과 각 9θ를 나타내는 동경이 일치하므로

$$9\theta - \theta = 2n\pi \ (단, \ n은 \ 정수)$$
$$8\theta = 2n\pi \qquad \therefore \theta = \dfrac{n}{4}\pi \qquad \qquad \cdots\cdots ㉠$$

이때, $0 < \theta < \pi$에서 $0 < \dfrac{n}{4}\pi < \pi$이므로 $0 < n < 4$

$$\therefore n=1 \ 또는 \ n=2 \ 또는 \ n=3$$

이를 ㉠에 대입하면

$$\theta = \dfrac{\pi}{4} \ 또는 \ \theta = \dfrac{\pi}{2} \ 또는 \ \theta = \dfrac{3}{4}\pi$$

따라서 구하는 모든 θ의 값의 합은

$$\dfrac{\pi}{4} + \dfrac{\pi}{2} + \dfrac{3}{4}\pi = \dfrac{3}{2}\pi$$

· 보충 설명

두 동경이 나타내는 각의 크기를 각각 α, β라 할 때, 정수 n에 대하여

(1) 두 동경이 일치할 조건 : $\alpha - \beta = 360° \times n = 2n\pi$

(2) 두 동경이 일직선 위에 있고 방향이 반대, 즉 원점에 대하여 대칭일 조건 : $\alpha - \beta = 360° \times n + 180° = (2n+1)\pi$

(3) 두 동경이 x축에 대하여 대칭일 조건 : $\alpha + \beta = 360° \times n = 2n\pi$

(4) 두 동경이 y축에 대하여 대칭일 조건 :
$$\alpha + \beta = 360° \times n + 180° = (2n+1)\pi$$

(5) 두 동경이 직선 $y=x$에 대하여 대칭일 조건 :
$$\alpha + \beta = 360° \times n + 90° = \left(2n+\dfrac{1}{2}\right)\pi$$

답 ③

02

부채꼴의 반지름의 길이를 r라 하면 둘레의 길이가 120이므로 호의 길이는 $120-2r$이다.

이때, $120-2r > 0$, $r > 0$이므로 $0 < r < 60$

부채꼴의 넓이를 S라 하면

$$S = \dfrac{1}{2}r(120-2r) = -r^2 + 60r$$
$$= -(r-30)^2 + 900 \ (0 < r < 60)$$

따라서 S는 $r=30$일 때 최대이므로 부채꼴의 넓이의 최댓값은 900이다.

답 900

03

부채꼴 OAB는 반지름의 길이가 12이고, 중심각의 크기가 $\dfrac{\pi}{3}$이므로 그 넓이는

$$\dfrac{1}{2} \times 12^2 \times \dfrac{\pi}{3} = 24\pi$$

오른쪽 그림과 같이 부채꼴 OAB에 내접하는 원의 중심을 O′이라 하면

$$\angle \text{BOA} = \dfrac{\pi}{3}$$이므로 $$\angle \text{O′OA} = \dfrac{\pi}{6}$$

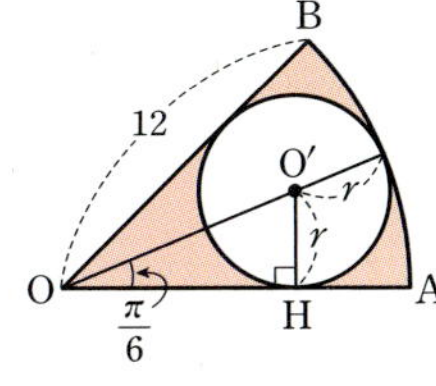

원의 반지름의 길이를 r라 하고, 점 O′에서 선분 OA에 내린 수선의 발을 H라 하면 직각삼각형 O′OH에서

$$\sin \dfrac{\pi}{6} = \dfrac{r}{\overline{\text{OO′}}} \qquad \therefore \overline{\text{OO′}} = 2r$$

이때, $\overline{\text{OO′}} + r = 12$에서 $2r + r = 12$ $\qquad \therefore r = 4$

즉, 부채꼴 OAB에 내접하는 원의 넓이는

$$\pi \times 4^2 = 16\pi$$

따라서 색칠한 부분의 넓이는

$$24\pi - 16\pi = 8\pi$$

답 ⑤

04

각 θ를 나타내는 동경과 각 2θ를 나타내는 동경이 x축에 대하여 대칭이므로

$\theta+2\theta=2n\pi$ (단, n은 정수)

$3\theta=2n\pi$ $\quad\therefore\theta=\dfrac{2}{3}n\pi$ $\qquad\qquad\qquad\cdots\cdots$ ㉠

이때, $0<\theta<2\pi$에서 $0<\dfrac{2}{3}n\pi<2\pi$이므로 $0<n<3$

$\therefore n=1$ 또는 $n=2$

이를 ㉠에 대입하면 $\theta=\dfrac{2}{3}\pi$ 또는 $\theta=\dfrac{4}{3}\pi$

(i) $\theta=\dfrac{2}{3}\pi$일 때, θ가 제2사분면의 각이므로

$\quad\sin\theta>0,\ \cos\theta<0,\ \tan\theta<0$

$\quad\therefore\sqrt{\cos^2\theta}+\sqrt{\tan^2\theta}\sqrt{\dfrac{1}{\sin^2\theta}}$

$\quad=|\cos\theta|+|\tan\theta|\times\left|\dfrac{1}{\sin\theta}\right|$

$\quad=-\cos\theta+(-\tan\theta)\times\dfrac{1}{\sin\theta}$

$\quad=-\cos\theta+\left(-\dfrac{\sin\theta}{\cos\theta}\right)\times\dfrac{1}{\sin\theta}$

$\quad=-\cos\theta-\dfrac{1}{\cos\theta}$

(ii) $\theta=\dfrac{4}{3}\pi$일 때, θ가 제3사분면의 각이므로

$\quad\sin\theta<0,\ \cos\theta<0,\ \tan\theta>0$

$\quad\therefore\sqrt{\cos^2\theta}+\sqrt{\tan^2\theta}\sqrt{\dfrac{1}{\sin^2\theta}}$

$\quad=|\cos\theta|+|\tan\theta|\times\left|\dfrac{1}{\sin\theta}\right|$

$\quad=-\cos\theta+\tan\theta\times\left(-\dfrac{1}{\sin\theta}\right)$

$\quad=-\cos\theta+\dfrac{\sin\theta}{\cos\theta}\times\left(-\dfrac{1}{\sin\theta}\right)$

$\quad=-\cos\theta-\dfrac{1}{\cos\theta}$

(i), (ii)에서

$\sqrt{\cos^2\theta}+\sqrt{\tan^2\theta}\sqrt{\dfrac{1}{\sin^2\theta}}=-\cos\theta-\dfrac{1}{\cos\theta}$ 　　답 ②

05

$\dfrac{1}{1+\cos\theta}=\dfrac{3}{5}$에서 $1+\cos\theta=\dfrac{5}{3}$ $\quad\therefore\cos\theta=\dfrac{2}{3}$

$\sin^2\theta+\cos^2\theta=1$에서 $\sin^2\theta=1-\dfrac{4}{9}=\dfrac{5}{9}$

이때, θ는 제1사분면의 각이므로 $\sin\theta=\dfrac{\sqrt{5}}{3}$

$\therefore\tan\theta=\dfrac{\sin\theta}{\cos\theta}=\dfrac{\dfrac{\sqrt{5}}{3}}{\dfrac{2}{3}}=\dfrac{\sqrt{5}}{2}$

$\therefore\dfrac{\tan\theta}{1-\sin\theta}=\dfrac{\dfrac{\sqrt{5}}{2}}{1-\dfrac{\sqrt{5}}{3}}=\dfrac{3\sqrt{5}}{2(3-\sqrt{5})}=\dfrac{15+9\sqrt{5}}{8}$ 　　답 ④

06

$\sin^2\theta+\cos^2\theta=1$이므로

$\dfrac{1+2\sin\theta\cos\theta}{\cos^2\theta-\sin^2\theta}=\dfrac{\sin^2\theta+\cos^2\theta+2\sin\theta\cos\theta}{(\cos\theta+\sin\theta)(\cos\theta-\sin\theta)}$

$\qquad=\dfrac{(\cos\theta+\sin\theta)^2}{(\cos\theta+\sin\theta)(\cos\theta-\sin\theta)}$

$\qquad=\dfrac{\cos\theta+\sin\theta}{\cos\theta-\sin\theta}$

$\qquad=\dfrac{1+\dfrac{\sin\theta}{\cos\theta}}{1-\dfrac{\sin\theta}{\cos\theta}}=\dfrac{1+\tan\theta}{1-\tan\theta}$

이때, $\tan\theta=\dfrac{2}{3}$이므로

$\dfrac{1+2\sin\theta\cos\theta}{\cos^2\theta-\sin^2\theta}=\dfrac{1+\tan\theta}{1-\tan\theta}=\dfrac{1+\dfrac{2}{3}}{1-\dfrac{2}{3}}=\dfrac{\dfrac{5}{3}}{\dfrac{1}{3}}=5$ 　　답 5

07

이차방정식 $x^2-2ax+3=0$의 두 근이 $\dfrac{1}{\sin\theta},\ \dfrac{1}{\cos\theta}$이므로

이차방정식의 근과 계수의 관계에 의하여

$\dfrac{1}{\sin\theta}+\dfrac{1}{\cos\theta}=2a$ $\quad\therefore\dfrac{\sin\theta+\cos\theta}{\sin\theta\cos\theta}=2a$ $\qquad\cdots\cdots$ ㉠

$\dfrac{1}{\sin\theta\cos\theta}=3$ $\quad\therefore\sin\theta\cos\theta=\dfrac{1}{3}$ $\qquad\cdots\cdots$ ㉡

㉡을 ㉠에 대입하면 $\sin\theta+\cos\theta=\dfrac{2}{3}a$

위의 식의 양변을 제곱하면

$\sin^2\theta+2\sin\theta\cos\theta+\cos^2\theta=\dfrac{4}{9}a^2$

$1+2\times\dfrac{1}{3}=\dfrac{4}{9}a^2\ (\because$ ㉡$)$

$\therefore4a^2=15$ 　　답 15

08

$\sin\theta+\cos\theta=\dfrac{\sqrt{2}}{2}$의 양변을 제곱하면

$\sin^2\theta+2\sin\theta\cos\theta+\cos^2\theta=\dfrac{1}{2}$

이때, $\sin^2\theta+\cos^2\theta=1$이므로

$1+2\sin\theta\cos\theta=\dfrac{1}{2}$ $\quad\therefore\sin\theta\cos\theta=-\dfrac{1}{4}$

$\therefore\dfrac{\sin^2\theta}{\cos^2\theta}+\dfrac{\cos^2\theta}{\sin^2\theta}=\dfrac{\sin^4\theta+\cos^4\theta}{\sin^2\theta\cos^2\theta}$

$\qquad=\dfrac{(\sin^2\theta+\cos^2\theta)^2-2\sin^2\theta\cos^2\theta}{\sin^2\theta\cos^2\theta}$

$\qquad=\dfrac{1}{\sin^2\theta\cos^2\theta}-2$

$\qquad=\dfrac{1}{\left(-\dfrac{1}{4}\right)^2}-2=14$ 　　답 14

02 삼각함수의 그래프

내신&수능 빈출 유형   본문 37~39쪽

유형 01

함수 $y=\sin 2x$의 그래프를 x축의 방향으로 1만큼, y축의 방향으로 3만큼 평행이동시키면

$y=\sin 2(x-1)+3$

$\therefore y=\sin(2x-2)+3$

이 함수의 그래프를 x축에 대하여 대칭이동시키면

$-y=\sin(2x-2)+3$

$\therefore y=-\sin(2x-2)-3$

• 보충 설명 •

방정식 $f(x, y)=0$이 나타내는 도형을

(1) x축에 대하여 대칭이동시킨 도형의 방정식은

$\qquad f(x, -y)=0$

(2) y축에 대하여 대칭이동시킨 도형의 방정식은

$\qquad f(-x, y)=0$

(3) 원점에 대하여 대칭이동시킨 도형의 방정식은

$\qquad f(-x, -y)=0$

(4) 직선 $y=x$에 대하여 대칭이동시킨 도형의 방정식은

$\qquad f(y, x)=0$ 답 ①

01-1

$y=2\cos\left(3x-\dfrac{\pi}{2}\right)-4=2\cos 3\left(x-\dfrac{\pi}{6}\right)-4$

즉, 함수 $y=2\cos\left(3x-\dfrac{\pi}{2}\right)-4$의 그래프는 함수 $y=2\cos 3x$의

그래프를 x축의 방향으로 $\dfrac{\pi}{6}$만큼, y축의 방향으로 -4만큼 평행

이동시킨 것이므로

$a=\dfrac{\pi}{6}$, $b=-4$

$\therefore ab=\dfrac{\pi}{6}\times(-4)=-\dfrac{2}{3}\pi$ 답 ②

유형 02

$y=-2\sin(3\pi x+\pi)+3$에서 최댓값 M은

$M=|-2|+3=5$

최솟값 m은

$m=-|-2|+3=1$

주기 p는

$p=\dfrac{2\pi}{3\pi}=\dfrac{2}{3}$

$\therefore M+m+p=5+1+\dfrac{2}{3}=\dfrac{20}{3}$ 답 ②

02-1

$f(x)=a\sin\left(bx+\dfrac{\pi}{6}\right)+c$의 최댓값이 4이고 $a<0$이므로

$-a+c=4$ …… ㉠

또한 주기는 2π이고 $b>0$이므로

$\dfrac{2\pi}{b}=2\pi$ $\therefore b=1$

$\therefore f(x)=a\sin\left(x+\dfrac{\pi}{6}\right)+c$

한편, $f(\pi)=3$이므로

$a\sin\dfrac{7}{6}\pi+c=3$ $\therefore -\dfrac{1}{2}a+c=3$ …… ㉡

㉠, ㉡을 연립하여 풀면

$a=-2$, $c=2$

$\therefore a+b+c=(-2)+1+2=1$ 답 1

02-2

함수 $y=\tan\pi x+1$의 주기는 $\dfrac{\pi}{\pi}=1$

ㄱ. 함수 $y=3\sin\pi x+2$의 주기는 $\dfrac{2\pi}{\pi}=2$

ㄴ. 함수 $y=\cos\left(-2\pi x+\dfrac{\pi}{2}\right)$의 주기는 $\dfrac{2\pi}{|-2\pi|}=1$

ㄷ. 함수 $y=\pi\tan x+3$의 주기는 π이다.

ㄹ. 함수 $y=|\sin\pi x|-1$의 주기는 함수 $y=|\sin\pi x|$의 주기와 같고, 함수 $y=|\sin\pi x|$의 그래프는 오른쪽 그림과 같으므로 주기는 1이다.

따라서 함수 $y=\tan\pi x+1$과 주기가 같은 함수는 ㄴ, ㄹ이다.   답 ㄴ, ㄹ

유형 03

$\cos\theta=\dfrac{4}{5}$에서 $\sin^2\theta=1-\cos^2\theta=1-\dfrac{16}{25}=\dfrac{9}{25}$

θ가 제4사분면의 각이므로 $\sin\theta=-\dfrac{3}{5}$

또한 $\tan\theta=\dfrac{\sin\theta}{\cos\theta}$이므로 $\tan\theta=-\dfrac{3}{4}$

$\therefore \cos\left(\dfrac{\pi}{2}-\theta\right)+\sin(\pi-\theta)+\tan\left(\theta+\dfrac{3}{2}\pi\right)$

$=\sin\theta+\sin\theta-\dfrac{1}{\tan\theta}$

$=2\sin\theta-\dfrac{1}{\tan\theta}$

$=2\times\left(-\dfrac{3}{5}\right)-\left(-\dfrac{4}{3}\right)=\dfrac{2}{15}$ 답 ③

03-1

$\dfrac{\sin\left(\dfrac{\pi}{2}-\theta\right)\cos(2\pi+\theta)}{\cos(\pi-\theta)}+\dfrac{\sin\left(\dfrac{5}{2}\pi-\theta\right)\cos(2\pi-\theta)}{\sin\left(\dfrac{3}{2}\pi+\theta\right)}$

$=\dfrac{\cos\theta\cos\theta}{-\cos\theta}+\dfrac{\cos\theta\cos\theta}{-\cos\theta}$

$=-\cos\theta+(-\cos\theta)=-2\cos\theta$ 답 ①

$$\sin^2\frac{\pi}{36}=\sin^2\left(\frac{\pi}{2}-\frac{17}{36}\pi\right)=\cos^2\frac{17}{36}\pi$$

$$\sin^2\frac{2}{36}\pi=\sin^2\left(\frac{\pi}{2}-\frac{16}{36}\pi\right)=\cos^2\frac{16}{36}\pi$$

$$\sin^2\frac{3}{36}\pi=\sin^2\left(\frac{\pi}{2}-\frac{15}{36}\pi\right)=\cos^2\frac{15}{36}\pi$$

$$\vdots$$

$$\sin^2\frac{8}{36}\pi=\sin^2\left(\frac{\pi}{2}-\frac{10}{36}\pi\right)=\cos^2\frac{10}{36}\pi$$

이때, $\cos^2\theta+\sin^2\theta=1$이므로

$$\sin^2\frac{\pi}{36}+\sin^2\frac{2}{36}\pi+\sin^2\frac{3}{36}\pi+\cdots+\sin^2\frac{17}{36}\pi+\sin^2\frac{18}{36}\pi$$

$$=\left(\sin^2\frac{\pi}{36}+\sin^2\frac{17}{36}\pi\right)+\left(\sin^2\frac{2}{36}\pi+\sin^2\frac{16}{36}\pi\right)+\cdots$$

$$+\left(\sin^2\frac{8}{36}\pi+\sin^2\frac{10}{36}\pi\right)+\sin^2\frac{9}{36}\pi+\sin^2\frac{18}{36}\pi$$

$$=\left(\cos^2\frac{17}{36}\pi+\sin^2\frac{17}{36}\pi\right)+\left(\cos^2\frac{16}{36}\pi+\sin^2\frac{16}{36}\pi\right)$$

$$+\cdots+\left(\cos^2\frac{10}{36}\pi+\sin^2\frac{10}{36}\pi\right)+\sin^2\frac{\pi}{4}+\sin^2\frac{\pi}{2}$$

$$=1\times8+\left(\frac{\sqrt{2}}{2}\right)^2+1^2=8+\frac{1}{2}+1=\frac{19}{2}$$

目 ⑤

유형 04

$\sin^2 x+\cos^2 x=1$이므로

$$y=\cos^2 x+2\sin x-3$$

$$=(1-\sin^2 x)+2\sin x-3$$

$$=-\sin^2 x+2\sin x-2$$

이때, $\sin x=t$로 놓으면 $-1\leq t\leq1$이고 주어진 함수는

$$y=-t^2+2t-2=-(t-1)^2-1$$

따라서 오른쪽 그림에서

$t=1$일 때 y의 최댓값은 -1,

$t=-1$일 때 y의 최솟값은 -5이므로

$M=-1,\ m=-5$

$$\therefore M+m=(-1)+(-5)=-6$$

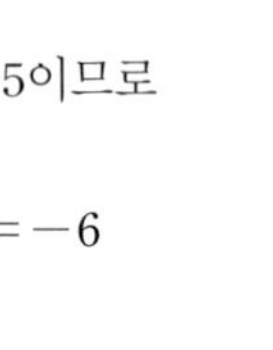

目 ⑤

04-1

$\sin^2 x+\cos^2 x=1,\ \sin\left(\frac{\pi}{2}+x\right)=\cos x$이므로

$$y=2\sin^2 x+\sin\left(x+\frac{\pi}{2}\right)-3\cos x$$

$$=2(1-\cos^2 x)+\cos x-3\cos x$$

$$=-2\cos^2 x-2\cos x+2$$

이때, $\cos x=t$로 놓으면 $-1\leq t\leq1$이고 주어진 함수는

$$y=-2t^2-2t+2=-2\left(t+\frac{1}{2}\right)^2+\frac{5}{2}$$

따라서 오른쪽 그림에서

$t=-\frac{1}{2}$일 때 y의 최댓값은 $\frac{5}{2}$,

$t=1$일 때 y의 최솟값은 -2이므로

$M=\frac{5}{2},\ m=-2$

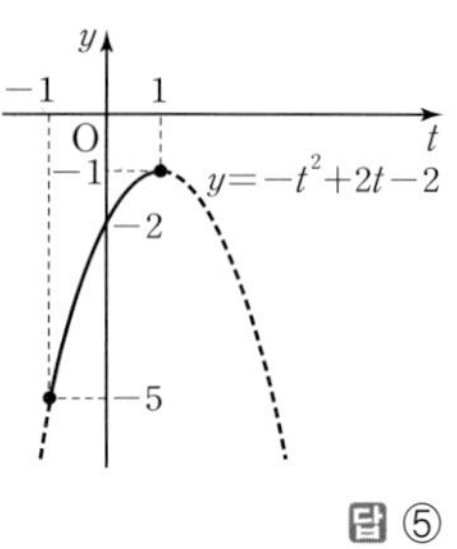

$$\therefore Mm=\frac{5}{2}\times(-2)=-5$$

目 ①

유형 05

$2\cos^2 x+3\sin x-3=0$에서 $\sin^2 x+\cos^2 x=1$이므로

$$2(1-\sin^2 x)+3\sin x-3=0$$

$$2\sin^2 x-3\sin x+1=0$$

이때, $\sin x=t$로 놓으면 $0\leq x<2\pi$에서 $-1\leq t\leq1$이고, 주어진 방정식은

$$2t^2-3t+1=0,\ (2t-1)(t-1)=0$$

$$\therefore t=\frac{1}{2}\ \text{또는}\ t=1$$

(i) $t=\frac{1}{2}$일 때

즉, $\sin x=\frac{1}{2}$이므로

$x=\frac{\pi}{6}$ 또는 $x=\frac{5}{6}\pi\ (\because 0\leq x<2\pi)$

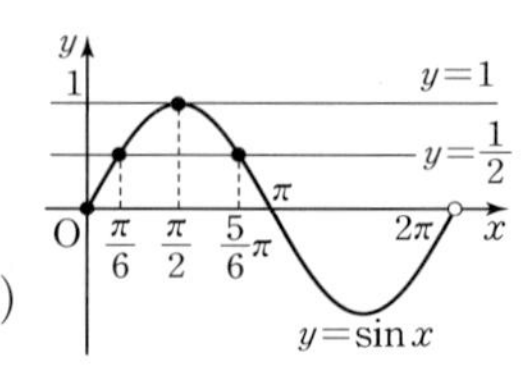

(ii) $t=1$일 때

즉, $\sin x=1$이므로 $x=\frac{\pi}{2}\ (\because 0\leq x<2\pi)$

(i), (ii)에서 구하는 모든 근의 합은

$$\frac{\pi}{6}+\frac{\pi}{2}+\frac{5}{6}\pi=\frac{3}{2}\pi$$

目 ③

05-1

$2x+\frac{\pi}{6}=t$로 놓으면 $0\leq x\leq\pi$에서 $\frac{\pi}{6}\leq t\leq\frac{13}{6}\pi$이고, 주어진 방정식은

$$\cos t=\frac{1}{3}$$

오른쪽 그림과 같이 이 방정식의

한 근을 $\alpha\left(\frac{\pi}{6}\leq\alpha\leq\pi\right)$라 하면

다른 한 근은 $2\pi-\alpha$이므로

$$2x+\frac{\pi}{6}=\alpha\ \text{또는}\ 2x+\frac{\pi}{6}=2\pi-\alpha$$

$$\therefore x=\frac{\alpha}{2}-\frac{\pi}{12}\ \text{또는}\ x=\frac{11}{12}\pi-\frac{\alpha}{2}$$

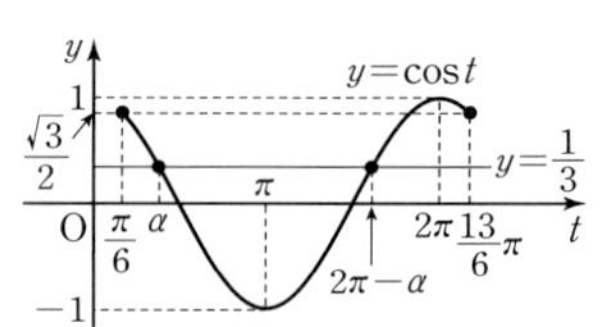

따라서 구하는 모든 근의 합은

$$\left(\frac{\alpha}{2}-\frac{\pi}{12}\right)+\left(\frac{11}{12}\pi-\frac{\alpha}{2}\right)=\frac{5}{6}\pi$$

目 ③

05-2

방정식 $|\sin 2\pi x|=\frac{1}{2}x$의 서로 다른 실근의 개수는 함수

$y=|\sin 2\pi x|$의 그래프와 직선 $y=\frac{1}{2}x$의 교점의 개수와 같다.

오른쪽 그림과 같이 함수

$y=|\sin 2\pi x|$의 그래프와 직선

$y=\frac{1}{2}x$의 교점의 개수는 8이므로 주

어진 방정식의 서로 다른 실근의 개수

는 8이다.

目 8

유형 06

$2\cos^2 x + 5\sin x + 1 < 0$에서 $\sin^2 x + \cos^2 x = 1$이므로

$2(1-\sin^2 x) + 5\sin x + 1 < 0$

$2\sin^2 x - 5\sin x - 3 > 0$

이때, $\sin x = t$로 놓으면 $0 \le x < 2\pi$에서 $-1 \le t \le 1$이고, 주어진 부등식은

$2t^2 - 5t - 3 > 0$, $(2t+1)(t-3) > 0$

$\therefore t < -\dfrac{1}{2}$ 또는 $t > 3$

그런데 $-1 \le t \le 1$이므로 $-1 \le t < -\dfrac{1}{2}$

즉, 주어진 부등식은

$-1 \le \sin x < -\dfrac{1}{2}$

오른쪽 그림에서 이 부등식의 해는

$\dfrac{7}{6}\pi < x < \dfrac{11}{6}\pi$

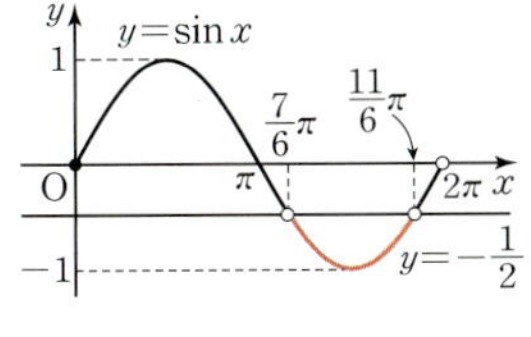

따라서 주어진 부등식의 해가 아닌 것은 ⑤ $\dfrac{11}{6}\pi$이다.   **답** ⑤

06-1

모든 실수 x에 대하여 부등식 $5x^2 + 2(4\cos\theta + 3)x + 5 \ge 0$이 성립해야 하므로 이차방정식 $5x^2 + 2(4\cos\theta + 3)x + 5 = 0$의 판별식을 D라 하면

$\dfrac{D}{4} = (4\cos\theta + 3)^2 - 25 \le 0$

$2\cos^2\theta + 3\cos\theta - 2 \le 0$

이때, $\cos\theta = t$로 놓으면 $0 \le \theta < 2\pi$에서 $-1 \le t \le 1$이고, 주어진 부등식은

$2t^2 + 3t - 2 \le 0$, $(t+2)(2t-1) \le 0$

$\therefore -2 \le t \le \dfrac{1}{2}$

그런데 $-1 \le t \le 1$이므로 $-1 \le t \le \dfrac{1}{2}$

즉, 주어진 부등식은 $-1 \le \cos\theta \le \dfrac{1}{2}$

오른쪽 그림에서 이 부등식의 해는

$\dfrac{\pi}{3} \le \theta \le \dfrac{5}{3}\pi$이므로

$\alpha = \dfrac{\pi}{3}$, $\beta = \dfrac{5}{3}\pi$

$\therefore \beta - \alpha = \dfrac{5}{3}\pi - \dfrac{\pi}{3} = \dfrac{4}{3}\pi$

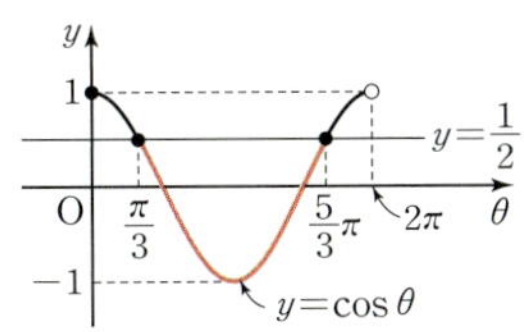

> **보충 설명**
>
> 이차방정식 $ax^2 + bx + c = 0$의 판별식을 D라 할 때, 이차부등식이 항상 성립할 조건은 다음과 같다.
>
> (1) 모든 실수 x에 대하여 이차부등식 $ax^2 + bx + c > 0$이 항상 성립할 때 : $a > 0$, $D < 0$
>
> (2) 모든 실수 x에 대하여 이차부등식 $ax^2 + bx + c \ge 0$이 항상 성립할 때 : $a > 0$, $D \le 0$
>
> (3) 모든 실수 x에 대하여 이차부등식 $ax^2 + bx + c < 0$이 항상 성립할 때 : $a < 0$, $D < 0$
>
> (4) 모든 실수 x에 대하여 이차부등식 $ax^2 + bx + c \le 0$이 항상 성립할 때: $a < 0$, $D \le 0$ **답** ①

> **빈출 유형 마무리**   본문 40~41쪽
>
> **01** ③   **02** ③   **03** ④   **04** 13   **05** ⑤   **06** ⑤
>
> **07** 2   **08** ③   **09** ③   **10** 5   **11** ④   **12** ⑤
>
> **13** ④   **14** 7   **15** ①   **16** ④

01

함수 $y = \tan\dfrac{\pi}{2}x$의 그래프를 x축의 방향으로 $\dfrac{1}{2}$만큼 평행이동시킨 그래프의 식은

$y = \tan\dfrac{\pi}{2}\left(x - \dfrac{1}{2}\right)$

이 함수의 그래프가 점 $\left(\dfrac{5}{6}, a\right)$를 지나므로

$a = \tan\dfrac{\pi}{2}\left(\dfrac{5}{6} - \dfrac{1}{2}\right) = \tan\dfrac{\pi}{6} = \dfrac{\sqrt{3}}{3}$ **답** ③

02

모든 실수 x에 대하여 $f(x) = f(x+p)$를 만족시키는 양수 p의 최솟값이 2이므로 함수 $f(x)$는 주기가 2인 주기함수이어야 한다.

① 함수 $f(x) = \sin 4\pi x$의 주기는 $\dfrac{2\pi}{4\pi} = \dfrac{1}{2}$

② 함수 $f(x) = \sin\dfrac{\pi}{2}x$의 주기는 $\dfrac{2\pi}{\frac{\pi}{2}} = 4$

③ 함수 $f(x) = \cos\pi x$의 주기는 $\dfrac{2\pi}{\pi} = 2$

④ 함수 $f(x) = \cos(2\pi x + 1)$의 주기는 $\dfrac{2\pi}{2\pi} = 1$

⑤ 함수 $f(x) = \tan\sqrt{2}\pi x$의 주기는 $\dfrac{\pi}{\sqrt{2}\pi} = \dfrac{\sqrt{2}}{2}$

따라서 주기가 2인 주기함수는 ③이다.   **답** ③

03

$0 \le \left|\cos\dfrac{\pi}{4}x\right| \le 1$이므로 $0 \le 3\left|\cos\dfrac{\pi}{4}x\right| \le 3$

$\therefore 2 \le 3\left|\cos\dfrac{\pi}{4}x\right| + 2 \le 5$

즉, 주어진 함수의 최댓값은 5, 최솟값은 2이므로

$M = 5$, $m = 2$

또한 함수 $y = 3\left|\cos\dfrac{\pi}{4}x\right| + 2$의 주기는 $y = \left|\cos\dfrac{\pi}{4}x\right|$의 주기와 같고, 함수 $y = \left|\cos\dfrac{\pi}{4}x\right|$의 주기는

4이므로

$p = 4$

$\therefore M + m + p = 5 + 2 + 4 = 11$

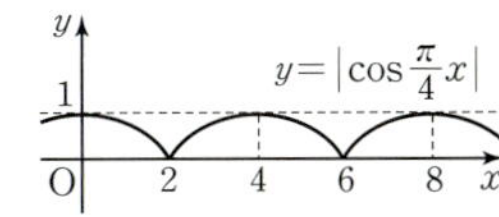

> **다른 풀이**

함수 $y = 3\left|\cos\dfrac{\pi}{4}x\right|$의 그래프는 함수 $y = 3\cos\dfrac{\pi}{4}x$의 그래프의 $y \ge 0$인 부분은 그대로 두고, $y < 0$인 부분은 x축에 대하여 대칭이동시킨 것이다.

이를 y축의 방향으로 2만큼 평행이
동시킨 것이 $y=3\left|\cos\dfrac{\pi}{4}x\right|+2$의
그래프이고 오른쪽 그림과 같다.

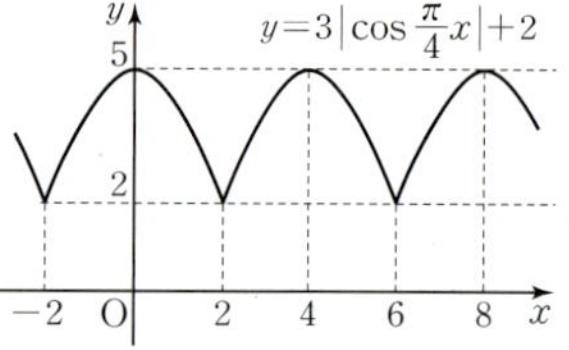

따라서 함수 $y=3\left|\cos\dfrac{\pi}{4}x\right|+2$
의 최댓값은 5, 최솟값은 2이고, 주기는 4이므로
$M=5$, $m=2$, $p=4$
$\therefore M+m+p=5+2+4=11$

보충 설명

절댓값을 포함한 함수의 그래프

(1) 함수 $y=|f(x)|$의 그래프 : 함수 $y=f(x)$의 그래프에서 $y\geq0$
인 부분은 그대로 두고, $y<0$인 부분은 x축에 대하여 대칭이동
시킨다.

(2) 함수 $y=f(|x|)$의 그래프 : 함수 $y=f(x)$의 그래프에서 $x\geq0$
인 부분만 남기고, $x\geq0$인 부분을 y축에 대하여 대칭이동시킨
다.

답 ④

04

$f(x)=a\cos\left(\dfrac{3}{2}\pi+\dfrac{x}{2}\right)+b=a\sin\dfrac{x}{2}+b$

에서 $f(x)$의 최댓값이 5이고 $a>0$이므로

$a+b=5$ ...... ㉠

또한 $f\left(\dfrac{\pi}{3}\right)=\dfrac{7}{2}$에서

$a\sin\dfrac{\pi}{6}+b=\dfrac{7}{2}$ $\therefore \dfrac{1}{2}a+b=\dfrac{7}{2}$ ...... ㉡

㉠, ㉡을 연립하여 풀면

$a=3$, $b=2$

$\therefore a^2+b^2=3^2+2^2=13$

답 13

05

함수 $y=a\cos(bx-c)$의 최댓값이 2, 최솟값이 -2이고 $a>0$
이므로 $a=2$

또한 주어진 그림에서 이 함수의 주기가 $\dfrac{4}{3}\pi-\dfrac{\pi}{3}=\pi$이고

$b>0$이므로

$\dfrac{2\pi}{b}=\pi$ $\therefore b=2$

$\therefore y=2\cos(2x-c)=2\cos 2\left(x-\dfrac{c}{2}\right)$

즉, 주어진 그림의 그래프는

함수 $y=2\cos 2x$의 그래프를 x축의

방향으로 $\dfrac{7}{12}\pi$만큼 평행이동시킨 것이

므로

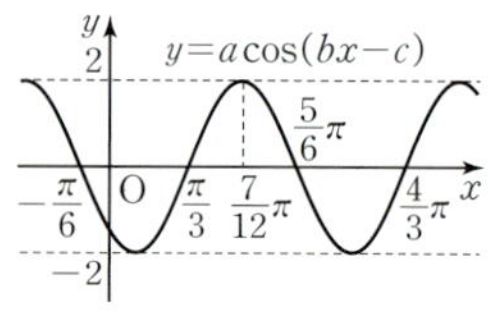

$\dfrac{c}{2}=\dfrac{7}{12}\pi$ $\therefore c=\dfrac{7}{6}\pi$

$\therefore abc=2\times2\times\dfrac{7}{6}\pi=\dfrac{14}{3}\pi$

답 ⑤

06

$\overline{\mathrm{OP}}=\sqrt{3^2+(-4)^2}=5$이므로

$\sin\theta=-\dfrac{4}{5}$, $\cos\theta=\dfrac{3}{5}$, $\tan\theta=-\dfrac{4}{3}$

$\therefore \dfrac{\cos(\pi-\theta)\tan\left(\dfrac{3}{2}\pi-\theta\right)\cos(-\theta)}{\sin\left(\dfrac{\pi}{2}+\theta\right)}$

$=\dfrac{(-\cos\theta)\times\dfrac{1}{\tan\theta}\times\cos\theta}{\cos\theta}$

$=-\cos\theta\times\dfrac{1}{\tan\theta}$

$=-\dfrac{3}{5}\times\left(-\dfrac{3}{4}\right)=\dfrac{9}{20}$

답 ⑤

07

$y=2\cos^2 x+4\sin x+k$
$\quad=2(1-\sin^2 x)+4\sin x+k$
$\quad=-2\sin^2 x+4\sin x+k+2$

이때, $\sin x=t$로 놓으면 $-1\leq t\leq1$이
고, 주어진 함수는
$y=-2t^2+4t+k+2$
$\quad=-2(t-1)^2+k+4$

따라서 오른쪽 그림과 같이 $t=-1$일
때 y의 최솟값이 $k-4$이므로
$k-4=-2$
$\therefore k=2$

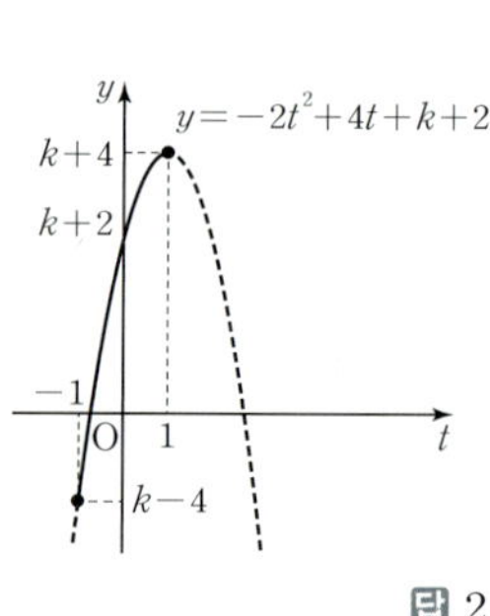

답 2

08

$\dfrac{1+\tan x}{1-\tan x}=2+\sqrt{3}$에서

$1+\tan x=(2+\sqrt{3})(1-\tan x)$
$(3+\sqrt{3})\tan x=1+\sqrt{3}$

$\therefore \tan x=\dfrac{1+\sqrt{3}}{3+\sqrt{3}}=\dfrac{1+\sqrt{3}}{\sqrt{3}(\sqrt{3}+1)}=\dfrac{\sqrt{3}}{3}$

따라서 오른쪽 그림에서 $\tan x=\dfrac{\sqrt{3}}{3}$의

실근은 $\dfrac{\pi}{6}$ 또는 $\dfrac{7}{6}\pi$이므로 구하는 모든

근의 합은

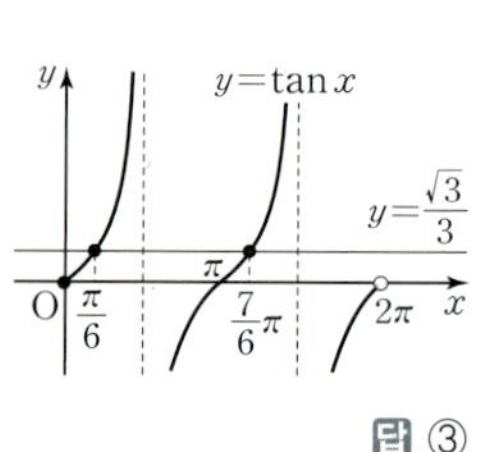

$\dfrac{\pi}{6}+\dfrac{7}{6}\pi=\dfrac{4}{3}\pi$

답 ③

09

$0\leq x\leq\pi$에서
$-1\leq\cos x\leq1$
$\therefore -\pi\leq\pi\cos x\leq\pi$
$\pi\cos x=t$로 놓으면 주어진 방정식은
$\cos t=1$ $\therefore t=0$ $(\because -\pi\leq t\leq\pi)$

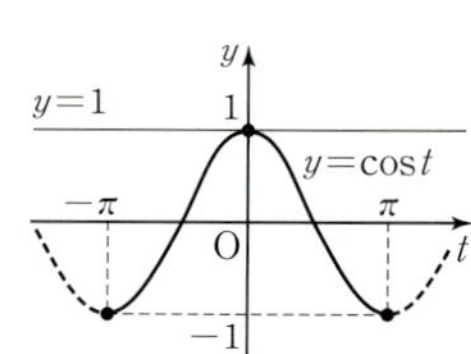

즉, $\pi \cos x = 0$이므로

$\cos x = 0$

$\therefore x = \dfrac{\pi}{2} \ (\because 0 \leq x \leq \pi)$

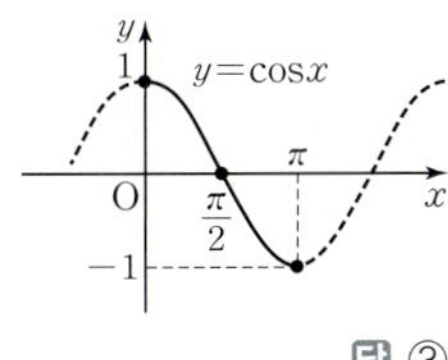

$\boxed{\text{답}} \ ③$

10

$2x \cos \pi x = 1$에서 $\cos \pi x = \dfrac{1}{2x} \ (\because x \neq 0)$

즉, $-3 \leq x < 0$, $0 < x \leq 3$에서 방정식 $2x \cos \pi x = 1$의 서로 다른 실근의 개수는 두 함수 $y = \cos \pi x$, $y = \dfrac{1}{2x}$의 그래프의 교점의 개수와 같다.

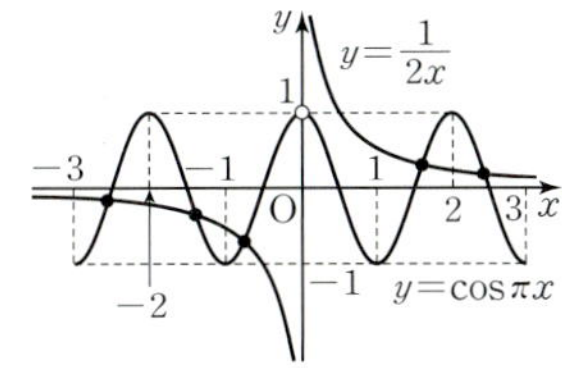

위의 그림과 같이 $-3 \leq x < 0$, $0 < x \leq 3$에서 두 함수 $y = \cos \pi x$, $y = \dfrac{1}{2x}$의 그래프의 교점의 개수는 5이므로 구하는 방정식의 서로 다른 실근의 개수는 5이다.

$\boxed{\text{답}} \ 5$

11

$\cos^2 x - \sin^2 x = 0$에서

$(1 - \sin^2 x) - \sin^2 x = 0$, $1 - 2 \sin^2 x = 0$

이때, $\sin x = t$로 놓으면 $0 \leq x < 2\pi$에서 $-1 \leq t \leq 1$이고, 주어진 방정식은

$1 - 2t^2 = 0$, $(1 + \sqrt{2}t)(1 - \sqrt{2}t) = 0$

$\therefore t = -\dfrac{\sqrt{2}}{2}$ 또는 $t = \dfrac{\sqrt{2}}{2}$

(i) $t = -\dfrac{\sqrt{2}}{2}$일 때

$\sin x = -\dfrac{\sqrt{2}}{2}$이므로

$x = \dfrac{5}{4}\pi$ 또는 $x = \dfrac{7}{4}\pi$

$\qquad (\because 0 \leq x < 2\pi)$

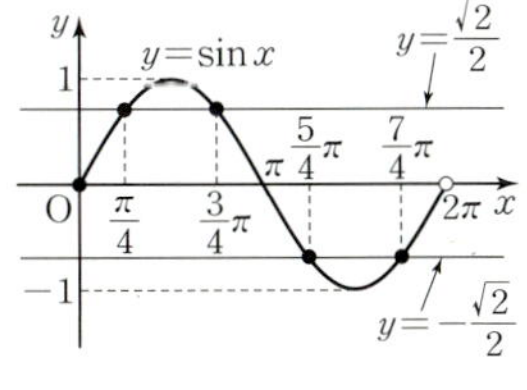

(ii) $t = \dfrac{\sqrt{2}}{2}$일 때

$\sin x = \dfrac{\sqrt{2}}{2}$이므로

$x = \dfrac{\pi}{4}$ 또는 $x = \dfrac{3}{4}\pi \ (\because 0 \leq x < 2\pi)$

(i), (ii)에서 모든 근의 합은

$\dfrac{\pi}{4} + \dfrac{3}{4}\pi + \dfrac{5}{4}\pi + \dfrac{7}{4}\pi = 4\pi$

$\boxed{\text{답}} \ ④$

12

이차방정식 $x^2 - (1 - 2\sin\theta)x + 1 = 0$이 중근을 가져야 하므로 이 이차방정식의 판별식을 D라 하면 $D = 0$에서

$(1 - 2\sin\theta)^2 - 4 = 0$

$4\sin^2\theta - 4\sin\theta - 3 = 0$

이때, $\sin\theta = t$로 놓으면 $0 \leq \theta < 2\pi$에서 $-1 \leq t \leq 1$이고, 주어진 방정식은

$4t^2 - 4t - 3 = 0$, $(2t + 1)(2t - 3) = 0$

$\therefore t = -\dfrac{1}{2} \ (\because -1 \leq t \leq 1)$

따라서 $\sin\theta = -\dfrac{1}{2}$이므로

$\theta = \dfrac{7}{6}\pi$ 또는 $\theta = \dfrac{11}{6}\pi$

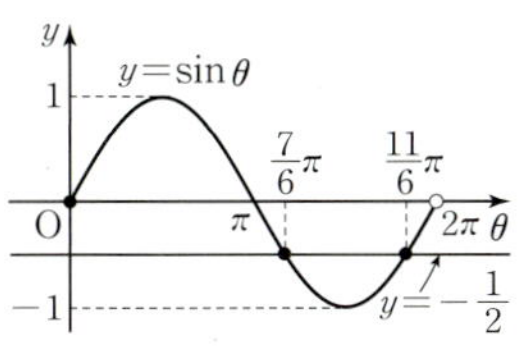

따라서 모든 θ의 값의 합은

$\dfrac{7}{6}\pi + \dfrac{11}{6}\pi = 3\pi$

$\boxed{\text{답}} \ ⑤$

13

$2x - \dfrac{\pi}{4} = t$로 놓으면 $0 \leq x < \pi$에서 $-\dfrac{\pi}{4} \leq t < \dfrac{7}{4}\pi$이고, 주어진 부등식은

$\cos t \leq \dfrac{1}{2}$

$\therefore \dfrac{\pi}{3} \leq t \leq \dfrac{5}{3}\pi$

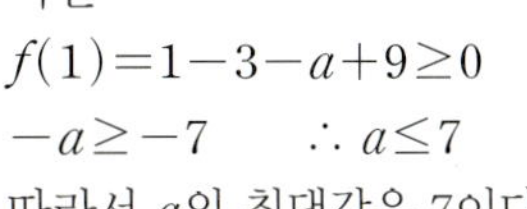

이때, $t = 2x - \dfrac{\pi}{4}$이므로

$\dfrac{\pi}{3} \leq 2x - \dfrac{\pi}{4} \leq \dfrac{5}{3}\pi$

$\dfrac{7}{12}\pi \leq 2x \leq \dfrac{23}{12}\pi$

$\therefore \dfrac{7}{24}\pi \leq x \leq \dfrac{23}{24}\pi$

따라서 $\alpha = \dfrac{7}{24}\pi$, $\beta = \dfrac{23}{24}\pi$이므로

$\beta - \alpha = \dfrac{23}{24}\pi - \dfrac{7}{24}\pi = \dfrac{2}{3}\pi$

$\boxed{\text{답}} \ ④$

14

$\sin^2\left(\dfrac{\pi}{2} - x\right) + 3\sin x + a - 10 \leq 0$에서

$\cos^2 x + 3\sin x + a - 10 \leq 0$

$(1 - \sin^2 x) + 3\sin x + a - 10 \leq 0$

$\therefore \sin^2 x - 3\sin x - a + 9 \geq 0$

이때, $\sin x = t$로 놓으면 $-1 \leq t \leq 1$이고, 주어진 부등식은

$t^2 - 3t - a + 9 \geq 0$

$f(t) = t^2 - 3t - a + 9 = \left(t - \dfrac{3}{2}\right)^2 - a + \dfrac{27}{4}$이라 하면

오른쪽 그림과 같이 $-1 \leq t \leq 1$에서 함수 $f(t)$는 $t = 1$일 때 최솟값을 가지므로 주어진 부등식이 항상 성립하려면

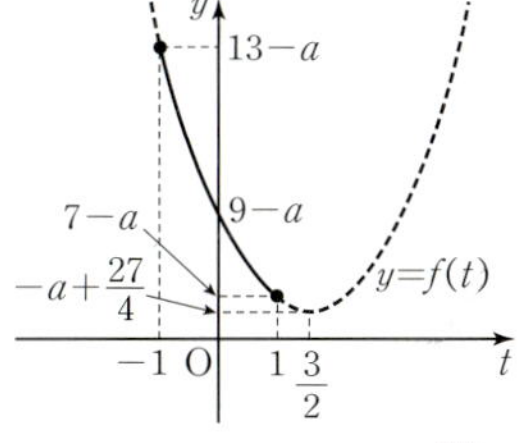

$f(1) = 1 - 3 - a + 9 \geq 0$

$-a \geq -7 \qquad \therefore a \leq 7$

따라서 a의 최댓값은 7이다.

$\boxed{\text{답}} \ 7$

15

$$f(x)=\sin\left(x+\frac{\pi}{2}\right)-\cos^2(x+\pi)$$
$$=-\cos^2 x+\cos x$$

이때, $\cos x=t$로 놓으면 $-1\le t\le 1$
이고 주어진 함수는
$$y=-t^2+t$$
$$=-\left(t-\frac{1}{2}\right)^2+\frac{1}{4}$$

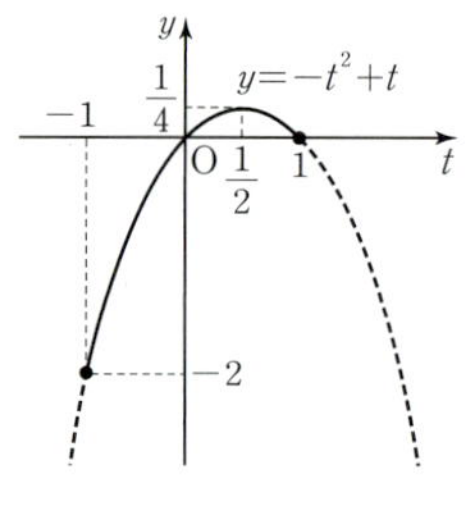

오른쪽 그림과 같이 $-1\le t\le 1$에서
$t=\frac{1}{2}$일 때 y의 최댓값은 $\frac{1}{4}$이므로 주어

진 함수 $f(x)$의 최댓값은 $\frac{1}{4}$이다.   답 ①

16

$\cos^2 x=\sin^2 x-\sin x$에서
$$1-\sin^2 x=\sin^2 x-\sin x$$
$$2\sin^2 x-\sin x-1=0$$
이때, $\sin x=t$로 놓으면 $0\le x<2\pi$에서 $-1\le t\le 1$이고,
주어진 방정식은
$$2t^2-t-1=0,\ (2t+1)(t-1)=0$$
$$\therefore\ t=-\frac{1}{2}\ \text{또는}\ t=1$$

(i) $t=-\frac{1}{2}$일 때

  $\sin x=-\frac{1}{2}$이므로 $x=\frac{7}{6}\pi$ 또는 $x=\frac{11}{6}\pi$

(ii) $t=1$일 때

  $\sin x=1$이므로 $x=\frac{\pi}{2}$

따라서 모든 해의 합은
$$\frac{\pi}{2}+\frac{7}{6}\pi+\frac{11}{6}\pi=\frac{7}{2}\pi$$ 답 ④

---

03 | 삼각함수의 활용

내신&수능 빈출 유형   본문 43~46쪽

유형 01

삼각형의 세 내각의 크기의 합은 $180°$이므로
$$C=180°-(60°+75°)=45°$$
사인법칙에 의하여
$$\frac{b}{\sin B}=\frac{c}{\sin C},\ \frac{b}{\sin 60°}=\frac{4}{\sin 45°}$$
$$\frac{b}{\frac{\sqrt{3}}{2}}=\frac{4}{\frac{\sqrt{2}}{2}}\qquad\therefore\ b=2\sqrt{6}$$ 답 ④

01-1

사인법칙에 의하여
$$\frac{b}{\sin B}=\frac{c}{\sin C},\ \frac{\sqrt{2}}{\sin 45°}=\frac{\sqrt{3}}{\sin C}$$
$$\sin C=\frac{\sqrt{3}}{2}\qquad\therefore\ C=60°\ \text{또는}\ C=120°$$

이때, 삼각형 ABC는 둔각삼각형이므로
$$C=120°$$
$$\therefore\ A=180°-(45°+120°)=15°$$ 답 ①

01-2

삼각형 ABC의 외접원의 반지름의 길이를 R라 하면 사인법칙에
의하여
$$\frac{a}{\sin A}=\frac{b}{\sin B}=\frac{c}{\sin C}=2R$$
$$\therefore\ \sin A=\frac{a}{2R},\ \sin B=\frac{b}{2R},\ \sin C=\frac{c}{2R}$$
한편, $4\sin A=3\sqrt{3}\sin B=3\sin C$이므로
$$4\times\frac{a}{2R}=3\sqrt{3}\times\frac{b}{2R}=3\times\frac{c}{2R}\qquad\therefore\ 4a=3\sqrt{3}b=3c$$
이때, $4a=3\sqrt{3}b=3c=k\ (k\text{는 상수})$라 하면
$$a=\frac{k}{4},\ b=\frac{k}{3\sqrt{3}},\ c=\frac{k}{3}$$
$$\therefore\ \frac{4ac}{b^2}=\frac{4\times\frac{k}{4}\times\frac{k}{3}}{\frac{k^2}{27}}=9$$ 답 9

유형 02

삼각형의 세 내각의 크기의 합은 $180°$이므로
$$C=180°-(50°+70°)=60°$$
호수의 반지름의 길이를 R m라 하면 사인법칙에 의하여
$$\frac{90}{\sin 60°}=2R\qquad\therefore\ R=30\sqrt{3}$$
호 AC에 대한 원주각의 크기가 $70°$이므로 중심각의 크기는 $140°$,

즉 $\dfrac{7}{9}\pi$이다.

$$\therefore \overset{\frown}{AC}=30\sqrt{3}\times\dfrac{7}{9}\pi=\dfrac{70\sqrt{3}}{3}\pi\,(m)$$

따라서 구하는 이동거리는 $\dfrac{70\sqrt{3}}{3}\pi$ m이다.　　　　답 ⑤

02-1

A지점에서 지환이의 눈의 위치를 A′, B지점에서 지환이의 눈의
위치를 B′이라 하면
$$\angle A'CB'=75°-45°=30°$$
이때, 삼각형 A′B′C에서 사인법칙에 의하여
$$\dfrac{10}{\sin 30°}=\dfrac{\overline{B'C}}{\sin 45°},\ \dfrac{10}{\dfrac{1}{2}}=\dfrac{\overline{B'C}}{\dfrac{\sqrt{2}}{2}}$$

$$\therefore \overline{B'C}=10\sqrt{2}\,(m)$$
따라서 구하는 건물의 높이는
$$\begin{aligned}10\sqrt{2}\sin 75°+\sqrt{3}&=10\sqrt{2}\times\dfrac{\sqrt{2}+\sqrt{6}}{4}+\sqrt{3}\\&=(5+5\sqrt{3})+\sqrt{3}\\&=5+6\sqrt{3}\,(m)\end{aligned}$$
　　　　답 ⑤

유형 03

삼각형 ABC에서 코사인법칙에 의하여
$$\cos(\angle ABC)=\dfrac{(\sqrt{5})^2+(3\sqrt{2})^2-3^2}{2\times\sqrt{5}\times 3\sqrt{2}}=\dfrac{14}{6\sqrt{10}}=\dfrac{7\sqrt{10}}{30}$$
이때, 점 D는 선분 BC를 1 : 2로 내분하는 점이므로
$$\overline{BD}=\sqrt{2}$$
따라서 삼각형 ABD에서 코사인법칙에 의하여
$$\begin{aligned}\overline{AD}^2&=(\sqrt{5})^2+(\sqrt{2})^2-2\times\sqrt{5}\times\sqrt{2}\times\dfrac{7\sqrt{10}}{30}\\&=7-\dfrac{14}{3}=\dfrac{7}{3}\end{aligned}$$
　　　　답 ③

03-1

삼각형 ABD에서 $\overline{BD}=x$라 하면 코사인법칙에 의하여
$$(\sqrt{13})^2=3^2+x^2-2\times 3\times x\times\cos 60°$$
$$13=9+x^2-3x$$
$$x^2-3x-4=0,\ (x+1)(x-4)=0$$
$$\therefore x=4\ (\because x>0)$$
이때, 점 D는 선분 BC를 2 : 1로 내분하는 점이므로
$$\overline{BC}=\dfrac{3}{2}\times\overline{BD}=\dfrac{3}{2}\times 4=6$$
삼각형 ABC에서 코사인법칙에 의하여
$$\begin{aligned}\overline{AC}^2&=3^2+6^2-2\times 3\times 6\times\cos 60°\\&=9+36-18=27\end{aligned}$$
따라서 선분 AC의 길이는 $3\sqrt{3}$이다.　　　　답 ④

03-2

$$\dfrac{\sin A}{7}=\dfrac{\sin B}{5}=\dfrac{\sin C}{3}\text{에서}$$
$$\sin A:\sin B:\sin C=7:5:3$$

이때, 사인법칙에서 $a:b:c=\sin A:\sin B:\sin C$이므로
$$a:b:c=7:5:3$$
즉, $a=7k,\ b=5k,\ c=3k\,(k>0)$라 할 수 있다.
삼각형 ABC의 세 내각 중 가장 큰 각은 가장 긴 변과 마주보는
각이므로 가장 큰 내각의 크기는 A이고, 코사인법칙에 의하여
$$\cos A=\dfrac{(5k)^2+(3k)^2-(7k)^2}{2\times 5k\times 3k}=\dfrac{-15k^2}{30k^2}=-\dfrac{1}{2}$$

$$\therefore A=\dfrac{2}{3}\pi\ (\because 0<A<\pi)$$

따라서 세 내각 중 가장 큰 각의 크기는 $\dfrac{2}{3}\pi$이다.
　　　　답 ②

유형 04

삼각형 ABC에서 코사인법칙에 의하여
$$\cos(\angle CAB)=\dfrac{4^2+6^2-(2\sqrt{17})^2}{2\times 4\times 6}=\dfrac{16+36-68}{48}=-\dfrac{1}{3}$$
이때, $\sin^2(\angle CAB)+\cos^2(\angle CAB)=1$이므로
$$\sin^2(\angle CAB)=1-\cos^2(\angle CAB)=1-\left(-\dfrac{1}{3}\right)^2=\dfrac{8}{9}$$

$$\therefore \sin(\angle CAB)=\dfrac{2\sqrt{2}}{3}\ (\because 0<\angle CAB<\pi)$$

사각형 ABDC는 원에 내접하고 있으므로
$$\angle CAB+\theta=\pi\qquad\therefore \theta=\pi-\angle CAB$$

$$\therefore \sin\theta=\sin(\pi-\angle CAB)=\sin(\angle CAB)=\dfrac{2\sqrt{2}}{3}$$

$$\therefore 18\sin^2\theta=18\times\dfrac{8}{9}=16$$
　　　　답 16

04-1

삼각형 ABC에서 코사인법칙에 의하여
$$\begin{aligned}\overline{BC}^2&=20^2+30^2-2\times 20\times 30\times\cos 60°\\&=400+900-600=700\end{aligned}$$
$$\therefore \overline{BC}=10\sqrt{7}$$
이때, $\overline{AD}=\overline{BD}=\overline{CD}$이므로 D 지짐은 삼각형 ABC의 외접원
의 중심에 위치한다.
$\overline{AD}=R$ km라 하면 삼각형 ABC에서 사인법칙에 의하여
$$\dfrac{\overline{BC}}{\sin 60°}=2R,\ \dfrac{10\sqrt{7}}{\dfrac{\sqrt{3}}{2}}=2R$$

$$\therefore R=\dfrac{10\sqrt{21}}{3}$$

따라서 D 지점에서 세 공장 A, B, C까지의 거리의 합은 $3R$이므로
$$3\times\dfrac{10\sqrt{21}}{3}=10\sqrt{21}\,(km)$$
　　　　답 ③

유형 05

삼각형 ABC에서 코사인법칙에 의하여
$$c^2=a^2+b^2-2ab\cos 60°\text{이므로}$$
$$(2\sqrt{13})^2=a^2+6^2-2\times a\times 6\times\dfrac{1}{2}$$
$$52=36+a^2-6a,\ a^2-6a-16=0$$
$$(a+2)(a-8)=0\qquad\therefore a=8\ (\because a>0)$$

따라서 삼각형 ABC의 넓이는
$$\frac{1}{2}ab\sin C=\frac{1}{2}\times6\times8\times\frac{\sqrt{3}}{2}$$
$$=12\sqrt{3}$$

目 ②

05-1

$a:c=2:1$이므로 $a=2c$이다.
이때, 삼각형 ABC의 넓이가 $3\sqrt{3}$이므로
$$\frac{1}{2}ac\sin B=3\sqrt{3}\text{에서 }\frac{1}{2}\times2c\times c\times\sin 120°=3\sqrt{3}$$
$$\frac{\sqrt{3}}{2}c^2=3\sqrt{3},\ c^2=6$$
$$\therefore c=\sqrt{6}\ (\because c>0)$$
삼각형 ABC에서 코사인법칙에 의하여
$$b^2=c^2+a^2-2ca\cos B$$
$$=(\sqrt{6})^2+(2\sqrt{6})^2-2\times\sqrt{6}\times2\sqrt{6}\times\cos 120°$$
$$=6+24+12=42$$
$$\therefore b=\sqrt{42}\ (\because b>0)$$

目 ⑤

05-2

$\overline{BD}=x$라 하면 삼각형 ABC의 넓이는 두 삼각형 ABD, BCD의
넓이의 합과 같으므로
$$\frac{1}{2}\times2\times5\times\sin 120°=\frac{1}{2}\times2\times x\times\sin 60°+\frac{1}{2}\times5\times x\times\sin 60°$$
$$\frac{5\sqrt{3}}{2}=\frac{\sqrt{3}}{2}x+\frac{5\sqrt{3}}{4}x,\ \frac{7\sqrt{3}}{4}x=\frac{5\sqrt{3}}{2}$$
$$\therefore x=\frac{10}{7}$$
따라서 $p=7$, $q=10$이므로
$p+q=17$

目 17

05-3

사각형 ABCD의 대각선 AC를 그으면 삼각형 ABC에서 코사인
법칙에 의하여
$$\overline{AC}^2=2^2+(\sqrt{2})^2-2\times2\times\sqrt{2}\times\cos 135°$$
$$=4+2+4=10$$
또한 삼각형 ACD에서 코사인법칙에 의하여
$$\cos(\angle ADC)=\frac{3^2+(\sqrt{3})^2-10}{2\times3\times\sqrt{3}}=\frac{2}{6\sqrt{3}}=\frac{\sqrt{3}}{9}$$
이때, $\sin^2(\angle ADC)+\cos^2(\angle ADC)=1$이므로
$$\sin^2(\angle ADC)=1-\left(\frac{\sqrt{3}}{9}\right)^2=\frac{26}{27}$$
$$\therefore \sin(\angle ADC)=\frac{\sqrt{26}}{3\sqrt{3}}=\frac{\sqrt{78}}{9}\ (\because 0°<\angle ADC<180°)$$
따라서 사각형 ABCD의 넓이는 두 삼각형 ABC, ACD의 넓이의
합과 같으므로
$$\square ABCD=\triangle ABC+\triangle ACD$$
$$=\frac{1}{2}\times2\times\sqrt{2}\times\sin 135°+\frac{1}{2}\times3\times\sqrt{3}\times\sin(\angle ADC)$$
$$=1+\frac{\sqrt{26}}{2}=\frac{2+\sqrt{26}}{2}$$

目 ④

05-4

삼각형 ABC에서 코사인법칙에 의하여
$$\cos A=\frac{4^2+5^2-7^2}{2\times4\times5}=\frac{-8}{40}=-\frac{1}{5}$$
이때, $\sin^2 A+\cos^2 A=1$이므로
$$\sin^2 A=1-\left(-\frac{1}{5}\right)^2=\frac{24}{25}$$
$$\therefore \sin A=\frac{2\sqrt{6}}{5}\ (\because 0°<A<180°)$$
따라서 삼각형 ABC의 넓이는
$$\frac{1}{2}\times4\times5\times\sin A=10\times\frac{2\sqrt{6}}{5}=4\sqrt{6}$$

다른 풀이

세 변의 길이가 각각 7, 4, 5이므로
$$s=\frac{1}{2}(a+b+c)=8$$
따라서 헤론의 공식에 의하여 삼각형 ABC의 넓이는
$$\sqrt{s(s-a)(s-b)(s-c)}=\sqrt{8\times1\times4\times3}=4\sqrt{6}$$

目 ②

유형 06

삼각형 ABC의 세 변의 길이를 각각 a, b,
c라 하면
$a+b+c=20$
또한 이 삼각형의 내접원의 중심을 O, 반
지름의 길이를 r라 하면 삼각형 ABC의
넓이는 세 삼각형 OAB, OBC, OCA의 넓이의 합과 같으므로
$$50=\frac{1}{2}ra+\frac{1}{2}rb+\frac{1}{2}rc,\ 50=\frac{1}{2}r(a+b+c)$$
$$50=10r\qquad\therefore r=5$$
$$\therefore \frac{S}{\pi}=\frac{\pi\times5^2}{\pi}=25$$

目 25

06-1

$\angle BAC=\theta$라 하면 이등변삼각형 ABC의 넓이가 $27\sqrt{7}$이므로
$$\frac{1}{2}\times12^2\times\sin\theta=27\sqrt{7}$$
$$\therefore \sin\theta=\frac{3\sqrt{7}}{8}$$
이때, 삼각형 ABC의 외접원의 반지름의 길이가 8이므로 삼각형
ABC에서 사인법칙에 의하여
$$\frac{\overline{BC}}{\sin\theta}=2\times8$$
$$\therefore \overline{BC}=16\sin\theta=16\times\frac{3\sqrt{7}}{8}=6\sqrt{7}$$

目 ③

유형 07

사각형 ABCD는 $\overline{AB}=\overline{CD}$인 등변사다리꼴이므로
$\angle ACB=\angle DBC=30°$
따라서 오른쪽 그림과 같이 두 대각선 AC,
BD가 이루는 각의 크기는 120°이다.
이때, $\overline{AC}=\overline{BD}=x$라 하면

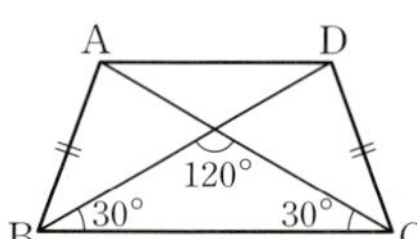

사각형 ABCD의 넓이는 $6\sqrt{3}$이므로
$$\frac{1}{2}x^2 \sin 120° = 6\sqrt{3}, \quad \frac{\sqrt{3}}{4}x^2 = 6\sqrt{3}$$
$$x^2 = 24$$
$$\therefore x = 2\sqrt{6} \ (\because x > 0)$$
따라서 구하는 두 대각선의 길이의 합은
$$2 \times 2\sqrt{6} = 4\sqrt{6}$$
답 ⑤

07-1

삼각형 ABC에서 피타고라스 정리에 의하여
$$\overline{BC} = \sqrt{(2\sqrt{2})^2 + (2\sqrt{2})^2} = 4$$
이때, 사각형의 두 대각선의 교점을 E라 하면 $\angle ABC = 45°$이므로
$$\angle AEB = 180° - (75° + 45°) = 60°$$
따라서 사각형 ABDC의 넓이는
$$\frac{1}{2} \times \overline{AD} \times \overline{BC} \times \sin 60° = \frac{1}{2} \times 6 \times 4 \times \frac{\sqrt{3}}{2} = 6\sqrt{3}$$
답 ⑤

07-2

삼각형 CDE에서 사인법칙에 의하여
$$\frac{\overline{CE}}{\sin 45°} = \frac{6}{\sin 60°}, \quad \frac{\overline{CE}}{\frac{\sqrt{2}}{2}} = \frac{6}{\frac{\sqrt{3}}{2}}$$
$$\therefore \overline{CE} = 2\sqrt{6}$$
한편, 점 E는 선분 AC의 중점이므로
$$\overline{AC} = 2 \times \overline{CE} = 2 \times 2\sqrt{6} = 4\sqrt{6}$$
따라서 사각형 ABCD의 넓이는
$$\frac{1}{2} \times 12 \times 4\sqrt{6} \times \sin 60° - 36\sqrt{2}$$
답 $36\sqrt{2}$

빈출 유형 **마무리** 본문 47~48쪽

01 ②	**02** ②	**03** ⑤	**04** ③	**05** 3	**06** ⑤
07 ④	**08** 160	**09** ②	**10** ⑤	**11** 336	**12** 9
13 ⑤	**14** ⑤	**15** 80			

01

삼각형의 세 내각의 크기의 합은 180°이므로
$$C = 180° - (105° + 30°) = 45°$$
이때, 삼각형 ABC의 외접원의 반지름의 길이를 R라 하면 사인법칙에 의하여
$$\frac{c}{\sin C} = 2R, \quad \frac{\sqrt{6}}{\sin 45°} = 2R$$
$$\frac{\sqrt{6}}{\frac{\sqrt{2}}{2}} = 2R \quad \therefore R = \sqrt{3}$$
따라서 구하는 외접원의 반지름의 길이는 $\sqrt{3}$이다.
답 ②

02

원 O_1의 중심을 P라 하면 원주각과 중심각 사이의 관계에 의하여
$$\angle APB = 90°$$
즉, 삼각형 APB는 직각이등변삼각형이므로 원 O_1의 반지름의 길이를 r라 하면
$$\overline{AB} = \sqrt{2}r$$
또한 원 O_2의 반지름의 길이를 R라 하면 삼각형 ABD에서 사인법칙에 의하여
$$\frac{\overline{AB}}{\sin 60°} = 2R, \quad \frac{\sqrt{2}r}{\frac{\sqrt{3}}{2}} = 2R$$
$$\therefore R = \frac{\sqrt{6}}{3}r$$
따라서 $S_1 = r^2\pi$, $S_2 = \frac{2}{3}r^2\pi$이므로
$$\frac{S_2}{S_1} = \frac{2}{3}$$
답 ②

03

코사인법칙에 의하여
$$b^2 = (4\sqrt{3})^2 + 3^2 - 2 \times 4\sqrt{3} \times 3 \times \cos 30°$$
$$= 48 + 9 - 36 = 21$$
$$\therefore b = \sqrt{21} \ (\because b > 0)$$
이때, 사인법칙에 의하여
$$\frac{b}{\sin B} = \frac{c}{\sin C}, \quad \frac{\sqrt{21}}{\sin 30°} = \frac{4\sqrt{3}}{\sin C}$$
$$\frac{4}{\sin C} = \frac{\sqrt{7}}{\frac{1}{2}}$$
$$\therefore \sin C - \frac{2\sqrt{7}}{7}$$
답 ⑤

04

사각형 ABCD가 평행사변형이므로 $\angle ABC = 60°$
이때, $\overline{AC} = \overline{BC}$이므로 $\angle BAC = \angle ACB = 60°$
즉, 삼각형 ABC는 한 변의 길이가 6인 정삼각형이므로
$$\overline{AB} = 6$$
따라서 $\overline{AB} = \overline{CD} = 6$이므로 삼각형 BCD에서 코사인법칙에 의하여
$$\overline{BD}^2 = 6^2 + 6^2 - 2 \times 6 \times 6 \times \cos 120°$$
$$= 36 + 36 + 36 = 108$$
$$\therefore \overline{BD} = 6\sqrt{3}$$
답 ③

05

$\angle AOP = \theta$라 하면 호 AP의 길이는
$$x = 1 \times \theta \quad \therefore \theta = x$$
따라서 삼각형 OPA에서 코사인법칙에 의하여
$$\overline{AP}^2 = 1^2 + 1^2 - 2 \times 1 \times 1 \times \cos x = 2 - 2\cos x$$
$$\therefore f(x) = 2 - (2 - 2\cos x) = 2\cos x$$
따라서 $f(x) = 2\cos x$이므로
$$f(0) + \left(\frac{\pi}{3}\right) = 2\cos 0 + 2\cos\frac{\pi}{3} = 2 + 1 = 3$$
답 3

06

오른쪽 그림과 같이 점 P를 직선 OA에 대하여
대칭이동한 점을 C라 하고 점 P를 직선 OB에
대하여 대칭이동한 점을 D라 하면
$\overline{PQ}=\overline{CQ}$, $\overline{PR}=\overline{DR}$
이므로 삼각형 PQR의 둘레의 길이의 최솟값은
두 점 C, D를 이은 선분의 길이와 같다.
따라서 삼각형 COD에서 코사인법칙에 의하여
$\overline{CD}^2=4^2+4^2-2\times4\times4\times\cos120°$
$\qquad=16+16+16=48$
$\therefore \overline{CD}=4\sqrt{3}$
따라서 삼각형 PQR의 둘레의 길이의 최솟값은 $4\sqrt{3}$이다.   **답** ⑤

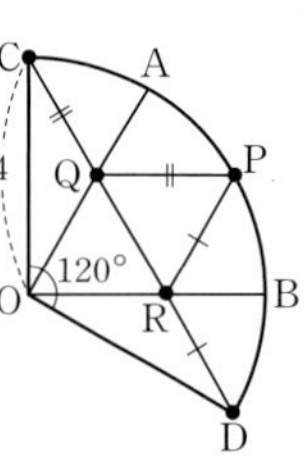

07

ㄱ. 코사인법칙에 의하여
$\cos A=\dfrac{b^2+c^2-a^2}{2bc}$, $\cos B=\dfrac{a^2+c^2-b^2}{2ac}$
이므로 $a\cos A=b\cos B$에서
$\dfrac{a(b^2+c^2-a^2)}{2bc}=\dfrac{b(a^2+c^2-b^2)}{2ac}$
$a^2(b^2+c^2-a^2)=b^2(a^2+c^2-b^2)$
$a^2b^2+a^2c^2-a^4=a^2b^2+b^2c^2-b^4$
$a^4-b^4-a^2c^2+b^2c^2=0$, $(a^2+b^2)(a^2-b^2)-c^2(a^2-b^2)=0$
$(a^2-b^2)(a^2+b^2-c^2)=0$, $(a+b)(a-b)(a^2+b^2-c^2)=0$
$\therefore a=b$ 또는 $c^2=a^2+b^2$ $(\because a+b>0)$
따라서 $a\cos A=b\cos B$를 만족시키는 삼각형 ABC는
$a=b$인 이등변삼각형인 경우도 존재한다.

ㄴ. 삼각형 ABC의 외접원의 반지름의 길이를 R라 하면 사인법
칙과 코사인법칙에 의하여
$\sin A=\dfrac{a}{2R}$, $\cos B=\dfrac{a^2+c^2-b^2}{2ac}$, $\sin C=\dfrac{c}{2R}$
이므로 $\sin A=\cos B\sin C$에서
$\dfrac{a}{2R}=\dfrac{a^2+c^2-b^2}{2ac}\times\dfrac{c}{2R}$
$2a^2=a^2+c^2-b^2$
$\therefore a^2+b^2=c^2$
따라서 $\sin A=\cos B\sin C$는 삼각형 ABC가 선분 AB를
빗변으로 하는 직각삼각형이 되도록 하는 조건이다.

ㄷ. 삼각형 ABC의 외접원의 반지름의 길이를 R라 하면 사인법
칙에 의하여
$\sin A=\dfrac{a}{2R}$, $\sin B=\dfrac{b}{2R}$, $\sin C=\dfrac{c}{2R}$
이므로 $a\sin A+b\sin B=c\sin C$에서
$\dfrac{a^2}{2R}+\dfrac{b^2}{2R}=\dfrac{c^2}{2R}$
$\therefore a^2+b^2=c^2$ $(\because R>0)$
따라서 $a\sin A+b\sin B=c\sin C$는 삼각형 ABC가 선분
AB를 빗변으로 하는 직각삼각형이 되도록 하는 조건이다.
따라서 삼각형 ABC가 항상 직각삼각형이 되도록 하는 조건은
ㄴ, ㄷ이다.   **답** ④

08

삼각형 ABC에서 코사인법칙에 의하여
$\overline{AC}^2=4^2+(2\sqrt{2})^2-2\times4\times2\sqrt{2}\times\cos135°$
$\qquad=16+8+16=40$
$\therefore \overline{AC}=2\sqrt{10}$
따라서 삼각형 ABC의 넓이는
$\dfrac{1}{2}\times4\times2\sqrt{2}\times\sin135°=4$
이므로
$\dfrac{1}{2}\times\overline{AC}\times\overline{BH}=4$에서 $\dfrac{1}{2}\times2\sqrt{10}\times\overline{BH}=4$
$\therefore \overline{BH}=k=\dfrac{2\sqrt{10}}{5}$
$\therefore 100k^2=100\times\dfrac{40}{25}=160$ **답** 160

09

주어진 삼각형에서 길이가 8인 변의 대각의 크기를 θ라 하면 코사
인법칙에 의하여
$\cos\theta=\dfrac{5^2+7^2-8^2}{2\times5\times7}=\dfrac{25+49-64}{70}=\dfrac{1}{7}$
이때, $\sin^2\theta+\cos^2\theta=1$이므로
$\sin^2\theta=1-\cos^2\theta=1-\left(\dfrac{1}{7}\right)^2=\dfrac{48}{49}$
$\therefore \sin\theta=\dfrac{4\sqrt{3}}{7}$ $(\because 0°<\theta<180°)$ $\cdots\cdots$ ㉠
또한 주어진 삼각형에서 사인법칙에 의하여
$\dfrac{8}{\frac{4\sqrt{3}}{7}}=2R$, $\dfrac{14}{\sqrt{3}}=2R$
$\therefore R=\dfrac{7\sqrt{3}}{3}$
이때, $\dfrac{r}{2}(8+7+5)=\dfrac{1}{2}\times7\times5\times\sin\theta$이므로
$10r=10\sqrt{3}$ $(\because ㉠)$
$\therefore r=\sqrt{3}$
$\therefore \dfrac{R}{r}=\dfrac{7}{3}$ **답** ②

10

삼각형 ABC에서 코사인법칙에 의하여
$\overline{AC}^2=4^2+5^2-2\times4\times5\times\cos60°$
$\qquad=16+25-20=21$
$\therefore \overline{AC}=\sqrt{21}$
이때, 사각형 ABCD는 원에 내접하므로
$\angle ABC+\angle ADC=180°$
$\therefore \angle ADC=120°$
한편, 삼각형 ACD에서 $\overline{AD}=x$라 하면 코사인법칙에 의하여
$(\sqrt{21})^2=x^2+1^2-2\times x\times1\times\cos120°$
$x^2+x-20=0$, $(x+5)(x-4)=0$
$\therefore x=4$ $(\because x>0)$

따라서 사각형 ABCD의 넓이는 두 삼각형 ABC, ACD의 넓이
의 합과 같으므로

$$\frac{1}{2}\times4\times5\times\sin60°+\frac{1}{2}\times1\times4\times\sin120°$$

$$=5\sqrt{3}+\sqrt{3}=6\sqrt{3}$$

답 ⑤

11

$a:b:c=7:8:13$이므로 $a=7k$, $b=8k$, $c=13k$ $(k>0)$라 할
수 있다.

삼각형 ABC에서 코사인법칙에 의하여

$$\cos C=\frac{(7k)^2+(8k)^2-(13k)^2}{2\times7k\times8k}=\frac{-56k^2}{112k^2}=-\frac{1}{2}$$

$$\therefore C=120°\ (\because 0°<C<180°)$$

이때, 삼각형 ABC의 넓이가 $42\sqrt{3}$이므로

$$\frac{1}{2}\times7k\times8k\times\sin120°=42\sqrt{3}$$

$$28k^2\times\frac{\sqrt{3}}{2}=42\sqrt{3},\ k^2=3\qquad\therefore k=\sqrt{3}\ (\because k>0)$$

따라서 삼각형 ABC의 둘레의 길이 l은

$$l=7k+8k+13k=28k=28\sqrt{3}$$

$$\therefore \frac{1}{7}l^2=\frac{1}{7}\times(28\sqrt{3})^2=336$$

◆다른 풀이

$a:b:c=7:8:13$이므로 $a=7k$, $b=8k$, $c=13k$ $(k>0)$라 할
수 있다.

$$s=\frac{1}{2}(a+b+c)=\frac{1}{2}(7k+8k+13k)=14k$$

라 하면 헤론의 공식에 의하여 삼각형 ABC의 넓이는

$$\sqrt{s(s-a)(s-b)(s-c)}=42\sqrt{3}$$

$$\sqrt{14k\times7k\times6k\times k}=42\sqrt{3}$$

$$14\sqrt{3}k^2=42\sqrt{3}$$

$$k^2=3\qquad\therefore k=\sqrt{3}$$

따라서 삼각형 ABC의 둘레의 길이 l은

$$l=7k+8k+13k=28k=28\sqrt{3}$$

$$\therefore \frac{1}{7}l^2=\frac{1}{7}\times(28\sqrt{3})^2=336$$

답 336

12

$\overline{AB}=\overline{AD}$, $\angle ABC=\angle ADC$이므로 피타고라스 정리에 의하여
$\overline{BC}=\overline{CD}$

즉, 두 삼각형 ABC, ADC는 합동이므로
$\angle ACB=\angle ACD$

따라서 선분 AC는 이등변삼각형 BCD의 각 BCD의 이등분선이
므로 선분 BD와 수직이다.

이때, 삼각형 BCD에서 사인법칙에 의하여

$$\frac{\overline{BD}}{\sin30°}=6,\ \frac{\overline{BD}}{\frac{1}{2}}=6\qquad\therefore \overline{BD}=3$$

따라서 사각형 ABCD의 넓이는

$$\frac{1}{2}\times6\times3\times\sin90°=9$$

답 9

13

사인법칙에 의하여

$$\overline{AB}:\overline{BC}:\overline{CA}=\sin C:\sin A:\sin B$$

$$=2:3:4$$

즉, $\sin C=2k$, $\sin A=3k$, $\sin B=4k$ $(k>0)$라 할 수 있다.

$$\therefore \frac{\sin B}{\sin A}=\frac{4k}{3k}=\frac{4}{3}$$

답 ⑤

14

$\overline{AB}=3k$ $(k>0)$라 하면
$\overline{AD}=\overline{DE}=\overline{EC}=k$

삼각형 ABD에서 코사인법칙에 의하여

$$\overline{BD}^2=(3k)^2+k^2-2\times3k\times k\times\cos60°$$

$$=9k^2+k^2-3k^2=7k^2$$

$$\therefore \overline{BD}=\sqrt{7}k$$

이때, 두 삼각형 ABD, CBE가 합동이므로 $\overline{BE}=\overline{BD}=\sqrt{7}k$

따라서 삼각형 DBE에서 코사인법칙에 의하여

$$\cos x=\frac{(\sqrt{7}k)^2+(\sqrt{7}k)^2-k^2}{2\times\sqrt{7}k\times\sqrt{7}k}$$

$$=\frac{7k^2+7k^2-k^2}{14k^2}=\frac{13}{14}$$

답 ⑤

15

t분 후 갑이 타고 있는 배의 위치를 점 P,
을이 타고 있는 배의 위치를 점 Q라 하면
갑이 탄 배의 속력은 100 m/분이므로
$\overline{AP}=100t\,(\text{m})$

을이 탄 배의 속력은 200 m/분이므로
$\overline{CQ}=200t\,(\text{m})\qquad\therefore \overline{AQ}=(800-200t)\,(\text{m})$

이때, $\overline{BC}$와 $\overline{PQ}$가 평행하므로 두 삼각형 ABC, APQ는 닮음이다.

즉, $100t:600=(800-200t):800$이므로

$$600(800-200t)=100t\times800$$

$$48-12t=8t,\ 20t=48$$

$$\therefore t=\frac{12}{5}$$

즉, $\overline{AP}=100\times\frac{12}{5}=240\,(\text{m})$이므로 두 삼각형 ABC, APQ의

닮음비는 $240:600=2:5$이다.

삼각형 ABC에서 코사인법칙에 의하여

$$\overline{BC}^2=600^2+800^2-2\times600\times800\times\cos\frac{\pi}{3}$$

$$=360000+640000-480000$$

$$=520000$$

$$\therefore \overline{BC}=200\sqrt{13}\,(\text{m})$$

따라서 $\overline{PQ}:\overline{BC}=\overline{PQ}:200\sqrt{13}=2:5$이므로
$\overline{PQ}=80\sqrt{13}\,(\text{m})$

$$\therefore a=80$$

답 80

01 등차수열과 등비수열

유형 01

등차수열 $\{a_n\}$의 첫째항을 a, 공차를 d라 하면

$a_7=19$에서 $a+6d=19$ …… ㉠

$a_{10}=13$에서 $a+9d=13$ …… ㉡

㉠, ㉡을 연립하여 풀면

$a=31$, $d=-2$

$\therefore a_n=31+(n-1)\times(-2)=-2n+33$

이때, $a_n<0$에서 $-2n+33<0$

$2n>33$ $\therefore n>16.5$

따라서 $a_n<0$을 만족시키는 자연수 n의 최솟값은 17이다.   🔲 ③

01-1

등차수열 $\{a_n\}$의 첫째항을 a, 공차를 d라 하면

$a_2+a_7=21$에서 $(a+d)+(a+6d)=21$

$\therefore 2a+7d=21$ …… ㉠

$a_4+a_{12}=56$에서 $(a+3d)+(a+11d)=56$

$\therefore a+7d=28$ …… ㉡

㉠, ㉡을 연립하여 풀면

$a=-7$, $d=5$

따라서 $a_n=-7+(n-1)\times5=5n-12$이므로

$a_{10}=5\times10-12=38$ 🔲 ④

01-2

등차수열 -24, a_1, a_2, a_3, $\cdots$, a_{20}, 39의 공차를 d라 하면

첫째항이 -24이고, 제22항이 39이므로

$-24+21d=39$, $21d=63$

$\therefore d=3$

이때, a_9는 제10항이므로 $a_9=-24+9\times3=3$

또한 a_{12}는 제13항이므로 $a_{12}=-24+12\times3=12$

$\therefore a_9+a_{12}=3+12=15$ 🔲 ③

유형 02

등차수열 $\{a_n\}$의 첫째항을 a, 공차를 d라 하면

$a_6=8$에서 $a+5d=8$ …… ㉠

$a_{11}=-7$에서 $a+10d=-7$ …… ㉡

㉠, ㉡을 연립하여 풀면

$a=23$, $d=-3$

$\therefore a_n=23+(n-1)\times(-3)=-3n+26$

이때, $a_n<0$에서 $-3n+26<0$

$3n>26$ $\therefore n>\dfrac{26}{3}=8.\times\times\times$

따라서 수열 $\{a_n\}$은 제9항부터 음수이므로 첫째항부터 제8항까지의 합이 최대가 되고, 그 최댓값은

$$S_8=\frac{8\{2\times23+(8-1)\times(-3)\}}{2}=100$$

🔲 100

02-1

등차수열 $\{a_n\}$의 공차를 d라 하면 $a_1=5$, $a_{10}=-13$이므로

$5+9d=-13$ $\therefore d=-2$

$\therefore a_n=5+(n-1)\times(-2)=-2n+7$

이때, $a_n<0$에서 $-2n+7<0$

$2n>7$ $\therefore n>3.5$

따라서 $n\leq3$이면 $a_n>0$, $n\geq4$이면 $a_n<0$이므로

$|a_1|+|a_2|+|a_3|+\cdots+|a_{20}|$

$=a_1+a_2+a_3-(a_4+a_5+a_6+\cdots+a_{20})$

$=2(a_1+a_2+a_3)-(a_1+a_2+a_3+\cdots+a_{20})$

$=2\times\dfrac{3\{2\times5+(3-1)\times(-2)\}}{2}$

$\qquad -\dfrac{20\{2\times5+(20-1)\times(-2)\}}{2}$

$=18+280=298$ 🔲 298

유형 03

등비수열 $\{a_n\}$의 공비를 r라 하면

$a_1a_4a_7=8$에서 $a_1\times a_1r^3\times a_1r^6=8$

$\therefore a_1{}^3r^9=8$ …… ㉠

$a_2a_5a_8=64$에서 $a_1r\times a_1r^4\times a_1r^7=64$

$\therefore a_1{}^3r^{12}=64$ …… ㉡

㉡÷㉠을 하면

$r^3=8$ $\therefore r=2$

이를 ㉠에 대입하면

$a_1{}^3\times2^9=2^3$, $a_1{}^3=2^{-6}$ $\therefore a_1=2^{-2}=\dfrac{1}{4}$

따라서 $a_n=\dfrac{1}{4}\times2^{n-1}=2^{n-3}$이므로

$a_6=2^3=8$ 🔲 ②

03-1

등비수열 2, a_1, a_2, a_3, $\cdots$, a_6, 12의 공비를 r라 하면 첫째항이 2이고, 제8항이 12이므로

$2r^7=12$ $\therefore r^7=6$

$\therefore a_2a_5+a_3a_4=2r^2\times2r^5+2r^3\times2r^4$

$\qquad\qquad\quad =4r^7+4r^7$

$\qquad\qquad\quad =8r^7$

$\qquad\qquad\quad =8\times6=48$ 🔲 ⑤

03-2

등비수열 $\{a_n\}$의 첫째항을 a, 공비를 r $(r>0)$라 하면

$a_3+a_5=4$에서 $ar^2+ar^4=4$

$\therefore ar^2(1+r^2)=4$ …… ㉠

$a_7+a_9=36$에서 $ar^6+ar^8=36$

$\therefore ar^6(1+r^2)=36$ …… ㉡

ⓒ÷㉠을 하면

$r^4=9$, $r^2=3$ $\quad \therefore r=\sqrt{3}\ (\because r>0)$

이를 ㉠에 대입하면

$a\times3\times(1+3)=4$, $12a=4$ $\quad \therefore a=\dfrac{1}{3}$

따라서 $a_n=\dfrac{1}{3}\times(\sqrt{3})^{n-1}$이므로 $a_k>100$에서

$\dfrac{1}{3}\times(\sqrt{3})^{k-1}>100$, $3^{\frac{k}{2}-\frac{3}{2}}>100$

이때, $3^4=81$, $3^5=243$이므로

$\dfrac{k}{2}-\dfrac{3}{2}>4$, $\dfrac{k}{2}>\dfrac{11}{2}$ $\quad \therefore k>11$

따라서 $k=12$일 때, $a_{12}=3^{\frac{9}{2}}=81\sqrt{3}>100$이므로 k의 최솟값은 12이다. 🔳 12

유형 04

등비수열 $\{a_n\}$의 첫째항을 a, 공비를 $r\ (r>0)$라 하면

$S_5=6$에서 $\dfrac{a(r^5-1)}{r-1}=6$ $\quad\quad\quad$ ……㉠

$S_{15}=78$에서 $\dfrac{a(r^{15}-1)}{r-1}=78$

$\therefore \dfrac{a(r^5-1)(r^{10}+r^5+1)}{r-1}=78$ $\quad$ ……ⓒ

ⓒ÷㉠을 하면

$r^{10}+r^5+1=13$

$r^{10}+r^5-12=0$, $(r^5+4)(r^5-3)=0$

$\therefore r^5=3\ (\because r>0)$

$\therefore S_{10}=\dfrac{a(r^{10}-1)}{r-1}$

$\quad\quad =\dfrac{a(r^5-1)(r^5+1)}{r-1}$

$\quad\quad =6\times(3+1)=24$ 🔳 ③

04-1

등비수열 $\{a_n\}$의 첫째항을 a, 공비를 r라 하면

$a_1+a_2+a_3=9$에서 $\dfrac{a(r^3-1)}{r-1}=9$ $\quad$ ……㉠

$a_1+a_2+a_3+a_4+a_5+a_6=45$에서 $\dfrac{a(r^6-1)}{r-1}=45$

$\therefore \dfrac{a(r^3-1)(r^3+1)}{r-1}=45$ $\quad\quad$ ……ⓒ

ⓒ÷㉠을 하면

$r^3+1=5$ $\quad \therefore r^3=4$

$\therefore a_1+a_2+a_3+\cdots+a_9=\dfrac{a(r^9-1)}{r-1}$

$\quad\quad\quad =\dfrac{a(r^3-1)(r^6+r^3+1)}{r-1}$

$\quad\quad\quad =9\times(4^2+4+1)=189$ 🔳 189

유형 05

세 수 a, 4, b가 이 순서대로 등차수열을 이루므로

$2\times4=a+b$ $\quad \therefore a+b=8$

또한 세 수 a, 6, $2b$가 이 순서대로 등비수열을 이루므로

$6^2=a\times2b$ $\quad \therefore ab=18$

$\therefore a^3+b^3=(a+b)^3-3ab(a+b)$

$\quad\quad\quad =8^3-3\times18\times8$

$\quad\quad\quad =512-432=80$ 🔳 80

05-1

세 수 $2a+4$, a^2+3a, 2가 이 순서대로 등차수열을 이루므로

$2(a^2+3a)=(2a+4)+2$, $2a^2+6a=2a+6$

$a^2+2a-3=0$, $(a+3)(a-1)=0$

$\therefore a=-3$ 또는 $a=1$

따라서 주어진 조건을 만족시키는 모든 a의 값의 합은

$-3+1=-2$ 🔳 ①

05-2

세 수 $2\sqrt{3}$, x, $2y$가 이 순서대로 등비수열을 이루므로

$x^2=4\sqrt{3}y$ $\quad \therefore y^2=\dfrac{1}{48}x^4$ $\quad$ ……㉠

또한 세 수 x, $2y$, 18이 이 순서대로 등비수열을 이루므로

$4y^2=18x$ $\quad\quad\quad$ ……ⓒ

㉠을 ⓒ에 대입하면

$4\times\dfrac{1}{48}x^4=18x$, $\dfrac{1}{12}x^4=18x$

$x^4-216x=0$, $x(x^3-216)=0$

$x(x-6)(x^2+6x+36)=0$ $\quad \therefore x=6\ (\because x>0)$

이를 ㉠에 대입하면

$36=4\sqrt{3}y$ $\quad \therefore y=\dfrac{9}{\sqrt{3}}=3\sqrt{3}$

$\therefore x^2-y^2=36-27=9$

◆다른 풀이

네 수 $2\sqrt{3}$, x, $2y$, 18이 이 순서대로 등비수열을 이루므로 첫째항을 $2\sqrt{3}$, 공비를 r라 하면 제4항이 18이다.

즉, $2\sqrt{3}\times r^3=18$에서 $r^3=3\sqrt{3}$

$\therefore r=\sqrt{3}$

따라서 $x=2\sqrt{3}\times\sqrt{3}=6$이고 $2y=6\sqrt{3}$에서 $y=3\sqrt{3}$이므로

$x^2-y^2=36-27=9$ 🔳 9

유형 06

두 점 A_n, B_n의 x좌표를 각각 a_n, b_n이라 하면 a_n, b_n은 이차방정식 $x^2+x+2=n-2x$, 즉 $x^2+3x+2-n=0$의 두 실근이다.

이차방정식의 근과 계수의 관계에 의하여

$a_n+b_n=-3$, $a_nb_n=2-n$

$\therefore l_n^2=(a_n-b_n)^2+\{(n-2a_n)-(n-2b_n)\}^2$

$\quad\quad =5(a_n-b_n)^2$

이때,

$(a_n-b_n)^2=(a_n+b_n)^2-4a_nb_n$

$\quad\quad\quad =(-3)^2-4(2-n)=4n+1$

이므로 $l_n^2=5(4n+1)$

$\therefore l_1^2+l_2^2+l_3^2+\cdots+l_{10}^2=5\times(5+9+13+\cdots+41)$

$\quad\quad\quad\quad =5\times\dfrac{10(5+41)}{2}$

$\quad\quad\quad\quad =1150$ 🔳 1150

06-1

세 정사각형 $A_1B_1C_1D_1$, $A_2B_2C_2D_2$, $A_3B_3C_3D_3$의 한 변의 길이를 각각 a, b, c라 하면 두 삼각형 $A_1D_1A_2$, $A_2D_2A_3$은 닮은 도형이므로

$a:(b-a)=b:(c-b)$, $b^2-ab=ac-ab$

$\therefore b^2=ac$

즉, 정사각형 $A_nB_nC_nD_n$의 한 변의 길이를 a_n이라 하면 수열 $\{a_n\}$은 등비수열을 이룬다.

이때, 공비를 r라 하면 $S_1=2$에서 $a_1=\sqrt{2}$이고,

$S_7=128$에서 $a_7=\sqrt{128}=8\sqrt{2}$이므로

$\sqrt{2}r^6=8\sqrt{2}$, $r^6=2^3$ $\quad \therefore r=2^{\frac{1}{2}}$

$\therefore a_n=\sqrt{2}\times 2^{\frac{1}{2}(n-1)}$

따라서 $S_n=(a_n)^2=2\times 2^{n-1}$이므로 수열 $\{S_n\}$은 첫째항이 2이고, 공비가 2인 등비수열이다.

$\therefore S_1+S_2+S_3+\cdots+S_8=\dfrac{2(2^8-1)}{2-1}=510$

답 510

유형 07

$a_1=S_1=1^2+2\times 1=3$

$a_n=S_n-S_{n-1}$
$\quad=(n^2+2n)-\{(n-1)^2+2(n-1)\}$
$\quad=2n+1$ (단, $n\geq 2$)

$n=1$을 위의 식에 대입하면 $a_1=3$

$\therefore a_n=2n+1$ (단, $n\geq 1$)

이때, 수열 a_1, a_3, a_5, $\cdots$, a_{19}는 첫째항이 3이고, 공차가 4인 등차수열을 이루므로

$a_1+a_3+a_5+\cdots+a_{19}=\dfrac{10\{2\times 3+(10-1)\times 4\}}{2}$
$\qquad\qquad\qquad\qquad\quad=210$

답 210

07-1

$a_1=S_1=2^1-1=1$

$a_n=S_n-S_{n-1}$
$\quad=(2^n-1)-(2^{n-1}-1)$
$\quad=2^{n-1}$ (단, $n\geq 2$)

$n=1$을 위의 식에 대입하면 $a_1=1$

$\therefore a_n=2^{n-1}$ (단, $n\geq 1$)

이때, 수열 a_1, a_3, a_5, a_7, a_9는 첫째항이 1이고, 공비가 4인 등비수열을 이루므로

$a_1+a_3+a_5+a_7+a_9=\dfrac{1\times(4^5-1)}{4-1}=341$

답 341

07-2

두 수열의 제5항이 서로 같으므로 $a_5=b_5$에서

$(5^2-5)-(4^2-4)=(2\times 5^2+5p)-(2\times 4^2+4p)$

$20-12=50+5p-32-4p$

$\therefore p=-10$

답 ①

유형 08

매년 초에 a만 원씩 적립하면 10년 후 연말까지 적립금의 원리합계는

$a(1+0.04)+a(1+0.04)^2+a(1+0.04)^3+\cdots+a(1+0.04)^{10}$
$=a\times 1.04+a\times 1.04^2+a\times 1.04^3+\cdots+a\times 1.04^{10}$
$=\dfrac{1.04a(1.04^{10}-1)}{1.04-1}$
$=\dfrac{1.04a(1.5-1)}{0.04}$
$=13a$ (만 원)

이때, $13a=260$이어야 하므로

$a=20$

답 20

08-1

20만 원에 대한 12개월 후의 원리합계는

$20(1+0.015)^{12}=20\times 1.2=24$ (만 원)

이달 말부터 a원씩 갚는다고 하면 12개월 후 이자를 포함하여 갚는 금액의 총합은

$a+a(1+0.015)+a(1+0.015)^2+\cdots+a(1+0.015)^{11}$
$=a+a\times 1.015+a\times 1.015^2+\cdots+a\times 1.015^{11}$
$=\dfrac{a(1.015^{12}-1)}{1.015-1}$
$=\dfrac{a(1.2-1)}{0.015}$
$=\dfrac{40}{3}a$ (원)

따라서 $\dfrac{40}{3}a=240000$이므로 $a=18000$

$\therefore \dfrac{a}{100}=180$

답 180

<table>
<tr><td colspan="6">빈출 유형 마무리   본문 55~56쪽</td></tr>
<tr><td>01 ⑤</td><td>02 ②</td><td>03 ⑤</td><td>04 ①</td><td>05 120</td><td>06 600</td></tr>
<tr><td>07 89</td><td>08 ③</td><td>09 ②</td><td>10 ⑤</td><td>11 ③</td><td>12 90</td></tr>
<tr><td>13 ②</td><td>14 222</td><td>15 ①</td><td>16 ②</td><td></td><td></td></tr>
</table>

01

등차수열 $\{a_n\}$의 첫째항을 a, 공차를 d라 하면

$a_3=-26$에서 $a+2d=-26$ $\qquad \cdots\cdots$ ㉠

$a_{19}=14$에서 $a+18d=14$ $\qquad \cdots\cdots$ ㉡

㉠, ㉡을 연립하여 풀면

$a=-31$, $d=\dfrac{5}{2}$

$\therefore a_n=-31+(n-1)\times\dfrac{5}{2}=\dfrac{5}{2}n-\dfrac{67}{2}$

이때, $a_k>0$에서 $\dfrac{5}{2}k-\dfrac{67}{2}>0$

$5k>67$ $\quad \therefore k>\dfrac{67}{5}=13.4$

따라서 자연수 k의 최솟값은 14이다.

답 ⑤

02

등차수열 -3, a_1, a_2, $\cdots$, a_n, 18의 공차를 d라 하면
첫째항이 -3이고, 제$(n+2)$항이 18이므로
$$-3+(n+1)d=18$$
$$\therefore (n+1)d=21$$
이때, 공차 d가 자연수이려면 $n+1$은 1이 아닌 21의 약수 3, 7,
21이어야 하므로
$$n=2,\ 6,\ 20$$
따라서 주어진 조건을 만족시키는 자연수 n의 최댓값은 20이고,
최솟값은 2이므로 그 합은
$$20+2=22 \hspace{2em} 답 ②$$

03

삼차방정식 $x^3-12x^2+kx-28=0$의 세 근이 등차수열을 이루므
로 세 근을 $a-d$, a, $a+d$라 하면 삼차방정식의 근과 계수의 관
계에 의하여
$$(a-d)+a+(a+d)=12,\ 3a=12$$
$$\therefore a=4$$
$$a(a-d)(a+d)=28,\ 4(4-d)(4+d)=28,\ d^2=9$$
$$\therefore d=\pm3$$
따라서 주어진 삼차방정식의 세 근은 1, 4, 7이므로
$$k=1\times4+4\times7+7\times1=39 \hspace{2em} 답 ⑤$$

04

다항식 $P(x)=x^2+(a-2)x+a$를 x, $x-1$, $x-3$으로 나눈 나
머지는 각각 $P(0)$, $P(1)$, $P(3)$이고
$$P(0)=a,\ P(1)=2a-1,\ P(3)=4a+3$$
이때, 세 수 a, $2a-1$, $4a+3$이 이 순서대로 등차수열을 이루므로
$$2(2a-1)=a+(4a+3),\ 4a-2=5a+3$$
$$\therefore a=-5$$

보충 설명

나머지정리
다항식 $f(x)$를 일차식 $x-a$로 나누었을 때의 나머지를 R라 하면
$$R=f(a) \hspace{2em} 답 ①$$

05

등차수열 $\{a_n\}$의 첫째항을 a, 공차를 d라 하면
첫째항부터 제8항까지의 합이 20이므로
$$\frac{8(2a+7d)}{2}=20 \qquad \therefore 2a+7d=5 \hspace{2em} \cdots\cdots\ ㉠$$
첫째항부터 제16항까지의 합이 60이므로
$$\frac{16(2a+15d)}{2}=60 \qquad \therefore 4a+30d=15 \hspace{2em} \cdots\cdots\ ㉡$$
㉠, ㉡을 연립하여 풀면
$$a=\frac{45}{32},\ d=\frac{5}{16}$$
따라서 첫째항부터 제24항까지의 합은
$$\frac{24(2a+23d)}{2}=\frac{24\left(2\times\frac{45}{32}+23\times\frac{5}{16}\right)}{2}=120$$

보충 설명

등차수열 $\{a_n\}$에서 차례대로 같은 개수의 항을 묶어서 그 합으로
수열을 만들면 그 수열은 등차수열을 이룬다. 즉,
$$a_1+a_2+a_3+\cdots+a_8,\ a_9+a_{10}+a_{11}+\cdots+a_{16},$$
$$a_{17}+a_{18}+a_{19}+\cdots+a_{24},\ \cdots$$
는 등차수열을 이루므로 등차수열 $\{a_n\}$의 첫째항부터 제n항까지
의 합을 S_n이라 하면 S_8, $S_{16}-S_8$, $S_{24}-S_{16}$, $\cdots$이 등차수열을 이
룬다.
따라서 20, $S_{16}-S_8=60-20=40$, $S_{24}-S_{16}=S_{24}-60$이 등차
수열을 이루므로
$$2\times40=20+(S_{24}-60)$$
$$\therefore S_{24}=120 \hspace{2em} 답 120$$

06

50 이하의 자연수 중 3으로 나누어떨어지는 수는
$$3,\ 6,\ 9,\ \cdots,\ 48$$
50 이하의 자연수 중 4로 나누어떨어지는 수는
$$4,\ 8,\ 12,\ \cdots,\ 48$$
50 이하의 자연수 중 12로 나누어떨어지는 수는
$$12,\ 24,\ 36,\ 48$$
따라서 50 이하의 자연수 중 3 또는 4로 나누어떨어지는 수의 총
합은
$$(3+6+9+\cdots+48)+(4+8+12+\cdots+48)$$
$$-(12+24+36+48)$$
$$=\frac{16(3+48)}{2}+\frac{12(4+48)}{2}-\frac{4(12+48)}{2}$$
$$=408+312-120=600 \hspace{2em} 답 600$$

07

등차수열 $\{a_n\}$의 첫째항을 a, 공차를 d라 하면
$a_{11}=-10$에서 $a+10d=-10$ $\hspace{2em} \cdots\cdots\ ㉠$
첫째항부터 제10항까지의 합이 65이므로
$$\frac{10(2a+9d)}{2}=65$$
$$\therefore 2a+9d=13 \hspace{2em} \cdots\cdots\ ㉡$$
㉠, ㉡을 연립하여 풀면
$$a=20,\ d=-3$$
$$\therefore a_n=20+(n-1)\times(-3)=-3n+23$$
이때, $a_n<0$에서 $-3n+23<0$
$$3n>23 \qquad \therefore n>\frac{23}{3}=7.\times\times\times$$
따라서 $n\leq7$이면 $a_n>0$, $n\geq8$이면 $a_n<0$이고
$a_8=-1$, $a_9=-4$, $a_{10}=-7$이므로
$$|a_1|+|a_2|+|a_3|+\cdots+|a_{10}|$$
$$=a_1+a_2+a_3+\cdots+a_7-(a_8+a_9+a_{10})$$
$$=a_1+a_2+a_3+\cdots+a_{10}-2(a_8+a_9+a_{10})$$
$$=65-2\times\{(-1)+(-4)+(-7)\}$$
$$=89 \hspace{2em} 답 89$$

등비수열 $\{a_n\}$의 첫째항을 a, 공비를 r라 하면
$a_1+a_2+a_3=6$에서
$a+ar+ar^2=6$ ...... ㉠
$a_4+a_5+a_6=384$에서
$ar^3+ar^4+ar^5=384$
$\therefore r^3(a+ar+ar^2)=384$ ...... ㉡
㉡$\div$㉠을 하면 $r^3=64$
$\therefore r=4$
따라서 등비수열 $\{a_n\}$의 공비는 4이다. 답 ③

09

이차방정식 $x^2-3x+k=0$의 두 근이 α, β이므로 근과 계수의 관계에 의하여
$\alpha+\beta=3$, $\alpha\beta=k$
또한 α, β, $2\alpha-\beta$가 이 순서대로 등비수열을 이루므로
$\beta^2=\alpha(2\alpha-\beta)$, $\beta^2=(3-\beta)\{2(3-\beta)-\beta\}$ $(\because \alpha=3-\beta)$
$\beta^2=(\beta-3)(3\beta-6)$, $\beta^2=3\beta^2-15\beta+18$
$2\beta^2-15\beta+18=0$, $(2\beta-3)(\beta-6)=0$
$\therefore \beta=\dfrac{3}{2}$, $\alpha=\dfrac{3}{2}$ 또는 $\beta=6$, $\alpha=-3$
이때, $\alpha<\beta$이므로 $\alpha=-3$, $\beta=6$
$\therefore k=\alpha\beta=-18$ 답 ②

10

등비수열 $\{a_n\}$의 첫째항을 a, 공비를 r라 하면
$a_3a_6=64$에서 $ar^2\times ar^5=64$
$\therefore a^2r^7=64$
$\therefore \log_4 a_1+\log_4 a_2+\log_4 a_3+\cdots+\log_4 a_8$
$\quad=\log_4(a\times ar\times ar^2\times\cdots\times ar^7)$
$\quad=\log_4(a^8r^{1+2+3+\cdots+7})$
$\quad=\log_4 a^8r^{28}$
$\quad=\log_4(a^2r^7)^4$
$\quad=\log_4 64^4$
$\quad=\log_4(4^3)^4=\log_4 4^{12}=12$ 답 ⑤

11

등비수열 $\{a_n\}$의 첫째항을 a, 공비를 r라 하면
$a_2+a_4=30$에서 $ar+ar^3=30$
$\therefore ar(1+r^2)=30$ ...... ㉠
$a_5+a_7=240$에서 $ar^4+ar^6=240$
$\therefore ar^4(1+r^2)=240$ ...... ㉡
㉡$\div$㉠을 하면
$r^3=8$ $\therefore r=2$
이를 ㉠에 대입하면
$2a\times 5=30$, $10a=30$ $\therefore a=3$

수열 $\{a_n\}$의 첫째항부터 제n항까지의 합을 S_n이라 하면 $S_n\geq 700$에서
$\dfrac{3(2^n-1)}{2-1}\geq 700$, $2^n-1\geq\dfrac{700}{3}$, $2^n\geq\dfrac{703}{3}=234.\times\times\times$
이때, $2^7=128$, $2^8=256$이므로 $n\geq 8$이다.
따라서 조건을 만족시키는 n의 값은 8이다. 답 ③

12

등비수열 $\{a_n\}$의 첫째항을 a, 공비를 r라 하면
$S_5=6$에서 $\dfrac{a(r^5-1)}{r-1}=6$ ...... ㉠
$S_{10}=18$에서 $\dfrac{a(r^{10}-1)}{r-1}=18$
$\therefore \dfrac{a(r^5-1)(r^5+1)}{r-1}=18$ ...... ㉡
㉡$\div$㉠을 하면
$r^5+1=3$ $\therefore r^5=2$
$\therefore S_{20}=\dfrac{a(r^{20}-1)}{r-1}$
$\quad=\dfrac{a(r^{10}-1)(r^{10}+1)}{r+1}$
$\quad=18\times(4+1)=90$

▶보충 **설명**

등비수열 $\{a_n\}$에서 차례대로 같은 개수의 항을 묶어서 그 합으로 수열을 만들면 그 수열은 등비수열을 이룬다. 즉,
$a_1+a_2+a_3+a_4+a_5$, $a_6+a_7+a_8+a_9+a_{10}$,
$a_{11}+a_{12}+a_{13}+a_{14}+a_{15}$, $a_{16}+a_{17}+a_{18}+a_{19}+a_{20}$, $\cdots$
은 등비수열을 이루므로 등비수열 $\{a_n\}$의 첫째항부터 제n항까지의 합을 S_n이라 하면 S_5, $S_{10}-S_5$, $S_{15}-S_{10}$, $S_{20}-S_{15}$, $\cdots$가 등비수열을 이룬다.
따라서 6, $S_{10}-S_5=18-6=12$, $S_{15}-S_{10}=S_{15}-18$이 등비수열을 이루므로
$12^2=6\times(S_{15}-18)$, $S_{15}-18=24$ $\therefore S_{15}=42$
또한 $S_{10}-S_5=12$, $S_{15}-S_{10}=24$, $S_{20}-S_{15}=S_{20}-42$가 등비수열을 이루므로
$24^2=12\times(S_{20}-42)$, $S_{20}-42=48$ $\therefore S_{20}=90$ 답 90

13

$a_1=S_1=6$
$a_n=S_n-S_{n-1}$
$\quad=(2n^2+3n+1)-\{2(n-1)^2+3(n-1)+1\}$
$\quad=4n+1$ (단, $n\geq 2$)
즉, $n\geq 2$일 때,
$d=\{4(n+1)+1\}-(4n+1)=4$
$\therefore a_1-d=6-4=2$ 답 ②

14

올해 초에 한꺼번에 받는 연금 a만 원의 10년 말의 원리합계는

$$a(1+0.06)^{10}=a\times1.06^{10}=1.8a(만 원) \qquad \cdots\cdots \ㄱ$$

또한 매년 말에 30만 원씩 적립하면 10년 후의 적립금의 원리합계는

$$30+30(1+0.06)+30(1+0.06)^2+\cdots+30(1+0.06)^9$$

$$=\frac{30(1.06^{10}-1)}{1.06-1}=\frac{30(1.8-1)}{0.06}$$

$$=400(만 원) \qquad\qquad \cdots\cdots \ㄴ$$

이때, ㉠과 ㉡이 같아야 하므로

$$1.8a=400$$

$$\therefore a=\frac{400}{1.8}=222.\times\times\times$$

따라서 만 원 미만을 버림하면 222만 원을 받게 되므로

$$a=222$$

답 222

15

첫째항이 6이고 공차가 d이므로

$$a_8-a_6=(6+7d)-(6+5d)=2d$$

$$S_8-S_6=a_7+a_8=(6+6d)+(6+7d)=12+13d$$

즉, $\dfrac{a_8-a_6}{S_8-S_6}=2$에서

$$\frac{2d}{12+13d}=2,\ 2d=24+26d,\ 24d=-24$$

$$\therefore d=-1$$

답 ①

16

세 항 $a_2,\ a_k,\ a_8$이 순서대로 등차수열을 이루므로

$$2a_k=a_2+a_8$$

이때, 등차수열 $\{a_n\}$의 공차가 6이므로

$$2\{a_1+(k-1)\times6\}=(a_1+6)+(a_1+7\times6)$$

$$a_1+6(k-1)=a_1+24$$

$$k-1=4$$

$$\therefore k=5$$

또한 세 항 $a_1,\ a_2,\ a_k$, 즉 $a_1,\ a_2,\ a_5$가 이 순서대로 등비수열을 이루므로

$$a_2{}^2=a_1a_5$$

$$(a_1+6)^2=a_1(a_1+24)$$

$$a_1{}^2+12a_1+36=a_1{}^2+24a_1$$

$$12a_1=36 \qquad \therefore a_1=3$$

$$\therefore k+a_1=5+3=8$$

· 보충 설명 ·

등차수열 $\{a_n\}$에 대하여 $a_k,\ a_l,\ a_m$이 이 순서대로 등차수열을 이루면 $k,\ l,\ m$도 이 순서대로 등차수열을 이룬다.

즉, $a_2,\ a_k,\ a_8$이 이 순서대로 등차수열을 이루므로 $2,\ k,\ 8$도 이 순서대로 등차수열을 이룬다.

따라서 $2k=2+8$이므로 $k=5$이다.

답 ②

---

02 | 수열의 합

내신&수능 빈출 유형　　　　본문 58~59쪽

유형 01

$$\sum_{n=1}^{10}(2a_n-1)^2=82에서$$

$$\sum_{n=1}^{10}(4a_n{}^2-4a_n+1)=82$$

$$4\sum_{n=1}^{10}a_n{}^2-4\sum_{n=1}^{10}a_n+\sum_{n=1}^{10}1=82$$

이때, $\displaystyle\sum_{n=1}^{10}a_n=10$이므로

$$4\sum_{n=1}^{10}a_n{}^2-4\times10+1\times10=82$$

$$4\sum_{n=1}^{10}a_n{}^2-30=82$$

$$4\sum_{n=1}^{10}a_n{}^2=112$$

$$\therefore \sum_{n=1}^{10}a_n{}^2=28$$

답 ②

01-1

$$\sum_{k=1}^{6}f(k+1)=f(2)+f(3)+f(4)+\cdots+f(7),$$

$$\sum_{k=2}^{7}f(k-1)=f(1)+f(2)+f(3)+\cdots+f(6)$$

이므로

$$\sum_{k=1}^{6}f(k+1)-\sum_{k=2}^{7}f(k-1)$$

$$=\{f(2)+f(3)+f(4)+\cdots+f(7)\}$$

$$\qquad\qquad -\{f(1)+f(2)+f(3)+\cdots+f(6)\}$$

$$=f(7)-f(1)$$

$$=30-5$$

$$=25$$

답 25

01-2

$$\sum_{k=1}^{99}(a_k+a_{k+1})=500에서$$

$$(a_1+a_2)+(a_2+a_3)+(a_3+a_4)+\cdots+(a_{99}+a_{100})=500$$

$$a_1+a_{100}+2(a_2+a_3+\cdots+a_{99})=500$$

$$a_1=1,\ a_{100}=99이므로$$

$$1+99+2(a_2+a_3+\cdots+a_{99})=500$$

$$2(a_2+a_3+\cdots+a_{99})=400$$

$$\therefore a_2+a_3+\cdots+a_{99}=200$$

$$\therefore \sum_{k=1}^{100}a_k=a_1+(a_2+a_3+\cdots+a_{99})+a_{100}$$

$$=1+200+99$$

$$=300$$

답 300

$$\sum_{k=1}^{10}(a_k-3)-\sum_{k=6}^{10}(a_k+2)$$
$$=\{(a_1+a_2+a_3+\cdots+a_{10})-3\times10\}$$
$$\qquad\qquad-\{(a_6+a_7+a_8+a_9+a_{10})+2\times5\}$$
$$=(a_1+a_2+a_3+a_4+a_5)-40$$
$$=\sum_{k=1}^{5}(k^2+k+1)-40$$
$$=\frac{5\times6\times11}{6}+\frac{5\times6}{2}+5-40$$
$$=55+15+5-40$$
$$=35$$

답 ②

02-1

$$\sum_{m=1}^{n}\left\{\sum_{k=1}^{m}(2k-m)\right\}=\sum_{m=1}^{n}\left(2\sum_{k=1}^{m}k-\sum_{k=1}^{m}m\right)$$
$$=\sum_{m=1}^{n}\left\{2\times\frac{m(m+1)}{2}-m^2\right\}$$
$$=\sum_{m=1}^{n}m$$
$$=\frac{n(n+1)}{2}$$

따라서 $\dfrac{n(n+1)}{2}=45$이므로

$n(n+1)=90,\ n^2+n-90=0$

$(n+10)(n-9)=0$

$\therefore n=9\ (\because n$은 자연수$)$

답 9

유형 03

$\displaystyle\sum_{k=1}^{n}a_k=S_n$이라 하면 $S_n=n^2+2n$

$a_1=S_1=1^2+2\times1=3$

$a_n=S_n-S_{n-1}$
$\quad=(n^2+2n)-\{(n-1)^2+2(n-1)\}$
$\quad=2n+1\ (단,\ n\geq2)$

$n=1$을 위의 식에 대입하면 $a_1=3$

$\therefore a_n=2n+1\ (단,\ n\geq1)$

$$\therefore \sum_{k=1}^{12}\frac{1}{a_k a_{k+1}}=\sum_{k=1}^{12}\frac{1}{(2k+1)(2k+3)}$$
$$=\frac{1}{2}\sum_{k=1}^{12}\left(\frac{1}{2k+1}-\frac{1}{2k+3}\right)$$
$$=\frac{1}{2}\left\{\left(\frac{1}{3}-\frac{1}{5}\right)+\left(\frac{1}{5}-\frac{1}{7}\right)+\left(\frac{1}{7}-\frac{1}{9}\right)+\cdots\right.$$
$$\left.+\left(\frac{1}{25}-\frac{1}{27}\right)\right\}$$
$$=\frac{1}{2}\left(\frac{1}{3}-\frac{1}{27}\right)$$
$$=\frac{4}{27}$$

답 ②

03-1

$$\sum_{k=1}^{48}\frac{1}{a_k+a_{k+1}}=\sum_{k=1}^{48}\frac{1}{\sqrt{k}+\sqrt{k+1}}$$
$$=\sum_{k=1}^{48}\frac{\sqrt{k}-\sqrt{k+1}}{(\sqrt{k}+\sqrt{k+1})(\sqrt{k}-\sqrt{k+1})}$$
$$=\sum_{k=1}^{48}(\sqrt{k+1}-\sqrt{k})$$
$$=(\sqrt{2}-\sqrt{1})+(\sqrt{3}-\sqrt{2})+(\sqrt{4}-\sqrt{3})+\cdots$$
$$\qquad\qquad+(\sqrt{49}-\sqrt{48})$$
$$=-\sqrt{1}+\sqrt{49}=6$$

답 ③

03-2

수열 $\dfrac{1}{2^2-1},\ \dfrac{1}{4^2-1},\ \dfrac{1}{6^2-1},\ \cdots,\ \dfrac{1}{18^2-1}$의 제$n$항을 a_n이라 하면

$$a_n=\frac{1}{(2n)^2-1}$$
$$=\frac{1}{(2n-1)(2n+1)}$$
$$=\frac{1}{2}\left(\frac{1}{2n-1}-\frac{1}{2n+1}\right)$$

$$\therefore \frac{1}{2^2-1}+\frac{1}{4^2-1}+\frac{1}{6^2-1}+\cdots+\frac{1}{18^2-1}$$
$$=\sum_{k=1}^{9}\frac{1}{2}\left(\frac{1}{2k-1}-\frac{1}{2k+1}\right)$$
$$=\frac{1}{2}\left\{\left(\frac{1}{1}-\frac{1}{3}\right)+\left(\frac{1}{3}-\frac{1}{5}\right)+\left(\frac{1}{5}-\frac{1}{7}\right)+\cdots+\left(\frac{1}{17}-\frac{1}{19}\right)\right\}$$
$$=\frac{1}{2}\left(1-\frac{1}{19}\right)=\frac{9}{19}$$

따라서 $p=19,\ q=9$이므로

$p+q=19+9=28$

답 28

유형 04

주어진 수를 ↑ 방향으로 묶어 군수열로 나타
내면

$(1),\ (2,\ 3,\ 4),\ (5,\ 6,\ 7,\ 8,\ 9),$

$(10,\ 11,\ 12,\ \cdots,\ 16),\ \cdots$

1	4	9	16	⋯
2	3	8	15	⋯
5	6	7	14	⋯
10	11	12	13	⋯
⋯	⋯	⋯	⋯	⋱

각 군의 마지막 항으로 이루어진 수열을 $\{a_n\}$
이라 하면

$\{a_n\}:1,\ 4,\ 9,\ 16,\ \cdots$

$\therefore a_n=n^2$

각 군의 각 항은 공차가 1인 등차수열이므로 위에서 m번째 줄의 왼쪽에서 n번째 칸에 있는 수는

(i) $m>n$일 때, $(m-1)^2+n$

(ii) $m\leq n$일 때, $n^2-(m-1)$

따라서 위에서 5번째 줄의 왼쪽에서 7번째 칸에 있는 수는

$7^2-(5-1)=45$

답 ③

04-1

주어진 수열을 분모가 같은 것끼리 묶어 군수열로 나타내면

$(1),\ \left(\dfrac{1}{2},\ \dfrac{2}{2}\right),\ \left(\dfrac{1}{3},\ \dfrac{2}{3},\ \dfrac{3}{3}\right),\ \left(\dfrac{1}{4},\ \dfrac{2}{4},\ \dfrac{3}{4},\ \dfrac{4}{4}\right),\ \cdots$

즉, $\dfrac{9}{21}$는 제21군의 9번째 항이다.

제n군의 항의 개수는 n이므로 제1군부터 제20군까지의 항의 개수는

$$\frac{20\times 21}{2}=210$$

따라서 $\dfrac{9}{21}$는 제219항이다.   답 ③

빈출 유형 **마무리**   본문 60~61쪽

01 10   **02** ⑤   **03** ①   **04** ④   **05** 177   **06** ①
07 ③   **08** ①   **09** ③   **10** 58   **11** ④   **12** ②
13 18   **14** ③   **15** ④   **16** 103

01

$$\sum_{k=1}^{n}(k^2+k+2)-\sum_{k=1}^{n-1}(k^2+k-1)$$
$$=\sum_{k=1}^{n}(k^2+k+2)-\left\{\sum_{k=1}^{n}(k^2+k-1)-(n^2+n-1)\right\}$$
$$=\sum_{k=1}^{n}\{(k^2+k+2)-(k^2+k-1)\}+(n^2+n-1)$$
$$=\sum_{k=1}^{n}3+(n^2+n-1)$$
$$=3n+(n^2+n-1)$$
$$=n^2+4n-1$$

따라서 $n^2+4n-1=139$이므로
$n^2+4n-140=0$, $(n+14)(n-10)=0$
$\therefore n=10$ ($\because n$은 자연수)   답 10

02

$$\sum_{k=1}^{5}a_{2k}=\sum_{k=1}^{10}a_k-\sum_{k=1}^{5}a_{2k-1}$$
$$=(4\times 5^2-1)-(2\times 5^2+5)$$
$$=99-55=44$$

$\displaystyle\sum_{k=1}^{n}a_{2k-1}=2n^2+n$에서
$$a_{2n-1}=(2n^2+n)-\{2(n-1)^2+(n-1)\}$$
$$=4n-1 \ (단,\ n\geq 2)$$
따라서 $a_5=4\times 3-1=11$이므로
$$\sum_{k=1}^{5}a_k=\sum_{k=1}^{4}a_k+a_5$$
$$=(4\times 2^2-1)+11$$
$$=15+11=26$$

$\therefore \displaystyle\sum_{k=1}^{5}a_{2k}+\sum_{k=1}^{5}a_k=44+26=70$ 답 ⑤

03

$5^1=5,\ 5^2=25,\ 5^3=125,\ 5^4=625,\ \cdots$
이므로 5^n을 3으로 나눈 나머지는 2, 1, 2, 1, $\cdots$
$$\therefore a_n=\begin{cases}2\ (n은\ 홀수)\\ 1\ (n은\ 짝수)\end{cases}$$
$$\therefore \sum_{k=1}^{15}a_k=2+1+2+1+\cdots+2$$
$$=2\times 8+1\times 7=23$$ 답 ①

04

$\displaystyle\sum_{k=1}^{n}a_k=S_n$이라 하면 $S_n=n^2$
$a_1=S_1=1^2=1$
$a_n=S_n-S_{n-1}$
$\quad =n^2-(n-1)^2$
$\quad =2n-1\ (단,\ n\geq 2)$
$n=1$을 위의 식에 대입하면 $a_1=1$
즉, $a_n=2n-1\ (n\geq 1)$이므로
$a_{2k}=2\times 2k-1=4k-1$
$$\therefore \sum_{k=1}^{6}ka_{2k}=\sum_{k=1}^{6}k(4k-1)=\sum_{k=1}^{6}(4k^2-k)$$
$$=4\times\frac{6\times 7\times 13}{6}-\frac{6\times 7}{2}=343$$ 답 ④

05

$$\sum_{k=1}^{8}(x-2k)^2=\sum_{k=1}^{8}(x^2-4kx+4k^2)$$
$$=x^2\sum_{k=1}^{8}1-4x\sum_{k=1}^{8}k+4\sum_{k=1}^{8}k^2$$
$$=8x^2-4x\times\frac{8\times 9}{2}+4\times\frac{8\times 9\times 17}{6}$$
$$=8x^2-144x+816$$
$$=8(x-9)^2+168$$

따라서 $\displaystyle\sum_{k=1}^{8}(x-2k)^2$은 $x=9$일 때, 최솟값 168을 가지므로
$a=9,\ m=168$
$\therefore a+m=9+168=177$ 답 177

06

$4^1=4,\ 4^2=16,\ 4^3=64,\ 4^4=256,\ \cdots$이므로
$$a_n=\begin{cases}4\ (n은\ 홀수)\\ 6\ (n은\ 짝수)\end{cases}$$
$$\therefore \sum_{k=1}^{20}ka_k=1\times 4+2\times 6+3\times 4+4\times 6+\cdots+20\times 6$$
$$=4(1+3+5+\cdots+19)+6(2+4+6+\cdots+20)$$
$$=4\sum_{k=1}^{10}(2k-1)+6\sum_{k=1}^{10}2k$$
$$=4\times\left(2\times\frac{10\times 11}{2}-10\right)+6\times 2\times\frac{10\times 11}{2}$$
$$=400+660$$
$$=1060$$ 답 ①

07

다항식 $a_n x^2 + a_n x + 2$를 $x-n$으로 나눈 나머지가 20이므로

$a_n n^2 + a_n n + 2 = 20$

$a_n(n^2 + n) = 18$

$$\therefore a_n = \frac{18}{n^2 + n} = \frac{18}{n(n+1)}$$

$$= 18\left(\frac{1}{n} - \frac{1}{n+1}\right)$$

$$\therefore \sum_{k=1}^{20} a_k = \sum_{k=1}^{20} 18\left(\frac{1}{k} - \frac{1}{k+1}\right)$$

$$= 18\left\{\left(\frac{1}{1} - \frac{1}{2}\right) + \left(\frac{1}{2} - \frac{1}{3}\right) + \left(\frac{1}{3} - \frac{1}{4}\right)\right.$$

$$\left. + \cdots + \left(\frac{1}{20} - \frac{1}{21}\right)\right\}$$

$$= 18 \times \left(1 - \frac{1}{21}\right)$$

$$= 18 \times \frac{20}{21} = \frac{120}{7}$$

답 ③

08

등차수열 $\{a_n\}$의 공차를 d라 하면 $a_1 = 1$, $a_9 = 49$이므로

$1 + 8d = 49$, $8d = 48$

$\therefore d = 6$

$$\therefore \frac{1}{\sqrt{a_1} + \sqrt{a_2}} + \frac{1}{\sqrt{a_2} + \sqrt{a_3}} + \cdots + \frac{1}{\sqrt{a_8} + \sqrt{a_9}}$$

$$= \frac{\sqrt{a_1} - \sqrt{a_2}}{(\sqrt{a_1} + \sqrt{a_2})(\sqrt{a_1} - \sqrt{a_2})} + \frac{\sqrt{a_2} - \sqrt{a_3}}{(\sqrt{a_2} + \sqrt{a_3})(\sqrt{a_2} - \sqrt{a_3})} + \cdots$$

$$+ \frac{\sqrt{a_8} - \sqrt{a_9}}{(\sqrt{a_8} + \sqrt{a_9})(\sqrt{a_8} - \sqrt{a_9})}$$

$$= \frac{\sqrt{a_1} - \sqrt{a_2}}{a_1 - a_2} + \frac{\sqrt{a_2} - \sqrt{a_3}}{a_2 - a_3} + \cdots + \frac{\sqrt{a_8} - \sqrt{a_9}}{a_8 - a_9}$$

$$= \frac{\sqrt{a_1} - \sqrt{a_2}}{-6} + \frac{\sqrt{a_2} - \sqrt{a_3}}{-6} + \cdots + \frac{\sqrt{a_8} - \sqrt{a_9}}{-6}$$

$$= \frac{\sqrt{a_1} - \sqrt{a_9}}{-6}$$

$$= \frac{\sqrt{1} - \sqrt{49}}{-6} = 1$$

답 ①

09

이차방정식 $x^2 + x - n(n+1) = 0$의 두 근이 α_n, β_n이므로 근과 계수의 관계에 의하여

$\alpha_n + \beta_n = -1$, $\alpha_n \beta_n = -n(n+1)$

$$\therefore \sum_{n=1}^{24}\left(\frac{1}{\alpha_n} + \frac{1}{\beta_n}\right) = \sum_{n=1}^{24} \frac{\alpha_n + \beta_n}{\alpha_n \beta_n}$$

$$= \sum_{n=1}^{24} \frac{1}{n(n+1)}$$

$$= \sum_{n=1}^{24}\left(\frac{1}{n} - \frac{1}{n+1}\right)$$

$$= \left(\frac{1}{1} - \frac{1}{2}\right) + \left(\frac{1}{2} - \frac{1}{3}\right) + \left(\frac{1}{3} - \frac{1}{4}\right) + \cdots$$

$$+ \left(\frac{1}{24} - \frac{1}{25}\right)$$

$$= 1 - \frac{1}{25} = \frac{24}{25}$$

답 ③

10

$a_n = 1 + (n-1) \times 2 = 2n - 1$이므로

$$\frac{1}{a_1 a_2} + \frac{1}{a_2 a_3} + \frac{1}{a_3 a_4} + \cdots + \frac{1}{a_{18} a_{19}} + \frac{1}{a_{19} a_{20}}$$

$$= \sum_{k=1}^{19} \frac{1}{a_k a_{k+1}}$$

$$= \sum_{k=1}^{19} \frac{1}{(2k-1)(2k+1)}$$

$$= \frac{1}{2} \sum_{k=1}^{19}\left(\frac{1}{2k-1} - \frac{1}{2k+1}\right)$$

$$= \frac{1}{2}\left\{\left(\frac{1}{1} - \frac{1}{3}\right) + \left(\frac{1}{3} - \frac{1}{5}\right) + \left(\frac{1}{5} - \frac{1}{7}\right) + \cdots + \left(\frac{1}{37} - \frac{1}{39}\right)\right\}$$

$$= \frac{1}{2} \times \left(1 - \frac{1}{39}\right) = \frac{19}{39}$$

따라서 $p = 39$, $q = 19$이므로

$p + q = 39 + 19 = 58$

답 58

11

주어진 수열을 같은 수끼리 묶어 군수열로 나타내면

(1), $(2, 2)$, $(3, 3, 3)$, $(4, 4, 4, 4)$, $\cdots$

제1군부터 제n군까지의 항의 개수는

$$1 + 2 + 3 + \cdots + n = \frac{n(n+1)}{2}$$

이때, 제1군부터 제9군까지의 항의 개수는

$$\frac{9 \times 10}{2} = 45$$

이므로 제50항은 제10군의 5번째 항이다.

따라서 첫째항부터 제50항까지의 합은

$1 + 2 \times 2 + 3 \times 3 + \cdots + 9 \times 9 + 10 \times 5$

$$= \sum_{k=1}^{9} k^2 + 50$$

$$= \frac{9 \times 10 \times 19}{6} + 50 = 335$$

답 ④

12

주어진 수열을 분모가 1이 되는 수를 기준으로 묶어 군수열로 나타내면

$$\left(\frac{1}{1}\right), \left(\frac{1}{2}, \frac{3}{1}\right), \left(\frac{1}{4}, \frac{3}{2}, \frac{5}{1}\right), \left(\frac{1}{8}, \frac{3}{4}, \frac{5}{2}, \frac{7}{1}\right), \cdots$$

제1군부터 제n군까지의 항의 개수는

$$1 + 2 + 3 + \cdots + n = \frac{n(n+1)}{2}$$

이때, 제1군부터 제8군까지의 항의 개수는

$$\frac{8 \times 9}{2} = 36$$

이므로 제39항은 제9군의 3번째 항이다.

이때, 제9군의 첫 번째 항은 $\frac{1}{2^8}$이므로 제9군의 3번째 항은

$$\frac{5}{2^6} = \frac{5}{64}$$이다.

따라서 $p = 64$, $q = 5$이므로

$p + q = 64 + 5 = 69$

답 ②

13

주어진 수를 대각선 방향으로 묶어 군수열로 나타내면
$(1), (2, 3), (4, 5, 6), (7, 8, 9, 10), \cdots$
제1군부터 제n군까지의 항의 개수는
$$1+2+3+\cdots+n=\frac{n(n+1)}{2}$$
제1군부터 제16군까지의 항의 개수는
$$\frac{16\times17}{2}=136$$
이므로 150은 제17군의 14번째 항이다.
따라서 $p=17-14+1=4$, $q=14$이므로
$p+q=4+14=18$

답 18

14

$2a_n+n=p$에 $n=1, 2, 3, \cdots, 20$을 대입하여 변끼리 더하면
$$2a_1+1=p$$
$$2a_2+2=p$$
$$2a_3+3=p$$
$$\vdots$$
$$+)\qquad\qquad 2a_{20}+20=p$$
$$2(a_1+a_2+a_3+\cdots+a_{20})+(1+2+3+\cdots+20)=20p$$
$$\therefore 2\sum_{n=1}^{20}a_n+\sum_{n=1}^{20}n=20p$$
이때, $\sum_{n=1}^{20}a_n=p$이므로
$$2p+\frac{20\times21}{2}=20p,\ 18p=210$$
$$\therefore p=\frac{35}{3}$$
따라서 $2a_{10}+10=p$에서
$$2a_{10}+10=\frac{35}{3},\ 2a_{10}=\frac{5}{3}$$
$$\therefore a_{10}=\frac{5}{6}$$

답 ③

15

세 점 $\left(n, \dfrac{3}{n}\right)$, $(n-1, 0)$, $(n+1, 0)$을 꼭짓점으로 하는 삼각형
의 넓이 a_n은
$$a_n=\frac{1}{2}\times\{(n+1)-(n-1)\}\times\frac{3}{n}=\frac{3}{n}$$
$$\therefore \sum_{n=1}^{10}\frac{9}{a_n a_{n+1}}=\sum_{n=1}^{10}\frac{9}{\dfrac{3}{n}\times\dfrac{3}{n+1}}$$
$$=\sum_{k=1}^{10}(n^2+n)$$
$$=\frac{10\times11\times21}{6}+\frac{10\times11}{2}$$
$$=385+55=440$$

답 ④

16

$4^k-(2^n+4^n)2^k+8^n\leq1$에서
$$(2^k-2^n)(2^k-2^{2n})\leq1 \qquad\qquad \cdots\cdots \text{㉠}$$
이때, $f(k)=2^k-2^n$, $g(k)=2^k-2^{2n}$이라 하면
(i) $k<n$일 때
  $f(k)<-1$, $g(k)<-1$이므로
  $f(k)g(k)>1$
  즉, ㉠을 만족시키는 k는 존재하지 않는다.
(ii) $n\leq k\leq2n$일 때
  $f(k)\geq0$, $g(k)\leq0$이므로
  $f(k)g(k)\leq0$
  즉, $n\leq k\leq2n$일 때, ㉠이 성립한다.
(iii) $k>2n$일 때
  $f(k)>1$, $g(k)>1$이므로
  $f(k)g(k)>1$
  즉, ㉠을 만족시키는 k는 존재하지 않는다.
(i)~(iii)에 의하여 부등식 ㉠을 만족시키는 자연수 k는 n, $n+1$,
$n+2$, $\cdots$, $2n$이고 그 합은 첫째항이 n, 끝항이 $2n$, 항의 개수가
$n+1$인 등차수열의 합과 같으므로
$$a_n=\frac{(n+1)(n+2n)}{2}=\frac{3n(n+1)}{2}$$
$$\therefore \sum_{n=1}^{20}\frac{1}{a_n}=\sum_{n=1}^{20}\frac{2}{3n(n+1)}$$
$$=\frac{2}{3}\sum_{n=1}^{20}\left(\frac{1}{n}-\frac{1}{n+1}\right)$$
$$=\frac{2}{3}\left\{\left(1-\frac{1}{2}\right)+\left(\frac{1}{2}-\frac{1}{3}\right)+\left(\frac{1}{3}-\frac{1}{4}\right)+\cdots\right.$$
$$\left.+\left(\frac{1}{20}-\frac{1}{21}\right)\right\}$$
$$=\frac{2}{3}\left(1-\frac{1}{21}\right)=\frac{40}{63}$$
따라서 $p=63$, $q=40$이므로
$p+q=63+40=103$

답 103

03 | 수학적 귀납법

유형 01

$a_{n+1}-4=a_n$, 즉 $a_{n+1}-a_n=4$에서 수열 $\{a_n\}$은 공차가 4인 등차
수열이고, 첫째항이 $a_1=-2$이므로
$a_n=-2+(n-1)\times4=4n-6$
이때, $a_k=54$에서 $4k-6=54$
$4k=60$
$\therefore k=15$　　　　　　　　　　　　　　　　　　　　　답 ①

01-1

$a_{n+2}-2a_{n+1}+a_n=0$에서 $2a_{n+1}=a_n+a_{n+2}$이므로 수열 $\{a_n\}$은 등
차수열이고 이 수열의 공차를 d라 하면
$a_5=40$에서 $a_1+4d=40$　　　　　　　　　　……㉠
$a_9=28$에서 $a_1+8d=28$　　　　　　　　　　……㉡
㉠, ㉡을 연립하여 풀면
$a_1=52,\ d=-3$
$\therefore a_n=52+(n-1)\times(-3)=-3n+55$
이때, $a_n>0$에서 $-3n+55>0$
$3n<55$　　$\therefore n<\dfrac{55}{3}=18.\times\times\times$

따라서 제18항까지 $a_n>0$이므로 $\displaystyle\sum_{k=1}^{n}a_k$가 최대가 되도록 하는 자
연수 n의 값은 18이다.　　　　　　　　　　　　답 18

01-2

$2a_{n+1}=a_n+a_{n+2}$에서 수열 $\{a_n\}$은 등차수열이고,
$a_2-a_1=8-4=4$이므로 첫째항이 4, 공차가 4이다.
$\therefore a_n=4+(n-1)\times4=4n$
$\displaystyle\sum_{k=1}^{10}\dfrac{1}{a_k a_{k+1}}$
$=\displaystyle\sum_{k=1}^{10}\dfrac{1}{4k(4k+4)}$
$=\displaystyle\sum_{k=1}^{10}\dfrac{1}{16k(k+1)}$
$=\dfrac{1}{16}\displaystyle\sum_{k=1}^{10}\left(\dfrac{1}{k}-\dfrac{1}{k+1}\right)$
$=\dfrac{1}{16}\left\{\left(\dfrac{1}{1}-\dfrac{1}{2}\right)+\left(\dfrac{1}{2}-\dfrac{1}{3}\right)+\left(\dfrac{1}{3}-\dfrac{1}{4}\right)+\cdots+\left(\dfrac{1}{10}-\dfrac{1}{11}\right)\right\}$
$=\dfrac{1}{16}\left(1-\dfrac{1}{11}\right)$
$=\dfrac{1}{16}\times\dfrac{10}{11}=\dfrac{5}{88}$
따라서 $p=88,\ q=5$이므로
$p+q=88+5=93$　　　　　　　　　　　　　　　　답 93

유형 02

$a_{n+1}=2a_n$에서 수열 $\{a_n\}$은 공비가 2인 등비수열이고, 첫째항이
$a_1=4$이므로
$a_n=4\times2^{n-1}$
$\therefore \displaystyle\sum_{k=1}^{8}a_k=\displaystyle\sum_{k=1}^{8}4\times2^{k-1}$
　　　　$=\dfrac{4(2^8-1)}{2-1}$
　　　　$=2^2\times2^8-4$
　　　　$=1020$　　　　　　　　　　　　　　　　答 ③

02-1

$\dfrac{a_{n+1}}{a_n}=\dfrac{1}{3}$에서 $a_{n+1}=\dfrac{1}{3}a_n$이므로 수열 $\{a_n\}$은 공비가 $\dfrac{1}{3}$인 등비
수열이다. 이때, 첫째항이 $a_1=3^7$이므로
$a_n=3^7\times\left(\dfrac{1}{3}\right)^{n-1}=\dfrac{3^7}{3^{n-1}}$
$a_k=\dfrac{1}{9^{12}}$에서 $\dfrac{3^7}{3^{k-1}}=\dfrac{1}{9^{12}}=\dfrac{1}{3^{24}}$
$3^{-k+8}=3^{-24},\ -k+8=-24$
$\therefore k=32$　　　　　　　　　　　　　　　　답 32

유형 03

$a_{n+1}=a_n+2n$의 n에 1, 2, 3, $\cdots$, 9를 대입하여 변끼리 더하면
　　　$a_2=a_1+2$
　　　$a_3=a_2+4$
　　　$a_4=a_3+6$
　　　　　$\vdots$
$+\ )\ a_{10}=a_9+18$
　　　$a_{10}=a_1+(2+4+6+\cdots+18)$
　　　　　$=1+\dfrac{9\times(2+18)}{2}=91$　　　　　答 ①

03-1

$a_{n+1}=3^n a_n$의 n에 1, 2, 3, $\cdots$, $n-1$을 대입하여 변끼리 곱하면
　　　$a_2=3a_1$
　　　$a_3=3^2a_2$
　　　$a_4=3^3a_3$
　　　　　$\vdots$
$\times\ )\ a_n=3^{n-1}a_{n-1}$
　　　$a_n=3\times3^2\times3^3\times\cdots\times3^{n-1}a_1$
　　　　$=3^{1+2+3+\cdots+(n-1)}=3^{\frac{n(n-1)}{2}}$
이때, $a_p=3^{66}$, 즉 $3^{\frac{p(p-1)}{2}}=3^{66}$에서
$\dfrac{p(p-1)}{2}=66,\ p^2-p-132=0$
$(p+11)(p-12)=0$
$\therefore p=12\ (\because p는 자연수)$　　　　　　　答 ④

03-2

$a_{n+1}=3a_n+2$에서

$a_{n+1}+1=3(a_n+1)$

이때, $b_n=a_n+1$이라 하면 $b_{n+1}=3b_n$

즉, 수열 $\{b_n\}$은 첫째항이 $b_1=a_1+1=2$이고 공비가 3인 등비수열이므로

$b_n=2\times3^{n-1}$

따라서 $\dfrac{a_p+1}{a_3+1}=27$에서 $\dfrac{b_p}{b_3}=27$

$\dfrac{2\times3^{p-1}}{2\times3^2}=27$, $3^{p-3}=3^3$

따라서 $p-3=3$이므로 $p=6$ 답 ④

03-3

$a_{n+1}=\dfrac{a_n}{1+2a_n}$에서 양변의 역수를 취하면

$\dfrac{1}{a_{n+1}}=\dfrac{1+2a_n}{a_n}=\dfrac{1}{a_n}+2$

이때, $\dfrac{1}{a_n}=b_n$이라 하면 $b_{n+1}=b_n+2$

즉, 수열 $\{b_n\}$은 첫째항이 $b_1=\dfrac{1}{a_1}=1$이고 공차가 2인 등차수열이므로

$b_n=1+(n-1)\times2=2n-1$

$\therefore \displaystyle\sum_{k=1}^{10}\dfrac{1}{a_k}=\sum_{k=1}^{10}b_k=\sum_{k=1}^{10}(2k-1)$

$\qquad =2\times\dfrac{10\times11}{2}-10=100$ 답 ③

03-4

$a_{n+1}=na_n-2$에서

$a_2=a_1-2=2$

$a_3=2a_2-2=2$

$a_4=3a_3-2=4$

$\therefore a_5=4a_4-2=14$ 답 ②

유형 04

(ⅰ) $n=1$일 때

(좌변)$=1\times2\times3=6$, (우변)$=\dfrac{1\times2\times3\times4}{4}=6$

즉, $n=1$일 때 등식 ㉠이 성립한다.

(ⅱ) $n=k$일 때, 등식 ㉠이 성립한다고 가정하면

$1\times2\times3+2\times3\times4+\cdots+k(k+1)(k+2)$

$=\dfrac{k(k+1)(k+2)(k+3)}{4}$

이 식의 양변에 $\boxed{(k+1)(k+2)(k+3)}$을 더하면

$1\times2\times3+2\times3\times4+\cdots+k(k+1)(k+2)$

$\qquad\qquad\qquad\qquad +\boxed{(k+1)(k+2)(k+3)}$

$=\dfrac{k(k+1)(k+2)(k+3)}{4}+\boxed{(k+1)(k+2)(k+3)}$

$=\boxed{\dfrac{(k+1)(k+2)(k+3)(k+4)}{4}}$

즉, $n=k+1$일 때도 등식 ㉠이 성립한다.

(ⅰ), (ⅱ)에 의하여 등식 ㉠은 모든 자연수 n에 대하여 성립한다.

따라서 $f(k)=(k+1)(k+2)(k+3)$,

$g(k)=\dfrac{(k+1)(k+2)(k+3)(k+4)}{4}$이므로

$\dfrac{g(4)}{f(4)}=\dfrac{\frac{5\times6\times7\times8}{4}}{5\times6\times7}=2$ 답 ②

04-1

(ⅰ) $n=5$일 때

(좌변)$=2^5-1=31$, (우변)$=5^2=25$

즉, $n=5$일 때 부등식 ㉠이 성립한다.

(ⅱ) $n=k\ (k\geq5)$일 때, 부등식 ㉠이 성립한다고 가정하면

$2^k-1>k^2$

$n=k+1$일 때 위의 식으로부터

$2^{k+1}-1=2\times2^k-2+1$

$\qquad\quad =2(\boxed{2^k-1})+1$

$\qquad\quad >2k^2+1$

이때, $k\geq5$인 자연수 k에 대하여

$(2k^2+1)-\boxed{(k+1)^2}=k^2-2k>0$

이므로

$2^{k+1}-1>\boxed{(k+1)^2}$

즉, $n=k+1$일 때도 부등식 ㉠이 성립한다.

(ⅰ), (ⅱ)에 의하여 부등식 ㉠은 5 이상의 모든 자연수 n에 대하여 성립한다.

따라서 $f(k)=2^k-1$, $g(k)=(k+1)^2$이므로

$\dfrac{f(6)}{g(2)}=\dfrac{2^6-1}{(2+1)^2}=7$ 답 ⑤

유형 05

$a_{n+1}=2a_n+n-1$에서 양변에 $\boxed{n+1}$을 더하면

$a_{n+1}+n+1=2a_n+2n$

$\therefore a_{n+1}+(n+1)=2(a_n+n)$ $\cdots\cdots$ ㉠

$b_n=a_n+n$이라 하면

$b_1=a_1+1=\boxed{2}$

또한 ㉠에서

$b_{n+1}=2b_n$

즉, 수열 $\{b_n\}$은 첫째항이 2이고 공비가 2인 등비수열이므로

$b_n=2^n$

$\therefore a_n=b_n-n=\boxed{2^n-n}$

따라서 $f(n)=n+1$, $g(n)=2^n-n$, $p=2$이므로

$f(p^2)+g(2p)=f(4)+g(4)$

$\qquad\qquad\qquad =5+12=17$ 답 ④

05-1

$a_{n+1}=4a_n+2^n$의 양변을 4^{n+1}으로 나누면

$\dfrac{a_{n+1}}{4^{n+1}}=\dfrac{a_n}{4^n}+\dfrac{2^n}{4^{n+1}}=\dfrac{a_n}{4^n}+\boxed{\dfrac{1}{2^{n+2}}}$

$b_n=\dfrac{a_n}{4^n}$이라 하면 $b_1=\dfrac{a_1}{4}=\dfrac{3}{4}$이고 $b_{n+1}=b_n+\boxed{\dfrac{1}{2^{n+2}}}$

이 식의 n에 $1, 2, 3, \cdots, k-1 \; (k \geq 2)$을 대입하면

$$b_2 = b_1 + \frac{1}{2^3}$$

$$b_3 = b_2 + \frac{1}{2^4}$$

$$b_4 = b_3 + \frac{1}{2^5}$$

$$\vdots$$

$$b_k = b_{k-1} + \frac{1}{2^{k+1}}$$

위 식을 변끼리 더하면

$$b_k = b_1 + \left(\frac{1}{2^3} + \frac{1}{2^4} + \frac{1}{2^5} + \cdots + \frac{1}{2^{k+1}} \right)$$

$$= \frac{3}{4} + \frac{\frac{1}{8}\left\{ 1 - \left(\frac{1}{2}\right)^{k-1} \right\}}{1 - \frac{1}{2}}$$

$$= 1 - \frac{1}{2^{k+1}} \; (단, \; k \geq 2)$$

$k=1$을 위의 식에 대입하면 $b_1 = \frac{3}{4}$

$$\therefore b_k = 1 - \boxed{\frac{1}{2^{k+1}}} \; (단, \; k \geq 1)$$

$$\therefore a_n = 4^n b_n = 4^n \left(1 - \frac{1}{2^{n+1}} \right) = 4^n - \boxed{2^{n-1}}$$

따라서 $f(n) = \frac{1}{2^{n+2}}$, $g(k) = \frac{1}{2^{k+1}}$, $h(n) = 2^{n-1}$이므로

$$\frac{g(4)h(5)}{f(3)} = \frac{\frac{1}{32} \times 16}{\frac{1}{32}} = 16$$

답 ③

01 ⑤	**02** 341	**03** ④	**04** ③	**05** ④	**06** 384
07 ⑤	**08** 256	**09** ③	**10** 55	**11** ③	**12** ⑤
13 ⑤	**14** ③				

01

$a_{n+2} = 2a_{n+1} - a_n$에서 $a_{n+2} - a_{n+1} = a_{n+1} - a_n$
즉, 수열 $\{a_n\}$은 첫째항이 2이고 공차가 $a_2 - a_1 = 5 - 2 = 3$인 등차수열이므로

$$a_n = 2 + (n-1) \times 3 = 3n - 1$$

$$\therefore \sum_{k=1}^{12} a_k = \sum_{k=1}^{12} (3k - 1)$$

$$= 3 \times \frac{12 \times 13}{2} - 12 = 222$$

답 ⑤

02

$a_{n+1}^2 = a_n a_{n+2}$에서 수열 $\{a_n\}$은 등비수열이므로 공비를 $r \; (r > 0)$라 하면

$a_4 = 6$에서 $a_1 r^3 = 6$　　　　　　$\cdots\cdots$ ㉠

$a_{10} = 48$에서 $a_1 r^9 = 48$　　　　$\cdots\cdots$ ㉡

㉡÷㉠을 하면

$$r^6 = 8 \qquad \therefore r = \sqrt{2} \; (\because r > 0)$$

이를 ㉠에 대입하면

$$a_1 = \frac{6}{2\sqrt{2}} = \frac{3\sqrt{2}}{2}$$

따라서 $a_n = \frac{3\sqrt{2}}{2} \times (\sqrt{2})^{n-1} = 3 \times (\sqrt{2})^{n-2}$이므로

$$a_{2n} = 3 \times (\sqrt{2})^{2n-2} = 3 \times 2^{n-1}$$

$$\therefore \frac{1}{9} \sum_{k=1}^{10} a_{2k} = \frac{1}{9} \sum_{k=1}^{10} (3 \times 2^{k-1})$$

$$= \frac{1}{9} \times \frac{3(2^{10} - 1)}{2 - 1}$$

$$= \frac{1}{9} \times 3 \times 1023 = 341$$

답 341

03

$a_{n+1} = a_n + 2n^2$의 n에 $4, 5, 6, \cdots, 9$를 대입하여 변끼리 더하면

$$a_5 = a_4 + 2 \times 4^2$$

$$a_6 = a_5 + 2 \times 5^2$$

$$a_7 = a_6 + 2 \times 6^2$$

$$\vdots$$

$$+ \;) \; a_{10} = a_9 + 2 \times 9^2$$

$$\overline{a_{10} = a_4 + 2 \times 4^2 + 2 \times 5^2 + 2 \times 6^2 + \cdots + 2 \times 9^2}$$

$$= a_4 + 2 \left(\sum_{k=1}^{9} k^2 - \sum_{k=1}^{3} k^2 \right)$$

$$\therefore a_{10} - a_4 = 2 \left(\frac{9 \times 10 \times 19}{6} - \frac{3 \times 4 \times 7}{6} \right)$$

$$= 2(285 - 14) = 542$$

답 ④

04

$a_{n+1} = 2^n a_n$의 n에 $1, 2, 3, \cdots, 15$를 대입하여 변끼리 곱하면

$$a_2 = 2a_1$$

$$a_3 = 2^2 a_2$$

$$a_4 = 2^3 a_3$$

$$\vdots$$

$$\times \;) \; a_{16} = 2^{15} a_{15}$$

$$\overline{a_{16} = 2 \times 2^2 \times 2^3 \times \cdots \times 2^{15} a_1}$$

$$= 2^{1+2+3+\cdots+15} = 2^{120}$$

따라서 $k = a_{16} = 2^{120}$이므로

$$\log_2 k = \log_2 2^{120} = 120$$

답 ③

05

$a_{n+1} = 2a_n - 5$에서

$$a_2 = 2a_1 - 5 = 3$$

$$a_3 = 2a_2 - 5 = 1$$

$a_4=2a_3-5=-3$

$a_5=2a_4-5=-11$

$\therefore a_6=2a_5-5=-27$

· 다른 풀이

$a_{n+1}=2a_n-5$에서

$a_{n+1}-5=2(a_n-5)$

이때, $b_n=a_n-5$라 하면 $b_{n+1}=2b_n$

즉, 수열 $\{b_n\}$은 첫째항이 $b_1=a_1-5=4-5=-1$이고 공비가 2인 등비수열이므로

$b_n=(-1)\times2^{n-1}$

따라서 $a_n=b_n+5=(-1)\times2^{n-1}+5$이므로

$a_6=(-1)\times2^{6-1}+5=-27$ 📋 ④

06

$a_{n+1}=2a_n+2^{n+1}$에서

$a_2=2a_1+2^2=8$

$a_3=2a_2+2^3=24$

$a_4=2a_3+2^4=64$

$a_5=2a_4+2^5=160$

$\therefore a_6=2a_5+2^6=384$

· 보충 설명

$a_{n+1}=2a_n+2^{n+1}$의 양변을 2^{n+1}으로 나누면

$\dfrac{a_{n+1}}{2^{n+1}}=\dfrac{a_n}{2^n}+1$

이때, $b_n=\dfrac{a_n}{2^n}$이라 하면 $b_1=\dfrac{a_1}{2}=1$이고 $b_{n+1}=b_n+1$

즉, 수열 $\{b_n\}$은 첫째항이 1, 공차가 1인 등차수열이므로

$b_n=1+(n-1)\times1=n$

따라서 수열 $\{a_n\}$의 일반항은 $a_n=n\times2^n$이다.   📋 384

07

$a_n=S_n-S_{n-1}=n^2a_n-(n-1)^2a_{n-1}$ $(n\geq2)$이므로

$(n^2-1)a_n=(n-1)^2a_{n-1}$, $(n+1)(n-1)a_n=(n-1)^2a_{n-1}$

$\therefore a_n=\dfrac{n-1}{n+1}a_{n-1}$ (단, $n\geq2$)

위 식의 n에 2, 3, 4, $\cdots$, 7을 대입하면 변끼리 곱하면

$$a_2=\frac{1}{3}a_1$$
$$a_3=\frac{2}{4}a_2$$
$$a_4=\frac{3}{5}a_3$$
$$\vdots$$
$$\times\ )\ a_7=\frac{6}{8}a_6$$
$$\overline{\qquad\qquad\qquad\qquad}$$
$$a_7=\frac{1}{3}\times\frac{2}{4}\times\frac{3}{5}\times\cdots\times\frac{6}{8}\times a_1$$

$\therefore a_7=\dfrac{1}{3}\times\dfrac{2}{4}\times\dfrac{3}{5}\times\dfrac{4}{6}\times\dfrac{5}{7}\times\dfrac{6}{8}\times1$

$\qquad=\dfrac{2}{7\times8}=\dfrac{1}{28}$ 📋 ⑤

08

$a_{n+1}=2+\sum\limits_{k=1}^{n}a_k$에서

$a_{n+1}-a_n=\left(2+\sum\limits_{k=1}^{n}a_k\right)-\left(2+\sum\limits_{k=1}^{n-1}a_k\right)=a_n$

$\therefore a_{n+1}=2a_n$

즉, 수열 $\{a_n\}$은 첫째항이 2이고 공비가 2인 등비수열이므로

$a_n=2\times2^{n-1}=2^n$

$\therefore a_8=2^8=256$ 📋 256

09

$a_{n+2}-a_{n+1}+a_n=0$에서

$a_{n+2}=a_{n+1}-a_n$

이 식의 n에 1, 2, 3, $\cdots$을 차례대로 대입하면

$a_3=a_2-a_1=3$, $a_4=a_3-a_2=-1$, $a_5=a_4-a_3=-4$,

$a_6=a_5-a_4=-3$, $a_7=a_6-a_5=1$, $a_8=a_7-a_6=4$, $\cdots$

즉, 수열 $\{a_n\}$은 1, 4, 3, -1, -4, -3이 이 순서대로 반복된다.

$\therefore a_{2020}=a_{6\times336+4}=a_4=-1$ 📋 ③

10

$na_{n+1}-na_n=a_n+1$에서 $na_{n+1}=(n+1)a_n+1$

위 식의 양변을 $\boxed{n(n+1)}$로 나누면

$\dfrac{a_{n+1}}{n+1}=\dfrac{a_n}{n}+\boxed{\dfrac{1}{n(n+1)}}$

이때, $b_n=\dfrac{a_n}{n}$이라 하면 $b_1=a_1=2$이고

$b_{n+1}=b_n+\boxed{\dfrac{1}{n(n+1)}}$

이 식의 n에 1, 2, 3, $\cdots$, $k-1$을 차례대로 대입하면

$b_2=b_1+\dfrac{1}{1\times2}$

$b_3=b_2+\dfrac{1}{2\times3}$

$b_4=b_3+\dfrac{1}{3\times4}$

$\qquad\vdots$

$b_k=b_{k-1}+\dfrac{1}{(k-1)k}$

위 식을 변끼리 더하면

$b_k=b_1+\sum\limits_{s=1}^{k-1}\dfrac{1}{s(s+1)}=2+\left(1-\dfrac{1}{k}\right)=\boxed{3-\dfrac{1}{k}}$

즉, $b_n=3-\dfrac{1}{n}$이므로 $a_n=nb_n=3n-1$

따라서 $f(n)=n(n+1)$, $g(n)=\dfrac{1}{n(n+1)}$, $h(k)=3-\dfrac{1}{k}$이므로

$f(9)g(4)h(6)=90\times\dfrac{1}{20}\times\dfrac{17}{6}=\dfrac{51}{4}$

따라서 $p=4$, $q=51$이므로

$p+q=4+51=55$ 📋 55

11

(i) $n=2$일 때

$$(\text{좌변})=1+\frac{1}{2}=\boxed{\frac{3}{2}},\ (\text{우변})=\frac{2\times 2}{2+1}=\frac{4}{3}$$

즉, $n=2$일 때 부등식 ㉠이 성립한다.

(ii) $n=k\ (k\geq 2)$일 때, 부등식 ㉠이 성립한다고 가정하면

$$1+\frac{1}{2}+\frac{1}{3}+\cdots+\frac{1}{k}>\frac{2k}{k+1}$$

양변에 $\frac{1}{k+1}$을 더하면

$$1+\frac{1}{2}+\frac{1}{3}+\cdots+\frac{1}{k}+\frac{1}{k+1}>\frac{2k}{k+1}+\frac{1}{k+1}$$
$$=\frac{2k+1}{k+1}$$

이때, $k\geq 2$인 자연수 k에 대하여

$$\frac{2k+1}{k+1}-\frac{\boxed{2(k+1)}}{k+2}=\frac{k}{(k+1)(k+2)}>0$$

이므로

$$1+\frac{1}{2}+\frac{1}{3}+\cdots+\frac{1}{k}+\frac{1}{k+1}>\frac{\boxed{2(k+1)}}{k+2}$$

즉, $n=k+1$일 때도 부등식 ㉠이 성립한다.

(i), (ii)에 의하여 부등식 ㉠은 2 이상의 모든 자연수 n에 대하여 성립한다.

따라서 $a=\frac{3}{2}$, $f(k)=2(k+1)$이므로

$$af(7)=\frac{3}{2}\times 2\times(7+1)=24$$

답 ③

12

(i) $n=1$일 때,

$$(\text{좌변})=a_1=3,\ (\text{우변})=2^1+\frac{1}{1}=3$$

이므로 (*)이 성립한다.

(ii) $n=k$일 때, (*)이 성립한다고 가정하면

$$a_k=2^k+\frac{1}{k}$$ 이므로 $ka_{k+1}-2ka_k+\frac{k+2}{k+1}=0$에서

$$ka_{k+1}=2ka_k-\frac{k+2}{k+1}$$
$$=2k\left(2^k+\frac{1}{k}\right)-\frac{k+2}{k+1}$$
$$=\boxed{2^{k+1}k+2}-\frac{k+2}{k+1}$$
$$=2^{k+1}k+\boxed{\frac{k}{k+1}}$$

이다.

즉, $a_{k+1}=2^{k+1}+\frac{1}{k+1}$이므로 $n=k+1$일 때도 (*)이 성립한다.

(i), (ii)에 의하여 모든 자연수 n에 대하여 $a_n=2^n+\frac{1}{n}$이다.

따라서 $f(k)=2^{k+1}k+2$, $g(k)=\frac{k}{k+1}$이므로

$$f(3)\times g(4)=(2^4\times 3+2)\times\frac{4}{5}=40$$

답 ⑤

13

$$a_{n+1}=\begin{cases}a_n+(-1)^n\times 2 & (n\text{이 }3\text{의 배수가 아닌 경우})\\ a_n+1 & (n\text{이 }3\text{의 배수인 경우})\end{cases}$$ 의 n에

1, 2, 3, $\cdots$을 차례대로 대입하면

$$a_1=a$$
$$a_2=a+(-1)^1\times 2=a-2$$
$$a_3=(a-2)+(-1)^2\times 2=a$$
$$a_4=a+1$$
$$a_5=(a+1)+(-1)^4\times 2=a+3$$
$$a_6=(a+3)+(-1)^5\times 2=a+1$$
$$a_7=(a+1)+1=a+2$$
$$a_8=(a+2)+(-1)^7\times 2=a$$
$$a_9=a+(-1)^8\times 2=a+2$$
$$\vdots$$

따라서 $n=3k$일 때, $a_n=a_{3k}=a+(k-1)$이므로

$a_{15}=a_{3\times 5}=43$에서 $a+4=43$

$\therefore a=39$

답 ⑤

14

(i) $n=1$일 때,

$$(\text{좌변})=(-1)^2\times 1^2=1$$
$$(\text{우변})=(-1)^2\times\frac{1\times 2}{2}=1$$

이므로 (*)이 성립한다.

(ii) $n=m$일 때, (*)이 성립한다고 가정하면

$$\sum_{k=1}^{m+1}(-1)^{k+1}k^2=\sum_{k=1}^{m}(-1)^{k+1}k^2+\boxed{(-1)^{m+2}(m+1)^2}$$
$$=\boxed{(-1)^{m+1}\times\frac{m(m+1)}{2}}$$
$$+\boxed{(-1)^{m+2}(m+1)^2}$$
$$=(-1)^{m+2}\times\frac{(m+1)(m+2)}{2}$$

이다.

즉, $n=m+1$일 때도 (*)이 성립한다.

(i), (ii)에 의하여 모든 자연수 n에 대하여 (*)이 성립한다.

따라서 $f(m)=(-1)^{m+2}(m+1)^2$,

$g(m)=(-1)^{m+1}\times\frac{m(m+1)}{2}$이므로

$$\frac{f(5)}{g(2)}=\frac{-36}{-3}=12$$

답 ③

Memo

Memo

Memo

Memo

Memo

Memo

PROJECT
531
수학을 빠르게

수학의 개념과 원리를 꿰뚫는 유형 훈련서
수학, 고득점 쟁취를 이루자!

제대로 된 문제집의 선택이 내신 등급을 결정합니다.

유형 + 내신 고쟁이

교과서 수준의
기본 문항부터
킬러 문항까지
모두 수록

선수학습과의
연결을 통해 개념의
흐름을 보여주는
'**개념 정리**' 수록

대표문항 풀이의
흐름을 보여주는
'**스키마(schema)**'
수록